权威·前沿·原创

皮书系列为
"十二五""十三五""十四五"国家重点图书出版规划项目

BLUE BOOK

智 库 成 果 出 版 与 传 播 平 台

电子竞技蓝皮书

BLUE BOOK OF E-SPORTS

中国电子竞技产业发展报告（2022）

THE DEVELOPMENT REPORT OF E-SPORTS IN CHINA (2022)

主　编／王筱卉

副主编／宋　芹　王一淳

社会科学文献出版社

SOCIAL SCIENCES ACADEMIC PRESS（CHINA）

图书在版编目（CIP）数据

中国电子竞技产业发展报告.2022/王筱卉主编
.--北京：社会科学文献出版社，2022.4
（电子竞技蓝皮书）
ISBN 978-7-5201-9623-9

Ⅰ.①中…　Ⅱ.①王…　Ⅲ.①电子游戏-运动竞赛-
体育产业-产业发展-研究报告-中国　Ⅳ.①G898.3

中国版本图书馆 CIP 数据核字（2022）第 017033 号

电子竞技蓝皮书
中国电子竞技产业发展报告（2022）

主　　编／王筱卉
副 主 编／宋　芹　王一淳

出 版 人／王利民
责任编辑／路　红
文稿编辑／张炜丽　付俊伟
责任印制／王京美

出　　版／社会科学文献出版社（010）59367194
　　　　　地址：北京市北三环中路甲 29 号院华龙大厦　邮编：100029
　　　　　网址：www.ssap.com.cn
发　　行／社会科学文献出版社（010）59367028
印　　装／三河市东方印刷有限公司

规　　格／开本：787mm×1092mm　1/16
　　　　　印张：16.25　字数：244 千字
版　　次／2022 年 4 月第 1 版　2022 年 4 月第 1 次印刷
书　　号／ISBN 978-7-5201-9623-9
定　　价／168.00 元

读者服务电话：4008918866

主要编撰者简介

段　鹏　中国传媒大学党委常委、副校长，中国传媒大学媒体融合与传播国家重点实验室常务副主任，高等学校学科创新引智计划智能融媒体基地主任，国家语言文字推广基地主任，教授、博士生导师，享受国务院政府特殊津贴。研究领域为智能媒体传播、媒介理论与历史、国际传播。近年来，尤其关注智能融媒、未来影像、电子竞技等新型传媒领域的产业发展和理论适用，并致力于相关媒介文化研究和海外传播路径的探索。

王筱卉　中国传媒大学5G智能媒体传播与产业研究院院长，中国传媒大学－虎牙电竞研究中心主任，中南大学哲学博士，硕士研究生导师。研究领域为戏剧影视、数字创意设计和电竞。曾主持和参与多项省部级以上科研项目，参与策划执导数档大型活动及综艺晚会，发表的多篇论文被CNKI收录并被多次引用和下载，科研及教学实践成果丰硕。同时是北京（国际）大学生电竞节创始人和多个大型活动及综艺晚会的总导演、制作人，多部电影及电视剧导演、制片人，作品曾获中宣部"五个一"工程奖、中国金鸡百花电影节金鸡奖等多项国内外大奖。

宋　芹　中国传媒大学媒体融合与传播国家重点实验室师资博士后，助理研究员。研究领域为国际传播、智能化影像传播、媒体与文化。主持国家广播电视总局社科项目"智能融媒体环境下视听业未来发展研究"，参与多项国家级和省部级课题以及国际科研合作项目，并在国内外期刊发表多篇学术论文。曾赴美国东北大学等高校担任访问学者，撰有专著《社交媒体语境下的西方后真相研究》、译著《流行音乐、数字技术与社会》。

王一淳　中国传媒大学新闻传播学部传播研究院、媒体融合与传播国家重点实验室博士研究生，ESCI 期刊 *Global Media and China* 编务助理。研究领域为智能媒体传播、媒体融合与媒介生存性。参与多项国家社科基金项目和省部级重大课题研究，如"智能化背景下全媒体传播体系建设的理论与实践路径研究""把宣传思想工作创新发展的战略重点放到互联网上来""习近平总书记关于意识形态与新闻传播工作的重要论述研究"等，也曾多次参与国际会议并发表论文。

摘　要

电子竞技（electronic sports, e-sports）作为集科技、文化、体育、社交于一体的拥有独特商业和用户价值的数字文娱类体育项目，已经成为具备巨大创新潜力和未来发展空间的新兴产业。随着产业规模持续扩大，产业联动效应不断提升，大众对电子竞技运动也愈发重视和关注，但电子竞技的科学研究体系尚待完善。基于此，本报告运用网络民族志、比较研究、案例分析和文本分析等研究方法，在探析电子竞技运动发展历史进程的基础上，分析疫情防控常态化下电子竞技行业的发展状况、国内外先进的商业模式以及人才培养策略；对中国电子竞技产业发展现状、特性进行研究，剖析其中存在的关键问题，以期能够帮助中国电子竞技产业规避潜在风险，抓住发展机遇，提升产业驱动力，为中国电子竞技产业实现高质量创新发展提供可行性方案和策略建议。研究结果表明，电子竞技产业虽面临着一定的产业困境与挑战，但凭借数字体育优势，逆势而上抓住了数字文化产业的新机遇，甚至重新唤醒了产业发展的内生活力，在国内国际双循环背景下展现了未来新兴体育行业的无限生机。

目前，中国电子竞技产业虽然仍存在头部企业固化、缺乏高端核心技术等问题，但同时也展现了电子竞技用户规模不断扩大、用户圈层持续外展、线上市场占比大幅提升等积极的面貌。5G、VR、AR等新技术飞速发展的现状下，电子竞技专业化、市场化、全民化的发展已经是大势所趋。

在有针对性地分析了欧美、日韩的成功案例与商业模式后，可以看出，随着电子竞技产业影响力的不断提升，"电竞＋IP"的新业态日渐显现，电

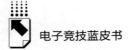
子竞技产业与其他文化产业的创新融合日益加深。中国电子竞技产业具备天然的授权合作优势，如何与不同产业深度结合，进而提升电子竞技商业价值，越来越成为行业关注的焦点。而电子竞技 IP 化将成为未来电子竞技产业的主要发展态势，这种新兴发展态势有助于推动电子竞技商业化持续发展。从电子竞技商业化的角度来看，电子竞技赛事创造的利益不容小觑，赛事是电子竞技的基础，赛事基数的增加不仅能够直接扩大电子竞技市场规模，而且能够推动电子竞技赛事市场加速升级。掌握拥有自主知识产权的核心技术、注重电子竞技产品内容开发、加强中国本土文化产品开发等相关的正确发展管理与营销策略，分层次、多渠道地培养高层次复合型人才，不仅能够使中国电子竞技产业成为带动消费的又一大新兴产业，而且在更大层面上而言，基于电子竞技产业的数字文化属性，也将推动本土文化走出国门、提升文化输出能力，成为实现文化国际传播价值、增强中国文化软实力的又一有效途径。

关键词： 电子竞技　数字文娱体育　电子竞技产业　电子竞技赛事

目 录 ↖⤵

I 总报告

II 政策与监管篇

III 市场和需求篇

皮书数据库阅读**使用指南**

总 报 告

General Report

B.1

中国电子竞技产业发展报告（2022）

段 鹏 贾骥业 王秋阳 邱新然 王莉鑫*

摘 要： 2020 年，中国电子竞技产业增长速度引领全球，总产值约为751.98 亿元，成为中国国民经济又一强劲的增长点。作为信息技术催动下的新兴文化产业，电子竞技产业的发展潜力不容小觑。但中国电子竞技产业仍处于发展初期，相关产业链条尚未完全形成，存在电子竞技企业发展不均、核心技术能力缺乏、版权保护意识不足、区域发展不平衡、人才培养体系待完善等问题。对此，本报告基于不同的学科内容和研究方法，从不同维度予以阐述，厘清电子竞技的"现代体育竞技"概念，明确

---

* 段鹏，中国传媒大学党委常委、副校长，中国传媒大学媒体融合与传播国家重点实验室常务副主任，高等学校学科创新引智计划智能融媒体基地主任，国家语言文字推广基地主任，教授、博士生导师，享受国务院政府特殊津贴，研究领域为智能媒体传播、媒介理论与历史、国际传播；贾骥业，中国传媒大学新闻学院新闻与传播专业硕士研究生，研究领域为全媒体新闻实务；王秋阳，中国传媒大学传播研究院传播学专业硕士研究生，研究领域为传播理论与历史；邱新然，中国传媒大学传播研究院传播学专业硕士研究生，研究领域为传播理论与历史；王莉鑫，中国传媒大学新闻学院新闻与传播专业硕士研究生，研究领域为全媒体新闻实务。

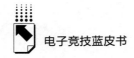

电子竞技的发展特征：文化性、虚拟性、大众性和竞技性。同时，梳理中国电子竞技产业所经历的探索期、发展期、增长期和爆发期四个历史阶段，形成以电子竞技赛事为核心，由电子竞技赛事衍生出的上中下游多样产业形态，并对当前电子竞技产业中出现的发展问题进行分析、对未来趋势进行预判，这有助于纠正电子竞技发展道路，减小产业发展阻力。在政策利好、资本关注、社会认可度提升的背景下，把握 5G、VR、AR 等新技术驱动机遇。本报告尝试从产业发展、产业管理、产业营销、产业政策四个层面为中国电子竞技产业的可持续性发展出谋划策，继而推动电子竞技产业向着专业化、市场化、移动化、全民化、虚拟化的方向稳步前行。

关键词： 电子竞技　电子竞技产业　现代体育竞技

一　电子竞技产业的界定

（一）电子竞技的基本概述

20 世纪末，电子竞技在国内萌芽，经过 20 多年的发展，电子竞技运动已经成为中国经济社会发展的重要组成部分。2005 年，国内电子竞技名人李晓峰获得了当年世界电子竞技大赛（WCG 新加坡世界总决赛）的冠军，创造了历史，在国内电子竞技界被誉为魔兽"人皇"。时间来到 2018 年，由王思聪组建的 IG（Invictus Gaming）战队以 3∶0 的绝对优势击败了来自欧洲的 FNC 战队，取得了当年在韩国举办的英雄联盟 S8 世界总决赛年度总冠军。该战队也成为中国电子竞技历史上第一支登上 LOL① 全球总冠军领奖台

---

① LOL 系《英雄联盟》（League of Legends，LOL）简称。

的战队，在全球电子竞技史上为中国电子竞技留下浓墨重彩的一笔。这一系列电子竞技相关热点事件引起了社会各界的广泛关注和深入探讨，电子竞技运动正在逐渐渗透到人们的日常生活之中。

阿拉伯半岛东南部地区国家阿曼苏丹国（简称"阿曼"）的首都马斯喀特市见证了亚洲电子竞技发展的历史性一刻。2020年12月16日，在此召开的第38届亚洲奥林匹克理事会全体大会上，电子竞技被批准作为正式项目列入2022年杭州亚运会。从小众的娱乐项目到独立产业，从不被看好、被人误解到为国争光。对电子竞技而言，成为亚运会的正式项目，无疑是电子竞技创造历史的一刻，这标志着电子竞技从娱乐项目向体育竞技迈出了一大步，是电子竞技产业前进的必经之路。一定程度上，电子竞技体育化的转变也显示了电子竞技运动的发展速度之快。

电子竞技有两个重要的历史渊源：游戏和电子科学艺术。首先，电子竞技游戏是电子游戏的重要组成部分，电子游戏属于游戏的大范畴，因此对于电子竞技的理解要基于对游戏的系统认知。其次，电子游戏被称为科技时代的"第九艺术"，与传统的艺术有所不同，电子游戏的媒介是电子设备，是以多元的电子、数字等技术为手段的游戏互动，同时也具有动态艺术的特点。[1]

1. 电子竞技的定义

一般来讲，我们所说的电子竞技是指电子竞技游戏，也被称作电子竞技运动，简称电子竞技，[2] 其对应的英文名称是 Electronic Sports。当人类社会和科学技术水平发展到一定程度，民众对娱乐精神文化的需求发生了改变，电子竞技也就应运而生。作为社会发展到一定阶段的产物，电子竞技的边界比较模糊，同时又受到多种因素的影响，其定义与研究也涉及多方面的问题。目前在学术界对电子竞技的定义呈现多样化的特点，尚未形成共识。

（1）体育竞技范畴下的电子竞技

2003年11月18日，中国数字体育互动平台启动仪式在北京人民大会

---

[1] 陈东：《中国电子竞技产业发展研究（1996～2015年）》，博士学位论文，山东大学，2015。

[2] 李宗浩、王健、李柏：《电子竞技运动的概念、分类及其发展脉络研究》，《天津体育学院学报》2004年第1期，第1～3页。

堂举行，此次会议发言的重点就是"电子竞技在国内的体育化发展"。时任中华全国体育总会副主席、国家体育总局新闻发言人的何慧娴宣布"国家体育总局已经正式批准将电子竞技运动列为第 99 个体育项目"，这标志着电子竞技在经历多年发展后被国家认可。与此同时，国家体育总局第一次对电子竞技的定义给出了官方说法。电子竞技运动的官方定义是"以信息技术为核心，以软硬件设备为媒介，在信息技术营造的虚拟环境中、在体育竞赛规则下进行的对抗性益智电子游戏运动"。

从国家体育总局给出的官方概念中可以看出，与其他传统的体育运动类似，电子竞技（运动）同样具有锻炼和提高游戏参与者的思维、反应和协调等综合能力的作用，同时也在一定程度上起到了促进人的综合素质全面发展与提升的作用。[①] 从这以后，电子竞技的体育运动性质得到了官方认定，这也使在体育竞技范畴内对电子竞技的定义进行理论和实践层面的研究具有了较强的理论基础，本次会议也成为国内电子竞技研究的关键节点。

2003 年，官方对于电子竞技的"竞技体育"的解释，从国家和理论定义研究的高度上肯定了电子竞技作为正式"体育竞技活动"的存在。2003 年也成为电子竞技重要的理论研究时间节点，在这之后，关于电子竞技（运动）的研究多被圈定在体育竞技的范围内，研究多以体育运动基础理论作为出发点。可以认为，体育竞技范畴成为电子竞技理论研究的重要范围限定，而"以体育竞技运动为基础的电子竞技"逐渐成了理论研究的制高点，并在国内外的理论学术界赢得了更多的话语权。

在李宗浩、李柏、王健主编的《电子竞技运动概论》（以下简称《概论》）中，电子竞技被认为是以信息技术为核心的各种软硬件作为器械或者设备，在其营造的虚拟环境中，按照统一的竞赛规则为提高成绩而进行的体育游戏活动，对人的思维、反应和协调等能力具有一定的锻炼作用。[②] 在《概论》一书中，电子竞技（运动）被归类为在新的技术条件（包括科学生

---

① 宋天华、罗萍：《试析电子竞技与竞技体育的异同》，《军事体育进修学院学报》2006 年第 3 期，第 96~98 页。

② 李宗浩、李柏、王健主编《电子竞技运动概论》，人民体育出版社，2005，第 7~8 页。

产技术和信息交换技术等）下产生的体育竞技运动。同时很多研究学者认为电子竞技（运动）是时下盛为流行的概念——"体验式体育"的有机组成部分。电子竞技强调以"电子"的方式和手段实现对抗性的活动。竞技的另一种表示就是对抗，这也是现代概念中体育比赛的基本特征。

很多学者支持电子竞技的体育竞技论断，主要基于"电子"（Electronic）和"竞技"（Compete/Sport）这两点。电子竞技在运动的实施范围和条件等方面体现在"电子"一词上。就像篮球比赛必须在标准篮球场（馆）内举行，乒乓球赛事必需的是乒乓球台和球拍，一般体育竞技赛事依赖一定的场地条件，"电子"一词则规定了电子竞技赛事发生的环境必须是电子技术建构的虚拟环境。即使如今类如 LOL 全球总决赛等电子竞技赛事已经实现了场馆比赛、现场观赛，但其竞技的主要发生场所还是电子技术下的虚拟环境。

"竞技"侧重强调两两或多人（物）的对抗，在传统的体育竞技赛事中，对抗更多存在于人与人之间。如乒乓球是由两人对抗为基础发展而来的桌面球类运动；篮球和排球的对抗主体是两方队伍，每一个队伍均是由多名队员组成的整体。宏观来看，此类竞技体育的对抗存在于两者之间，但从微观层面来讲，上述体育竞技也可以被看作是多人之间形成的对抗关系。

值得注意的是，电子竞技虽然也具有与传统体育竞技类似的竞技对抗属性，但其对抗性更侧重于在虚拟世界中的竞争，人的实体存在被弱化甚至被代替。也正是在概念侧重上的差别，使部分电子竞技相关研究学者并不认可在体育竞技的分类下讨论电子竞技的概念归属问题。他们强调体育性质确实是电子竞技的新特性，但不应是确定其类别归属的关键因素。

与此同时，电子竞技运动与一般意义上的传统体育竞技运动在发生环境等方面也存在着较大的不同。电子竞技运动发生在虚拟环境中，同时具有相对的随意性，强调科学技术层面的技能竞赛，这也是 BUFF、外挂等产生的原因。以腾讯电竞推出的《王者荣耀》手游为例，对抗的发生均是在科学技术层面。游戏参与者分为两个队伍展开对战，而对战发生的环境是通过数字编程等互联网信息技术构造出的虚拟环境——"王者峡谷";游戏中所涉及的"水晶塔"等环境内容物均是信息技术的产物;而各个"英雄"(王者荣耀中各对战角色的统一称谓)在对抗中所使用的的技能也都是以计算机技术为基础而形成的。

而一般体育竞技运动则更强调真实环境下发生的人与人之间的技术或智力对抗,如我们日常生活中的传统体育竞技拳击,其对战选手之间的对抗则直接体现了人与人之间的技能对抗,这与上述电子竞技有很大的不同。

(2)起源说范畴下的电子竞技

从起源来说,电子竞技伴随着电子游戏的诞生而发展,在这一层面上,更强调电子竞技的游戏本质。

时间回溯到20世纪80年代,日本的任天堂游戏公司迎来"一代游戏大师"岩田聪。也就是在这一时期,该游戏公司历史性地发布了自己品牌的第一代游戏机——第一代红白机[也称作"FC游戏机",其官方名称为家用电脑(Famicom),红白机是被大众熟知的俗称]。自此,电子游戏娱乐时代的序幕被正式拉开。

一经推出,红白机便取得了巨大的成功。截至2020年底,红白机在全球范围内的累计销量超过6100万台,一度成为自20世纪80年代以来最畅销的游戏设备。任天堂红白机的问世被认为是电子游戏时代的重要开端。任天堂也一步一步成为当今世界上最著名的游戏制作商之一。

为了纪念首台电子计算机诞生50周年,1996年和1997年,IBM公司开发的计算机程序"深蓝计算机"与当时的国际象棋世界棋王Garry Kasparov(加里·卡斯帕罗夫)分别在美国的费城和纽约进行了两次"人机大战",结果人机各一负一胜。在1996年的人机对抗赛后,IBM公司经过一年的研究和发展,使"深蓝计算机"的计算性能得到大幅度的提升,最终在1997年的第二次人机对战中获得了胜利。20世纪的这两次国际象棋"人机大战"在世界范围内引起了广泛的讨论,人与计算机的对抗竞争登上了历史的舞台,因此,这两次对战也被诸多研究者认为是电子竞技的开端。

人机对战虽然不属于传统意义上的电子竞技,却为电子竞技的发展奠定了基础。发展至今，电子竞技大多是以电子游戏（网络游戏）为核心内容，融合科技、文化等多元发展的竞技形式存在。可以看出，"电子游戏"是以电子技术为基础发展而来的游戏，围绕电子游戏发展的电子竞技具有传承性和延续性。

"官方的电子竞技概念"研究是电子竞技研究学者的重要研究方向，其更注重电子竞技非体育运动的性质特征，指出电子竞技概念的研究不能脱离其游戏本质，电子竞技游戏愉悦身心的"游戏目的"并不能从根本上被剥离。这在一定程度上也与体育竞技的最终目的保持了一致。

在"游戏是一种普遍存在于人与动物之中的原始自发行为，有着自我追求、自我表现和自我达到的目的"的概念中，自发的自我满足与实现成为游戏的核心特征。① 电子竞技爱好者参与电子竞技比赛同样是基于自身自发的精神需求和娱乐需求，这是电子竞技游戏属性的延续。

因此，电子竞技从起源上被归类至游戏的范畴。现如今，电子竞技已经成为人们生活、社交、娱乐、工作的工具，人类社会已经开始适应电子竞技作为工具而存在。游戏的发展随着个人到社会的交际和需求演变，电子竞技的发展是从个人娱乐和精神需求到社会交往和工作需求的进化，二者发展轨迹相似。人们设计、研发和参与游戏，最终目的就是为了让大众在游戏娱乐中得到身心的愉悦，甚至是身体素质的提升；同时游戏开发商也积极参考大众在精神上的偏好，力图满足人类精神层面的娱乐需求。电子竞技也正是在物质和精神娱乐需求的影响下，逐渐衍生出的游戏竞技体育形式。电子竞技参与者在电子竞技运动中实现了超越、变化、战争等操作，满足了其在现实生活中无法满足的需求；与此同时，对战结束后，胜利与否也会在一定程度上对参赛者在精神层面产生影响。

（3）文化属性范畴下的电子竞技

从略显雏形到现在的颇具规模，短短数十年，电子竞技已经成为当今社会不可或缺的社会文化现象，并逐渐渗透到人们生活的方方面面，由此衍生

---

① 李宗浩、李柏、王健主编《电子竞技运动概论》，人民体育出版社，2005，第7~8页。

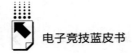

出的电子竞技概念现象层面的定义也成为学者们研究的重要方向。在概念现象说的定义中，电子竞技的发展环境和社会条件成为重要的参考条件，文化层次理论是该定义学说的重要理论基础。

从竞赛游戏过程中需要使用的鼠标、键盘到电子竞技场馆，再到围绕着电子竞技游戏和赛事产生的电子竞技人物玩偶等，电子竞技具有理论意义上的物质文化基础，并在一定程度上反映了电子竞技中人与社会、自然之间的复杂关系。在文化属性的范畴下讨论电子竞技的概念，社会关系是关键指标。文化的生存与发展依赖于稳定成型的社会关系。电子竞技中人、社会、自然等多方面共同影响下形成的复杂关系从属于社会关系。根据上述可知，这种复杂关系也是电子竞技制度文化、精神文化的重要基础。

电子竞技的制度文化具有自身的特点。游戏参与者（电子竞技赛事参与者）在进行电子竞技娱乐和比赛时要在一定规范和制度下进行。如"公平竞赛反作弊原则"，该项规则与传统体育竞技中强调的内容类似，其主要内容包括公平比赛、正确对待比赛的结果、遵守比赛规则等。

我们经常会看到电子竞技比赛中强调禁止"外挂"等作弊手段，"外挂"（开辅助、第三方辅助软件）是指参赛者通过非正规的手段，修改游戏数据，进而取得比赛的"胜利"。而此种"胜利"是不被规则允许的，"外挂"的存在会在很大程度上改变游戏的内部程序甚至是规则，这就使竞争的结果不具备参考性。"外挂"破坏了游戏的公平性，赛事举办方实时检测各位参赛者在游戏过程中的行为，一旦涉及作弊，官方会实施包括封禁账号等一系列的处罚。

除了上述所说的公平竞赛反作弊原则，近些年政府等相关部门陆续出台的针对青少年电子竞技运动参与者的限制性规定、电子竞技俱乐部及其成员的运营守则、电子竞技选手竞技道德性守则等都可以归类于电子竞技的制度文化范畴。

电子竞技运动产生至今，到底应该属于体育运动，还是属于娱乐游戏仍没有统一的结论，各种讨论也都此消彼长，从未停止。一部分学者强调电子竞技的竞赛对抗性质，如电子竞技有基本的晋级、淘汰等赛制等，认为电子竞技属于运动的一种，这也与国家体育总局对电子竞技的界定相吻合；而另外一部分学者则在观念上强调突出电子竞技的非体育运动属性，他们认为电子竞技的本质是游戏，应该侧重其游戏性质的探究，并将其归属于游戏的范畴。

自 2021 年上半年起，国家陆续出台了一系列游戏防沉迷政策，电子竞技作为以电子游戏为核心的竞技运动，同样受到政策的限制。2021 年 8 月底，"游戏限时令"再次升级，要求所有网络游戏企业仅可在周五、周六、周日和节假日每日 20 时至 21 时向未成年人提供 1 小时的游戏服务。

游戏防沉迷政策的出台，一方面是为了规范电子竞技产业的发展；另一方面也着重关注了电子竞技行业发展向社会所传递的精神文化内涵。从某种层面上来说，电子竞技与人们的自身情感、思想观念、审美情趣等有较大关系，其传递出的精神文化是多方面因素共同作用所形成的文化共同体，因此精神文化在某种程度上可以被称为电子竞技文化的内核部分。对于文化层面的电子竞技运动的讨论，也应该围绕精神文化而展开，并结合竞技文化等因素的影响共同考量。从文化层面对电子竞技展开定义，需要考虑其在物质、制度和精神等多方面的特征。

（4）电子竞技：现代体育竞技

综合来看，无论是从概念的归类还是从电子竞技的起源，抑或是从文化层面对电子竞技的概念解读，都需要注意到当前的电子竞技虽起源于电子游戏，但其主体形式正在发生转变，体育竞技的本色愈加凸显。

基于不同的学科内容和研究方法，电子竞技概念呈现多角度融合的基本特征。同时由于电子竞技本身具有很大的融合性和多元性，无法仅仅从单一的某个角度对其进行定义和概念判断，只有综合社会环境、科技发展、社会心态等多方面考虑才能更好地理解电子竞技的概念。而目前学术界对于电子竞技概念研究的讨论日渐火热，综合游戏、竞技等因素条件下的"现代体育竞技"概念也正在成为电子竞技研究的重要方向。

尽管学术界对于电子竞技的概念界定还存在着较大的争议，但电子竞技在国家层面（官方体育部门）的认知已经明确。在产业化发展的趋势下，

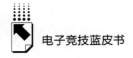

电子竞技实现了从传统向现代的跨越。

广泛意义上，我们以如下的视角看待电子竞技。一般来说，传统的电子竞技游戏指的是在统一且明确的比赛竞技规则下进行的人与人之间的对战类单机游戏，在竞赛内容、电子竞技文化等多个方面具有一定的连贯性，同时也体现出一定的延续性的特点。而在当下的讨论中，我们更倾向于认为现代新兴电子竞技游戏的概念更多指的是以游戏核心内容为比赛竞技内容（如王者荣耀手游联赛、LOL 经典对战、绝地求生等游戏内容），并基于某一特定的游戏平台（在国内，网易和腾讯是两个最大的游戏代理平台），在统一竞赛规则下进行的人与人之间的对战类网络游戏。[1]

当前全球游戏市场上的电子游戏种类很多。一般来说，市面上大部分的网络电子游戏都可以成为电子竞技运动的竞赛内容。目前市面上主要的网络电子游戏包括《穿越火线》（*Cross Fire*，CF，韩国）、《地下城与勇士》（*Dungeon Fighter*，DNF，韩国）、守护遗迹（*Defense of the Ancients*，DOTA，美国）、《王者荣耀》（*Honor of Kings*，中国）、《英雄联盟》（*League of Legends*，LOL，美国）、《绝地求生：大逃杀》（*Playerunknown's Battlegrounds*，PUBG，中国）等。以上述网络电子游戏为核心内容，衍生出的第一方电子竞技联赛成为电子竞技产业的核心要素，其内容的好坏、质量的高低对于电子竞技产业的发展甚至起到了决定性的作用。这也是在对电子竞技研究时，无法忽视网络电子游戏发展的重要原因之一。

目前的电子竞技游戏平台主要基于互联网技术，突破了电子竞技发展初期游戏场所和地域属性的局限性，可以实现远程联合对战。我们将购买和使用电子竞技游戏相关产品和服务的用户称作电子竞技用户。电子竞技用户中的一部分仅将参与竞赛作为娱乐休闲活动，另一部分用户则将电子竞技作为职业，通过参加比赛获取奖金、补助等，以此作为个人生活的主要经济来源，这是电子竞技快速发展的重要标志之一。与传统体育爱好者一样，电子竞技爱好者也在影响着整个产业的发展走向。电子竞技快速发展的同时，产

---

① 陈晨：《中国电子竞技运动现状和发展的研究》，硕士学位论文，中国矿业大学，2015。

生了巨大的受众需求，一批对电子竞技赛事和周边产业颇感好奇的人聚集在一起，形成了一个以电子竞技观赛为主要活动的电子竞技爱好者群体。电子竞技相关的新闻动向是他们关注的重点，论坛、新闻网站、电子竞技比赛官网等是他们平时在闲暇时间的重点浏览对象。

在线下进行电子竞技比赛时，部分具有一定经济实力的电子竞技爱好者会买票现场观看赛事，但绝大部分的电子竞技爱好者会选择在线观看电子竞技比赛直播，这也是电子竞技爱好者直接参与电子竞技产业发展的重要途径之一。

通过对电子竞技爱好者群体进行分析，可以发现他们其中有很大一部分是电子竞技用户，即直接参与到电子竞技比赛或相关赛事内容传播等方面的人，但也有电子竞技爱好者仅关注电子竞技赛事及其发展，并不主动参与其中。

随着时代和社会的发展与演变，电子竞技运动的体育竞技属性被加强和凸显，逐渐成为社会和学术界讨论研究电子竞技发展的重点。2003 年 11 月 18 日，由国家体育总局牵头，中国数字体育互动平台开通仪式在北京人民大会堂隆重举行。开通仪式上"电子竞技运动"以官方的名义被正式列为第 99 个正式体育竞赛项目，这是中国电子竞技发展的关键时刻，标志着电子竞技在中国正式得到了国家的认可，对于改善社会对电子竞技的消极态度有很大的帮助。而此后的 2008 年和 2016 年，国家体育总局也曾经两次表态，在国家政策的层面上肯定了电子竞技运动作为体育竞技项目的存在。2018 年 10 月 6 日，在布宜诺斯艾利斯举行的"奥林匹克进行时"论坛上，就"电子竞技是否会被纳入奥运比赛"进行了一系列讨论。

从国内到国际，电子竞技被频繁讨论的重要原因是电子竞技运动的"现代体育"特性愈渐突出。电子竞技以竞技表演的方式吸引并娱乐大众，形成具有特色的产业并快速发展，其与体育比赛在本质上呈现一定的相似性。

有研究者认为，从电子竞技自游戏逐渐发展为体育项目的整个历程可以看出，以"网络游戏"为基础的电子竞技，必须以"实体赛事"为核心，

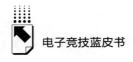

才能够以"现代体育"的姿态继续前进,实现健康快速发展。①

综合来看,因其显现出较强的文化属性,电子竞技产业被定义为围绕着电子竞技游戏产生并发展的一种社会经济文化现象,并被归类于社会文化产业。在狭义概念上,电子竞技产业是指以电子竞技产品创作为核心的各类生产经营性的文化活动。在广义概念上,电子竞技产业的文化属性和体育属性被加强,指的是所有渗透了电子竞技文化元素而发展的产品或服务,是一个广而泛的概念,电子竞技文化附着是电子竞技产业的一大特征。

从电子竞技的起源来看,游戏是电子竞技产生的重要源头和基础,电子游戏(更多时候指"网络电子游戏")是电子竞技的内核。随着电子竞技产业的发展,电子竞技成为游戏被置身在现代体育框架中衍生出的产物。电子竞技运动的产生和发展,一定程度上可以看作是从娱乐游戏向体育竞技转变的过程,其中游戏的属性在弱化但并没有消失,电子竞技运动的游戏属性是其延续性的体现。当今时代,电子竞技的游戏属性被逐渐弱化,围绕电子竞技赛事发展出来的电子竞技产业正在引导着电子竞技向体育竞技迅速蜕变。

2. 电子竞技的特性

作为电子竞技的重要源头和基础,游戏的本质使电子竞技的游戏属性自始至终都没有在其发展过程中消解;同时随着电子竞技概念和外延的扩大,竞技性的外在表现被凸显,其融合体育竞技发展而来的竞技属性也在影响着当前电子竞技作为现代体育竞技的形态。综合来看,游戏和竞技运动的双重属性在电子竞技运动中实现了较高的融合。大部分的研究分析认为电子竞技的特征主要包括以下四个方面:文化性、虚拟性、大众性和竞技性。

(1)文化性

电子竞技运动的文化性在一定程度上是从网络游戏文化传承得到的,网络游戏的文化属性主要体现在故事化的文本表达、多元的历史背景等方面。

首先,以网络游戏为基础的电子竞技游戏的叙事文本多采用历史典故、

---

① 孙博文主编《电子竞技赛事与运营》,清华大学出版社,2019。

神话传说、民间故事等具有较强传播效果的文化主题作为游戏展开论述的背景和主线。

一方面，这样有利于游戏的传播和批量的生产，在既有的历史背景上进行内容的重新编排是目前很多网络游戏生产商的基本策略。

近些年，在网络上盛行的《王者荣耀》电子游戏，其形式和对战内容类似于 PC（Personal Computer，个人计算机）端电子竞技游戏。《英雄联盟》（LOL），是一款可以在安卓、苹果等多平台使用的 MOBA（多人在线战术竞技游戏）国产手游。该游戏于 2015 年 11 月 25 日正式发行，并于 2018 年推出了欧美版本且在任天堂 Switch 正式上线。《王者荣耀》就是电子竞技文化属性呈现的典型案例，其游戏背景和内容的设置很多都借鉴了中国古代的历史或神话传说，具有一定的神秘色彩。

在游戏系统上线的上百位"英雄"中，有很多来自中国的历史典故和神话传说。"项羽"是其中的一个"英雄"，在王者荣耀中的定位是"坦克"和"辅助"，他的形象就是取自于战国时期楚国名将项燕之孙——自称西楚霸王的项羽。游戏中的形象兼顾了对抗性的需求和历史人物的性格特点：刚愎自用、狂妄自大、没有权谋，历史人物的个性在游戏英雄的技能等方面也都有了直接的体现。除了"项羽"，"程咬金""夏侯惇"等游戏中的英雄形象也都取自历史人物。

另一方面，将用户熟知的故事作为游戏的背景能建立用户和游戏主体之间的文化联系，在技术上对文化进行"情景再现"，给人以更为直观的文化体验。

在初高中生之间风靡的《三国杀》是另外一款电子竞技游戏，可以将其归类为卡牌类电子竞技游戏，其在国内的发行公司是边锋网络。该游戏以三国时代为历史背景，游戏玩家在游戏过程中可以任意选择一名三国时期著名的人物身份（一张卡牌）进行角色扮演，然后需要根据自己随机抽中的隐藏身份（如主公、反贼、忠臣、内奸等），通过使用自己独特的人物技能，合理打出各种类型（基本类、锦囊类等）的手牌，最终获得自己所属身份的胜利。

在《三国杀》游戏中，历史关系并不代表着游戏关系，在游戏中，颠

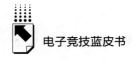

覆历史的选择也是可以发生的，这就造就了文化的技术再现。但与此同时，文化也在游戏中被重构。

前面已经从文化属性的层面对电子竞技进行了辨析，可以认为"文化范畴内的电子竞技"更符合其社会关系协调工具的角色。与此同时，电子竞技运动的文化特性也深刻地体现在其所传递出的核心精神中，从中也可以对文化范畴内的电子竞技窥见一二。

其次，在电子竞技比赛中，都是以战队的形式展开整体对抗，因此队员之间的协作必不可少，甚至在对手之间，都存在一定的协作关系。所以，在电子竞技文化中，协作这一文化性的分支概念得到了较大程度的体现。目前的电子竞技活动多为多人竞技，这就要求对手和队员之间实现竞争合作，同时强调奋发向上、和谐共进的文化精神。在当下，除了电子竞技参与者，电子竞技爱好者也通过不同的渠道相互联系。电子竞技运动成为人们交流沟通的电子媒介，在社会上形成了以比赛为核心的电子竞技文化。①

电子竞技比赛与传统的体育竞技比赛一样，其结果存在着不确定性和未知性，取得胜利是参赛者最直接的目的。为了达到目的，更好地展现个人的实力，竞技比赛的选手需要有拼搏进取的竞技精神。

电子竞技具有其独特性，相比于传统的体育竞技，电子竞技不注重体能技能，更多的是注重技巧和策略的比拼，因此参赛者必须时刻保持着大脑的清醒，要求注意力高度集中。换个说法，与传统的体育竞技赛事类似，电子竞技运动很多时候也同样需要拼搏的竞技精神作为支撑。尤其在面临困难时，拼搏的竞技精神能在很大程度上激励参赛者前进，甚至某些时候能成为一场比赛胜负的关键。

电子竞技的发展是一个曲折而漫长的过程，参与其中的人和事物相互探索，形成了一些共有的文化特征。在这其中，电子竞技游戏的探索主要分为玩家与玩家之间的竞争以及玩家与游戏之间的不断磨合。当一个玩家第一次

---

① 何小猛、徐运君、唐国勇、邹循豪：《试论电子竞技运动发展及策略》，《邵阳学院学报（自然科学版）》2005年第3期，第126～128页。

接触一款电子竞技游戏，时间是其最大的成本，只有通过不断磨合，玩家适应了游戏的基本操作，并初步掌握了游戏的规律，才能保证一定的胜率。

战队成立初期，各位队员相互并不熟悉，各自的优势、劣势以及习惯性的游戏套路都有待进一步探索。因此，正式比赛之前，各个战队均需要较长时间的磨合，从游戏习惯、个人角色设定等多个方面进行磨合，探索各自的特点与优势，是确保在正式比赛的过程中实现个人能力最大化的保障。

在游戏对抗的过程中，往往会有很多不同的策略，玩家选择其中一种进行研究，加以练习，并将其应用于对抗游戏中，以达到胜利的目标。玩家与游戏之间的磨合在每一种不同的游戏及其规则机制上都不一样，因此就需要竞技运动员与各款游戏本身的机制进行磨合，以适应对抗的节奏，并为后续的比赛积累经验。

一场电子竞技比赛，从赛前的准备到赛时的对抗，再到赛后的复盘，以拼搏、协作、探索等为核心特征的竞技精神得到了充分的体现。

在电子竞技运动的文化性分析中，其核心电子游戏所呈现的文化性被很好地继承和延续，这是电子竞技游戏起源的重要体现。随着时代的发展，越来越多的电子竞技游戏也开始在游戏本身的文化性上下功夫，充盈游戏内容的文化背景和内涵，在一定程度上促进了电子竞技文化性特征的发展。

随着电子竞技运动体育竞技属性愈加强烈，不可避免地在讨论文化性特征时需要考虑其竞技精神文化的呈现。与传统体育竞技运动类似，电子竞技的文化性更多体现在竞赛过程中的协作、拼搏等方面。

综合来看，电子竞技运动的文化性集合了上述两者的核心内容，电子游戏的本质文化属性呈现延续性的特点。而体育竞技比赛的竞技文化（精神）在电子竞技运动中的呈现是近期随着时代发展逐渐被凸显的内容，也将成为后期学者对电子竞技文化展开研究的重点领域。随着时代的发展和电子竞技产业的壮大，后者的文化属性被愈加强烈地凸显，当前的电子竞技运动的文化性研究更多是以其竞技文化精神为主要出发点。因此，现在我们所说的电

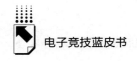
子竞技的文化性也多指其在竞技比赛过程中体现出的文化特征与内涵。

（2）虚拟性

虚拟，拆字可得虚无，拟态，其相对的就是真实，非拟态；虚拟是电子竞技运动与传统体育竞技运动之间最大的区别。电子竞技运动的虚拟性特征是网络游戏最大的特征，同时也是电子竞技运动的基本特征。

虚拟是指人们根据自己的想象而规划出来的事物，由高新技术实现的仿实物或伪实物的技术，在客观世界中不一定存在。电子竞技游戏中的人物形象、高山谷底、城市等均是用数据系统模拟出来的，如手游《王者荣耀》中的"后羿"，是存在于中国远古五帝时期的神话人物，在游戏中"后羿"这个角色的技能就是"射箭"，这是借鉴了"后羿射日"这一传说中对后羿形象的描述。在中国的古代神话传说中，后羿张弓搭箭，将天空中的 10 个太阳射下了 9 个，拯救百姓于水火。箭与后羿的形象密不可分，因此在游戏英雄角色"后羿"的设置中，箭成为他主要的武器，并且游戏中后羿的形象设计也在一定程度上参考了传说中对后羿的描写。

同时为了配合虚拟的游戏环境，游戏中的角色会有不同于现实情况的外形或技能，如《王者荣耀》中"孙尚香"的攻击技能主要体现在出装方面，以暴击伤害为主攻速为辅，鞋子选择"急速战靴"增加攻速，在现实生活中没有人能有如此技能，但是在游戏中，游戏设置可以通过计算机语言完成，这也就实现了虚拟世界的建构。

《王者荣耀》游戏发生的场景是"王者峡谷"。虽然具体的场景设计参考了实际环境（如张家界自然环境等），但在现实生活中，"水晶塔"是不存在的。在游戏中，"水晶塔"是战队（队伍）活力的象征，自己队伍所属的"水晶塔"被摧毁（可称为被"推塔"），则游戏失败，这是游戏的既定规则，只能发生在通过数字技术建构的虚拟环境中。

不光游戏及其环境是虚拟的，不同角色之间的对抗、伤害等操作也都是虚拟的，均是由玩家通过键盘、鼠标、屏幕指示等完成上述操作。虚拟人物形象之间的对抗由现实中的实体人来操控，但并未对现实中的人造成实质性的伤害或改变，这就满足了游戏参与者对于在现实生活中不能实现的活动的需求，这对于游戏参与者来说，具有很大的吸引力，很多人就是为了满足这些需求才参与到游戏中来的。

《王者荣耀》中各个英雄之间的战斗是以"人头"为代价的，英雄在"丢掉人头"后，通过一段时间的暂停可以恢复生命，在生命值降低时也可以通过返回属地以获得能量的补充，而这一切在现实生活中都是不可能完成的。电子竞技游戏中的人物在游戏社会中是"真实"的，其余的各项信息都是被隐藏的，并呈现不可知或者一种模糊的状态。

电子竞技游戏通过一系列的系统设置和游戏规则设置，在数字技术建构的虚拟环境中实现了虚拟的对抗。除了游戏的结果可能对现实产生一定的作用，如游戏参与者获得奖励等，游戏中人物、事物等元素的死亡和消失对现实生活并不会产生影响。电子竞技虚拟性的特点实现了人们对于不能达成的"现实"的愿望，达到了最原始的目的——休闲娱乐。

时下，"元宇宙"的概念火速出圈。"元宇宙"这一概念最早出自尼尔·斯蒂芬森1992年出版的科幻小说《雪崩》，是指在一个脱离物理世界却始终在线的平行数字世界中，人们能够在其中以虚拟人物角色自由生活。通过沉浸式的体验，让虚拟进一步接近现实。随着3D机器视觉和传感技术的快速发展，"元宇宙"的概念在科技融合的趋势下逐渐渗透到电子竞技的发展中。AI、VR等各类可穿戴设备的更新迭代，为"元宇宙"概念在电子竞技中的应用打下了基础。

某种程度上，电子竞技可以说是"元宇宙"的一部分。在数字技术构建的虚拟游戏世界中，玩家以虚拟人物的角色存在、对战、社交甚至生活，在线平行的数字虚拟世界与现实世界互不影响，并且虚拟世界逐渐接近现实世界的架构，能够给游戏玩家以沉浸式的体验。

可以想象，当"元宇宙"概念成为现实，现实世界将与数字建构的虚拟世界实现一定程度的重合甚至是交互。彼时，游戏将不仅仅存在于数字建构的虚拟世界中，也存在于现实生活中，抑或是在两种状态中共存，游戏体验将得到巨大的提升。但需要注意的是，游戏所造成的伤害也会影响现实世界。因此"元宇宙"的概念是否适用于未来的电子竞技运动的发展还有待

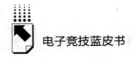

讨论，但可以预见的是，随着科学技术的快速发展与进步，以 VR、AR 等技术为主导的虚拟现实交互技术正在为电子竞技运动的发展助力，并在很大程度上影响并引导着未来电子竞技产业的发展。

（3）大众性

不同的社会层级能接触到的文化略有不同，可以说社会的分层，在一定程度上导致了文化的分层。一般意义上来说，文化有精英文化和大众文化之分，很多学者更倾向于将电子竞技文化归类于大众文化。电子竞技比赛不以年龄作为选择用户的标准，而是以能力和兴趣为标准，因此对电子竞技和电子竞技文化有兴趣、有热情的人都可以参与比赛，同时电子竞技运动不同于篮球、足球、体操等传统体育竞技运动需要参与者在某些技能上有突出的表现，这就在很大程度上扩大了它的受众圈层，中老年人和未成年人都已经成为电子竞技的重要参与群体。

而且电子竞技活动不受场地、天气、环境等因素的限制，智力性或协调性的对抗是电子竞技的主要特征。对于个人电子竞技爱好者来说，只需要一台电脑或一部移动终端设备就能直接参与电子竞技比赛。目前很多电子竞技游戏都设置了实时通话的功能，能够实现远距离互联互通。普适的操作环境和较大的用户覆盖范围，是电子竞技运动大众性的体现。

但大众性也呈现两面性，由于电子竞技游戏对于能力、智力等要求不高，越来越多的中小学生参与到电子竞技中来。观察分析最近的电子竞技新闻可以发现，电子竞技运动参与者的年龄呈现逐渐降低的趋势，小学生甚至更低年龄的儿童成了电子竞技新闻的主角。

为此，国家陆续出台了多项"防沉迷"政策，以促进青少年儿童心理和生理的健康发展，推动电子竞技产业在健康发展的道路上前进。

2021 年 8 月 30 日，国家新闻出版署下发通知，进一步严格管理，落实防止未成年人沉迷网络游戏政策。通知中规定"严格限制向未成年人提供网络游戏服务的时间，所有网络游戏企业仅可在周五、周六、周日和法定节假日每日 20 时至 21 时向未成年人提供 1 小时服务"。虽然竞技游戏具有很强的大众性，但一定要积极引导电子竞技的合理大众化，才能促进电子竞技产业的健康快速发展。

电子竞技的大众性也体现在其媒介化、社交化的竞技社会的构建中。如今，电子竞技不仅仅作为游戏本身而引爆社群网络、制造了超高的话题性，而且需要关注的是，电子竞技正在成为一种社交素材或社交手段，存在于我们的生活中。[①]

相同的爱好和共同的话题推动了人与人之间的交往，电子竞技的社交化发展简化了人与人之间相处的逻辑，游戏中的段位、成败成为电子竞技社交的基础，以游戏胜利为目标的社交行为成为电子竞技社交的核心。

（4）竞技性

竞技即技艺、技能比赛。电子竞技包含着两大元素：电子和竞技。电子代表的是游戏的介质属性，而竞技则是电子竞技体育属性的重要体现。随着电子游戏的发展，娱乐的性质逐渐被掩盖，竞赛、输赢观念主导着游戏参与者的行动。目前，一场游戏成功与否的主要衡量标准不再是参与者的心情，而是一场游戏的胜负结果，这也成为影响参赛者状态的关键因素。从娱乐过渡到竞技，这也是电子竞技游戏被正式确立为体育运动项目的重要因素。

电子竞技运动员（也就是我们所说的职业玩家）会以此为职业，通过大量重复性、创新性的训练提高个人的应战能力。对于部分以此为职业的"运动员"，参赛奖金成为他们主要的生活资金来源。电子竞技运动有统一的游戏和竞争规则，其中对比赛内容、时间等做出了明确的规定，这也是参赛人员、组织者等多方需要共同遵守的规范，体现了电子竞技运动与传统体育竞技运动类似的公平性特质。[②] 在电子竞技比赛中，规则一方面起到了限制的作用，另一方面也具有一定的强制惩罚性。一旦触犯了规则，游戏的公平性受到了挑战，赛事组织方就会实行相应的惩罚措施，类似于传统体育竞赛中的取消比赛成绩，电子竞技中以禁赛、封号等作为惩罚措施，如果情节严重，甚至会触犯相关法律。

---

① 孟晨：《从热门手机游戏看游戏媒介化现象——以〈王者荣耀〉为例》，硕士学位论文，辽宁大学，2018。

② 冯宇超：《对电子竞技发展的初步探讨》，《浙江体育科学》2003年第5期，第48～51页。

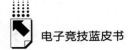
与传统体育竞赛一样，电子竞技同样需要在既定、公平、可知的规则下进行，对于胜负的判定，不同的游戏会有不同的标准。以《英雄联盟》为例，在进行比赛前，按照双方约定的规则组成各自的战队，战队之间的对抗是竞技的核心。对抗过程中，不同角色担负着不同的职责，能量补充、游戏暂停等都有相应的规则加以限制。保全自己所在一方的"水晶塔"并推倒对方的塔即获得胜利，同时，对于场次MVP的判定等也都有更详细的规定。

竞技性是电子竞技与体育竞技最相似的特点，也正是因为竞技性的存在，电子竞技运动才得以从游戏较快地转变为体育项目。现在我们所说的电子竞技体育，就是在突出电子竞技的竞技性后发展出来的现代体育门类。

3. 相关概念的理解

电子竞技是网络信息时代的产物，也是科技高速发展的衍生品。[①] 一般来说，电子竞技运动相关产业的核心要素是游戏与内容，同时也包括上下游的硬件提供商、游戏软件开发商、运营、网络服务商等，它们共同构成了电子竞技这一庞大的游戏产业。

电子竞技是文化产业的一个重要门类，当前对于电子竞技概念的讨论，多是围绕着电子竞技运动展开的各种社会文化经济现象的综合讨论。从狭义概念上来说，电子竞技产业指的是电子竞技核心圈层内的电子竞技创作行业，其中包括产品的内容创作、规模化生产、竞赛运营管理等活动。举例来说，一个电子竞技产品的开发涉及游戏情节创作、画面制作等领域，同时电子竞技赛事也需要特定的传播和运营机制。而从广义概念上讲，电子竞技产业除了上述已经提到的内容，还包括与电子竞技相关联的"文化工业"活动，[②] 产业研究者一般将其大致划分为电子竞技新闻出版业、电子竞技影视业、电子竞技网络生态行业等，在该层次的概念中，文化传播特征被官方纳入电子竞技行业。如果在更大范围内讨论电子竞技行业，则需要将与其发生

---

① 何培奕：《中国电子竞技产业的现状和发展研究》，硕士学位论文，上海外国语大学，2013。

② 陈东：《中国电子竞技产业发展研究（1996～2015年）》，博士学位论文，山东大学，2015。

联系的产业均包含其中，这就极大地扩大了电子竞技行业的外延，但没有很强的实质性联系，只能称其为电子竞技产业的外延性概念。

腾讯电竞、企鹅智库以及《电子竞技》杂志三方联合发布的《2021 年中国电子竞技运动行业发展报告》显示，从 2016 年到 2021 年，中国电子竞技用户规模由 1.3 亿扩大到 4.25 亿。电子竞技产业正在成为中国经济社会发展的重要元素。在电子竞技产业火热发展的同时，随之诞生的周边娱乐产业也成了中国经济社会运行中的一颗新星，诸如电子竞技直播、电子竞技偶像的诞生等围绕电子竞技展开的文化娱乐活动也在逐渐成为人们（尤其是电子竞技爱好者）生活中的重要组成部分。

（1）游戏与网络游戏

游戏是人类历史上最古老、最平常且极其重要的活动之一，至今得到了许多学者从各个方面和各个角度的关注与研究。在《体育文化导刊》的署名文章《电子竞技的相关概念与类型分析》中，国家体育总局宣传司的何威指出，自由（free）参与的自愿行为、以愉悦（fun）为目的、目标（goal）与竞争（contest）的存在、规则（rule）的存在、与现实相对隔离的时空、共同经验与共同体是游戏的六个本质特征，这也是游戏区别于其他人类活动的关键所在。上述特征是通过对自柏拉图以来，包括康德、席勒、麦克卢汉等学者关于游戏的观点和思想进行研究、总结得出的。①

故可以具体对游戏进行定义：人们以愉悦为首要目的，自由、自愿参与的一种具备一定规划、存在一定目标和竞争的活动，在一定程度上与日常生活是隔离的，能够让活动的参与者拥有一定的共同经验甚至会形成某种共同体的一类活动。② 因此，《英雄联盟》、DOTA、《王者荣耀》等自然属于游戏的讨论范畴。

以《王者荣耀》为例，游戏参与者均自愿下载并参与游戏比拼、网络竞赛等，攻陷对方的城域并推倒对方的"水晶塔"就取得了胜利，这是既

---

① 何威：《电子竞技的相关概念与类型分析》，《体育文化导刊》2004 年第 5 期，第 11～13 页。
② 何威：《电子竞技的相关概念与类型分析》，《体育文化导刊》2004 年第 5 期，第 11～13 页。

定的活动规则；此类活动发生在由数据构建的虚拟世界中，与现实生活产生了隔离，游戏的参与者会在行动的过程中得到共同的指示或形成一定的共识，即走某条路径最容易成功，甚至会形成以打游戏为职业的团队，战队共同进退，目的是取得比赛的胜利。因此，《王者荣耀》的本质是游戏。

电子游戏是游戏的一个分类，所以，其同样具有游戏的六个本质特征，与此同时，电子游戏又有其独有的特点：虚拟的环境、身体的缺席和人工智能（AI）的加入。传统 CS（《反恐精英》）的游戏环境是系统建立的虚拟环境，画面中的人物以第一或第三人称的形式参与游戏，通过计算机系统将鼠标、键盘的指示操作转化为游戏画面中的射击等行为，因此，传统 CS 是典型的电子游戏。而与此不同的是真人 CS 只能算是游戏，因为它需要身体的参加，游戏环境也是现实存在的，人工智能的参与度很低。

由此可见，电子游戏属于游戏的范畴，但同时具有自己的特点。我们所讨论的电子竞技与二者都存在不同之处。一般情况下，我们认为"电子竞技"是被"电子游戏"所包含的概念。

（2）电子竞技与网络游戏

一般来讲，电子竞技属于网络游戏的范畴，这也是电子竞技与网络游戏之间存在的既定从属关系。现代意义上，电子竞技是从网络游戏中发展出来的竞技形态，网络游戏是电子竞技成型的基础之一，电子竞技属于网络游戏的一种，二者又同属于电子游戏。但二者（电子竞技与网络游戏）仍然存在较大的区别，电子竞技是网络游戏的充分条件，而网络游戏只是电子竞技的必要条件，[①] 电子竞技是融合网络游戏、体育竞技等多方面因素而形成的新的竞技形态。

国家体育总局将电子竞技定义为"以信息技术为核心，以软硬件设备为媒介，在信息技术营造的虚拟环境中、在体育竞赛规则下进行的对抗性益智电子游戏运动"，体育竞技运动是它的基本属性和特征，因此电子竞技具

---

① 陈晨：《中国电子竞技运动现状和发展的研究》，硕士学位论文，中国矿业大学，2015。

有体育项目的一般性。而与此不同的是，网络游戏的核心功能是文化娱乐，一般被归类为文化创意产业。

《文化及相关产业指标体系框架》界定以新闻出版、广播影视、文化艺术为主的行业为文化产业核心层；以网络、游戏、休闲娱乐、经济代理、广告会展等为主的新兴文化服务业为文化产业外围层；以文化用品、设备及相关文化产品生产和销售为主的行业为文化产业相关层的产业体系。[①] 网络游戏着重强调文化艺术性和精神愉悦性，而电子竞技更强调对抗与竞技关系的建构。

网络游戏参与者在被建构的网络虚拟环境中生活并建立虚拟的社会关系，遵循虚拟社会的基本准则，补充了现实世界的不足，虚拟社会中角色的快速成长和社会关系的迅速养成能够刺激人们的心理，甚至使其对游戏产生依赖。电子竞技虽然以网络游戏为基础，但更强调跳脱出游戏内部系统，在现实社会中建立社会关系和竞争关系，对抗和竞技是其基本特性，技巧发挥是竞争的关键因素。

电子竞技运动员会按照基本的体育运动规则，通过严格的训练提升自己的竞技水平，在电子竞技运动中也存在着和乒乓球等传统体育竞技运动一样的统一竞技规则。综上所述，网络游戏是虚拟关系的建立，而电子竞技运动是现实社会体育竞技关系的建立，其本质上是一个体育项目。

电子竞技虽然对因特网有较大的依赖性，但随着技术的发展，电子竞技活动已经可以在脱离互联网的局域网环境中开展，目前很多电子竞技赛事均是在局域网络条件下，通过路由器等电子设备进行数据传输，而一般情况下网络游戏只能在互联网的模式下进行。

与网络游戏相比，电子竞技的产业化发展更具有包容性和多元性。2003 年，国家体育总局将电子竞技运动列为正式的体育比赛项目，并进一步推动其产业化的发展，在很大程度上肯定了电子竞技作为体育比赛项目的存在。

---

① 李强主编《文化产业统计的建立与发展》，中国统计出版社，2014。

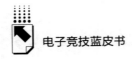
（3）电子竞技与体育竞技

竞技，字面意思就是比赛技能（技艺），具有结果导向性，强调竞技的结果，即输赢，这也是体育的本质特征。电子竞技赛事的对抗性和竞争性是其具有体育性质的体现。电子竞技赛事的对战双方最重要的目的就是在激烈的游戏对抗中取得胜利，人与人之间的竞争由游戏系统中的虚拟人物呈现，实现了竞争由精神向虚拟的转化。

对当前的电子竞技赛事进行分析，可以发现，赛事参与者在对抗过程中需要掌握一定的规律和技巧，并在某些时刻需要挑战自身的能力极限。[①] 电子竞技对于技巧的较高要求，使赛事参与者需要在竞赛以外的时间花费精力训练，并通过大量且科学的实践提高自身的竞技能力。

在竞赛规则上，电子竞技与体育竞技也具有一定的相似性。体育竞技的基本特征之一是公平、统一、透明的竞赛规则。电子竞技赛事也是在同样原则的竞赛规则下展开的，体育竞技是个人能力与技巧的比拼，电子竞技参赛者为了在竞赛中获得更大优势，也需要花费大量的时间和精力通过训练提升能力和技巧。以《英雄联盟》官方赛事为例，《英雄联盟》职业联赛的赛制最开始直接参考了 NBA 的赛制：分组依次进行季前赛、常规赛、附加赛、季后赛等环节，并逐轮淘汰，最终决出总冠军。这是电子竞技向体育竞技靠近的重要体现。

在体育竞技中，兴奋剂等外部因素的混入破坏了体育竞技的公平性，是不被允许使用的；同样的，在电子竞技比赛中，"外挂"等也属于不公平因素，正规的电子竞技赛事不允许类似行为的出现。

从起源来看，电子竞技与体育竞技都是从游戏衍生出来的不同的竞技形式，虽然电子竞技具有一定的娱乐性，但相似的是，二者的目标均是对个人能力和素质的塑造与提高。[②] 电子竞技是以信息技术为基础，在竞技模式、赛事运营和组织、赛事内容传播等方面融合了传统竞技体育形式的新型竞技

---

①　王惠斌：《关于电子竞技问题的几点思考》，《决策探索》2004 年第 11 期，第 86 页。

②　宋天华、罗萍：《试析电子竞技与竞技体育的异同》，《军事体育进修学院学报》2006 年第 3 期，第 96~98 页。

形式。换句话说，电子竞技是电子游戏在保持自身特点的前提下融合现代体育特征，衍生并发展出来的现代体育形式。从这个层面上讲，数字技术的发展在较大程度上影响着电子竞技的发展。

虽然电子竞技与体育竞技具有很大的相似性，但在某些方面电子竞技仍然保留着自身的特征。一方面，电子竞技赛事的进行和发展高度依赖于信息技术，而生活中的一般体育竞技对于信息技术没有很强的依赖性，甚至并不需要信息技术的参与；另一方面，不同于一般体育竞技要求参赛者在身体机能、技巧等方面有较高的水平，电子竞技更多的是对于游戏参与者团队协调、体能、智力等全面素质和能力方面的要求。电子竞技直接影响的是人的思维方式和生活方式，而一般体育竞技更多地会对人的身体机能产生影响。

总的来说，电子竞技与一般体育竞技相比各有异同、各具特色。作为竞技体育表演市场的重要组成部分，电子竞技正在逐渐融入体育竞技的角色。

综观电子竞技与一般体育竞技的发展，二者具有很大的相似性，尤其在文化层次方面，它们都是社会文化发展到一定程度的产物。因为电子竞技的发端要晚于一般体育竞技，所以电子竞技在赛事组织结构、赛事形式、传播与观看方式等方面一定程度上也受到了一般体育竞技的影响。

现今的电子竞技已经呈现高度的职业化和商业化特征，形成了相似的模式，电子竞技在很多环节已经超越了一般体育竞技的范畴，成为现代体育竞技中独特的一环。有研究学者将电子竞技归于现代体育和娱乐表演的交叉地带，称之为"后现代体育"，[1] 去中心化、多元取向和无边界的状态是其融合发展之后最大的特点。发展至今，电子竞技与一般体育竞技一样，凭借着强大的文化、商业价值成了社会经济生活的重要组成部分，并逐渐承担起了创造和传播社会文化的责任。

（4）移动电子竞技概述

随着时代的发展，电子竞技运动成为人们在社交过程中的重要话题，是社会文化生活的重要组成部分。在中国，电子竞技和主流文化一起，呈现融

---

① 戴焱淼：《电竞简史：从游戏到体育》，上海人民出版社，2019。

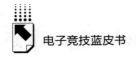

合发展的态势，正在成为一种潮流。

近年来，随着移动互联网时代的到来，以手机为核心的移动终端设备成为市场发展的关键。2021 年 8 月 27 日，中国互联网络信息中心（CNNIC）在北京发布了第 48 次《中国互联网络发展状况统计报告》（以下简称《报告》）。《报告》显示，截至 2021 年 6 月，中国网民规模达 10.11 亿，较2020 年 12 月增长 2175 万，互联网普及率达 71.6%，互联网已经成为人们生活不可或缺的一部分。

移动终端设备的发展得益于互联网技术的进步，手机是移动设备发展的典型案例。《报告》统计数据显示，截至 2021 年 6 月，中国手机网民规模达 10.07 亿，较 2020 年 12 月增长 2092 万，使用手机上网的网民比例达到99.6%。用手机上网的用户和互联网总体用户规模相当，这表明，在中国手机已经成为互联网用户必备的上网设备，电子竞技向移动终端过渡的速度必将越来越快。

伴随着移动互联时代的到来，以 PC（Personal Computer，个人计算机）端为主要竞技平台的传统电子竞技开始向以移动终端为核心的移动电子竞技阶段转移，并逐渐在游戏设置、赛事组织等方面向移动化方向发展。目前，电子竞技运营商也逐渐掌握了互联网发展的规律和倾向，呈现更"贴合"实际的发展趋势，衍生出了我们所说的"移动电子竞技"。

"移动电子竞技"是移动互联网和移动智能终端不断发展的产物，[①] 是传统电子竞技与移动互联网络设备融合发展的结果。从发展的过程来看，移动电子竞技赛事体系在十年前便已初现雏形。在 2012 年的 WCG（World Cyber Games，世界电子竞技大赛）比赛中，《神庙逃亡》《水果忍者》等移动端游戏（即手游）被列为电子竞技比赛的推广项目。这是电子竞技与移动终端结合的第一次试水，由于当时移动设备还未普及，此次推广没有取得预期的效果。

---

① 陈亮、于文谦：《移动电子竞技发展研究》，《体育文化导刊》2017 年第 4 期，第 26 ~ 31 页。

2015 年，电信在"EFUN 爱游戏"全国手游大赛中提出"微电子竞技"的概念，强调移动游戏的竞技化，这就是"移动电子竞技"概念的雏形。随着时代的发展，"微电子竞技"的概念逐渐被拓展，从移动游戏的竞技化转变为电子竞技的移动化，逐渐形成以新型移动电子竞技游戏为核心的移动电子竞技产业。

移动电子竞技的发展得益于快速发展的信息技术，随着移动游戏产品种类的不断增多，游戏玩家的数量呈现逐年增长的趋势，移动电子竞技市场也逐渐扩大。同时随着视频直播红利的凸显，移动电子竞技文化在社会中实现了更快速的传播。

2017 年，国家体育总局体育信息中心联合大唐电信共同主办了全国移动电子竞技大赛（China Mobile E-Sports Games，CMEG），这是国内首个官方移动电子竞技赛事。在全球范围内，以《绝地求生》、《英雄联盟》、《部落冲突：皇室战争》《荒野乱斗》、*Free Fire* 为代表的五大新兴移动电子竞技赛事也在快速崛起。

但通过对当前移动电子竞技市场的分析可以看出，劣势和危机仍然存在。首先，移动电子竞技发展时间较短，缺乏相应的规范，行业制度不健全。早期的移动电子竞技直接照搬传统电子竞技的体制和模式，具有一定的局限性，不能满足移动电子竞技产业自身的发展需要。其次，移动电子竞技市场的核心产品稀缺，目前比较大众化的只有《王者荣耀》《绝地求生》等几款游戏，相比于传统电子竞技产业，在核心产品上不占优势。

虽然相比于传统电子竞技赛事，移动电子竞技赛事在参赛人数、赛事规模、组织运营等方面还有一定差距，但就目前电子竞技行业的发展态势来看，移动电子竞技正在成为电子竞技产业发展的关键力量。今后在电子竞技产业的发展进程中，移动电子竞技这一分支不容忽视。

与此同时需要注意的是，目前的电子竞技行业的商业属性较强，虽然未来的发展潜力巨大，但仍需要电子竞技运营商、从业者等多方面的调整和努力。只有在发展过程中突出电子竞技的体育竞技属性，才能符合国家对于电

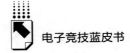
子竞技产业健康发展的要求，否则在过分追求商业利益的发展模式下，很难实现电子竞技与体育竞技的真正融合。

（5）博弈论

电子竞技经过几十年的发展，社会各界对其相应的研究也随着产业的成型在逐渐地加深。游戏在人类的社会生活实践和理论研究中占有重要地位。游戏是电子竞技产业的核心元素，因此游戏理论也被广泛地应用在了电子竞技相关的理论和实践研究中。以游戏为源衍生的博弈论对于竞技体育的研究有较大的用处，目前也被应用在电子竞技的研究中。博弈论又被称为对策论（Games Theory），是研究具有斗争或竞争性质现象的理论和方法。该理论应用广泛，尤其在解决相关竞技、数学、经济等问题中具有较好的效果，是现代数学和运筹学研究中的重要研究理论。"Game"一词是博弈论游戏理论的重要体现，其中文名称中的"博"和"弈"来源于中国古代的象棋和围棋，强调了博弈理论对于游戏研究的重要性。[1]

从古至今，博弈论一直是国人解决问题的重要方法理论。《孙子兵法》著于春秋时期，又被称为《孙武兵法》，是中国已知现存最早的兵书，同时也是世界上已知最古老的军事相关著作。《孙子兵法》不仅是一部军事著作，而且是最早的一部与博弈论相关的著作。博弈论最初主要用于研究象棋、桥牌、赌博中的胜负问题，人们对博弈局势的把握只停留在经验上，没有向理论方面发展，博弈论正式发展成一门学科是在 20 世纪初。1928 年，冯·诺依曼证明了博弈论的基本原理，从而宣告了博弈论的正式诞生。[2]

随着时间的推移，博弈论被应用到科学研究的方方面面，也成为游戏研究的重要理论。博弈论的核心是参与者的相互依存与互动，它研究的是相互影响的决策行为，多个参与者（决策者）共同作用于结果，因此人们也将博弈论称为"对策论"或"互动的对策论"。

---

① 尉洪池：《博弈论与语言游戏——国际关系研究中两种游戏理论之比较》，《外交评论（外交学院学报）》2013 年第 1 期，第 126 ~ 138 页。
② 丁利：《制度激励、博弈均衡与社会主义》，《中国社会科学》2016 年第 4 期，第 135 ~ 158 页。

电子竞技强调参赛者之间的竞技对抗，参赛者是电子竞技比赛的重要组成部分，离开任意一方比赛均无法进行。并且，彼此的竞技行为会产生错综复杂的影响，参赛者共同决定着比赛的结果，这也与博弈论的内核理论不谋而合。

局中人、策略、得失是博弈论的关键要素，将博弈论应用于电子竞技，也能在其中找到相对的元素。局中人是指在一场竞赛或博弈中，每一个有决策权的参与者。两个局中人的博弈现象称为"两人博弈"，而多于两个局中人的博弈称为"多人博弈"。电子竞技存在对战双方，各自为一个局中人，各自依照策略进行对抗。一般情况下，电子竞技多为"两人博弈"，"多人博弈"仅出现在少数的电子竞技比赛中。

策略是指一场博弈中，每个局中人选择的实际可行的完整的行动方案。该方案不针对某一特定阶段，而是指导整个行动。一个局中人的一个可行的自始至终全局筹划的行动方案，称为这个局中人的策略。如果在一场博弈中，局中人只有有限个策略，则称为"有限博弈"，否则称为"无限博弈"。

在进行电子竞技比赛时，战队（参赛者）会考虑到多种情况的发生并在上场前确定初步的对战规划。随着比赛的进行，场上的情况发生变化，各战队（参赛者）会实时选择和调整对战策略，以争取比赛的胜利。

一场博弈结束时的结果称为得失。每个局中人在一场博弈结束时的得失，不仅与该局中人自身所选择的策略有关，而且与全部局中人所采取的一组策略有关。所以，一场博弈的结果是每个局中人的"得失"在全体局中人所选择的一组策略影响下取得的结果。

对电子竞技赛事来说，比赛的结果是未知的，即使一方在赛前已有完美的策略规划，但仍需要在比赛过程中根据赛事情况及时调整。双方（多方）在竞技博弈的过程中相互制约、影响，最终的胜负是多方共同作用的结果。

游戏规则在博弈论中十分重要，博弈必须在规则之下进行。博弈规则包括对行动方式、效用结构和信息掌握情况等基本博弈条件的设定，从而构成博弈的基础，决定博弈的性质，影响博弈的结果。博弈的规则对参赛者具有普适性，并在一定程度上建构了竞技主题和竞技行为本身的意义。

电子竞技赛事中的游戏规则、赛制规则，可以理解为博弈原则的一种体现。在进行电子竞技赛事的过程中，每一位参赛者都需要在既定的规则下展开竞争，规则是界限，突破界限的博弈不被允许。

（二）统计分类

目前市面上的电子竞技（游戏）很多，根据游戏中所传达出的娱乐性与体育性，可以将电子竞技（游戏）大致分为娱乐性电子竞技（游戏）和体育性电子竞技（游戏）。就分类的科学性和实用性而言，也会有不同的分类方式出现。此处只简要介绍两种电子竞技（游戏）的分类方式（见图1）。

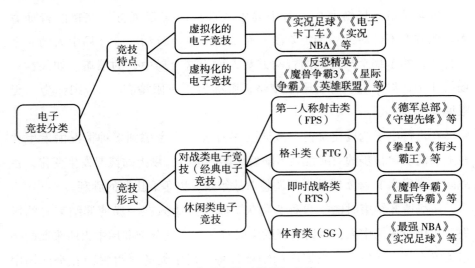

图1　电子竞技（游戏）分类

注：依据竞技特点和竞技形式进行分类。

首先，从竞技特点来说，可以将电子竞技（游戏）分为虚拟化的电子竞技（游戏）和虚构化的电子竞技（游戏）。顾名思义，虚拟化的电子竞技（游戏）是将现实生活中已经存在的具体事物借助数字媒体信息技术、网络技术等进行电子化呈现（数字化呈现），如《实况足球》《电子卡丁车》等均是以现实生活中已经存在的原型为基础进行的游戏项目数字化呈现。

虚拟化的概念多出现在体育类电子竞技（游戏）中。《实况足球》诞生于 1996 年，是由日本知名游戏软件开发商 KONAMI 公司制作开发的一款足球游戏，其逼真的游戏画面效果、简单便捷的操作是吸引众多足球爱好者关注的原因。该游戏以人们日常生活中可接触到的足球运动为核心，借助数字媒体信息技术将足球运动在小屏幕中呈现，实现了体育竞技运动的电子竞技化、数字化。

该公司也曾推出《NBA 实况》，同样是利用数字虚拟化技术将 NBA 赛事数字化地呈现在游戏中。在该游戏中，玩家可以根据选手在比赛中的表现动态调整该选手的能力。游戏的模式也相当丰富，除主线游戏外，还有许多小游戏以供玩家练习，帮助提高其游戏水平。虚拟化游戏最大的特点是实现了实际生活与游戏虚拟环境的联结，这也是该类电子竞技（游戏）经久不衰的重要原因。

虚构化的电子竞技（游戏）是指在该款电子竞技（游戏）产生之前，现实生活中不存在与之相对应的直接参照物，即游戏是现实生活中不能存在的竞技项目。此类游戏完全依托各种先进的信息制作技术虚构而出，如《反恐精英》《魔兽争霸3》《星际争霸》《英雄联盟》等都是在现实生活中无法直接实现的游戏项目。

根据电子竞技（游戏）中所体现的技能水平与智能水平的高低，可以在两个大类下再将电子竞技（游戏）分为技能类项目、智能类项目和智能技能结合类项目，[1] 在此不做赘述。在电子竞技运动中，体能因素在竞赛中的体现并不多，信息化、虚拟化、技能化是电子竞技与一般体育竞技的显著区别。

其次，从竞技形式来说，可以将电子竞技（游戏）分为对战类电子竞技（游戏）和休闲类电子竞技（游戏），对战类电子竞技项目也被称为经典电子竞技项目。[2] 根据游戏项目自身的特点，可以将经典电子竞技分为第一

---

[1] 李宗浩、王健、李柏：《电子竞技运动的概念、分类及其发展脉络研究》，《天津体育学院学报》2004 年第 1 期，第 1~3 页。

[2] 何慧娴：《让数字演绎体育无限精彩——电子竞技运动及在中国的发展》，《体育文化导刊》2004 年第 8 期，第 3~7 页。

人称射击类（FPS）、格斗类（FTG）、即时战略类（RTS）和体育类（SG）。

其中第一人称射击类游戏更具特点。与以往的游戏不同，第一人称射击类电子竞技的基本形态是以游戏参与者的主观视角作为游戏视角，游戏参与者不是宏观地控制虚拟角色展开游戏，而是身临其境地立体感受游戏带来的丰富体验，游戏画面所呈现的是第一人称能看到的范围，这类游戏实景感强，游戏体验更好。

1981 年，Muse Software 公司推出的《德军总部》系列游戏被称为第一人称射击类游戏的"奠基之作"，至今已经发展到第五代，并推出了手机版本。《守望先锋》是第一人称射击类游戏中影响力较大的一个，于 2016 年 5 月 24 日全球上市，开发公司是著名游戏制作商暴雪娱乐。《守望先锋》一经推出便席卷全球，2016 年，获得 TGA 年度最佳游戏奖，2017 年获得 TGA2017 最佳持续更新奖。性格鲜明的人物、华丽的技能、优秀的地图设计与战术深度，使其成为第一人称射击类电子竞技（游戏）中受众最广的一款。

顾名思义，格斗类电子竞技（游戏）通常将玩家分为两个以上的阵营，让其相互作战。格斗技巧的引入是一大亮点，该类游戏具有明显的动作游戏特征，是动作游戏的重要分支。格斗类电子竞技（游戏）始于 20 世纪 80 年代，"功夫"游戏的推出对于格斗类电子竞技（游戏）的发展具有开创性的意义，游戏中很多的技巧规定、游戏规制对现今的游戏形态仍具有很大的影响。

《拳皇》系列集合了包括《饿狼传说》《龙虎之拳》以及《超能力战士》多款格斗类电子竞技（游戏）中的经典角色和特点，同时进行了一定程度的创新和故事融合。该游戏操作简单，连续格斗场景设计出色，是格斗类电子竞技（游戏）发展历程中的经典之作。

随着时代的发展，3D、VR 向电子竞技渗透，格斗类电子竞技（游戏）凭借其自身强烈的体验感和技术加成，成为 21 世纪电子竞技（游戏）版图的重要组成部分。

即时战略类电子竞技（游戏）（Real-Time Strategy Game），简称 RTS，此类游戏是即时进行的，而不是战略游戏多见的回合制。玩家需要根据游戏情况、战队特点等即时调整战略，以取得对战（游戏）的胜利，玩家在游戏中多扮演将军，进行调兵遣将的宏观操作。

《魔兽争霸》和《星际争霸》系列是即时战略类电子竞技（游戏）中的经典之作。《魔兽争霸》于1994年面世，在《魔兽争霸》取得空前成功之后，其制作公司暴雪娱乐以《魔兽争霸Ⅱ》为引擎，于1998年推出了即时战略类电子竞技（游戏）《星际争霸》，并大获成功。知名游戏网战IGN 2020年公布的"史上100大游戏排行榜"中，《星际争霸》名列第48。

除了上述两种分类方式，依据不同的分类标准，电子竞技还有不同的分类方式，在此不做赘述。上述两种分类是学术研究和应用实践研究分析中最常用的两种分类方式，在一定程度上体现了电子竞技形式多样、种类丰富的特点。

二 中国电子竞技产业发展现状与特征

（一）中国电子竞技产业发展综述

1. 产业构成

中国电子竞技产业链以电子竞技赛事为核心，包含由电子竞技赛事衍生出的上中下游多种产业形态。产业链上游为游戏研发、游戏运营；中游包括赛事运营、俱乐部与选手、电子竞技内容制作；下游为电子竞技直播、电子竞技媒体和其他衍生产品。产业链中各产业的分布与整合推动了中国电子竞技产业的整体发展，促进了电子竞技产业与诸多其他产业门类耦合，催生出蕴含巨大生机与活力的衍生产业。

（1）电子竞技上游产业

电子竞技产业链上游为电子竞技游戏产业，具体包括游戏研发和游戏运营。

就游戏研发而言，其核心业务为游戏程序或软硬件开发，同时综合了美术、文学、音乐、影视动画等多层次要求。中国的游戏研发经历了游戏载体和样态的持久变革。改革开放后，中国游戏产业经历了家用机时租、街机以及单机游戏等历史形态。随着 21 世纪尤其是近十年来互联网技术和设备进入快速发展阶段，网络电子竞技游戏成为主流的游戏类别，丰富多样的电子竞技游戏产品为电子竞技产业的发展奠定了基础。就游戏运营而言，其核心目的是自游戏产品研发策划阶段起，在该产品的生命周期内通过多种运营手段吸引产品用户增长、留存、扩散，刺激玩家不断了解游戏、更新游戏并付费，提高游戏收入和衍生价值。中国电子竞技游戏运营市场涉及 IP 方、游戏研发商、游戏发行商、游戏渠道商、游戏广告商及媒体等多方主体。其中动视暴雪（美）、VALVE（美）、SNK（日）、腾讯游戏（中）等游戏研发商和腾讯游戏、网易游戏、完美世界、巨人网络等游戏运营商占据了中国电子竞技游戏运营领域的头部地位。

在相关企业的经营实践中，游戏研发和游戏运营的分配并不是绝对的，由于游戏研发企业掌握游戏的核心产权，部分游戏研发企业也是实力雄厚的游戏运营方，一家公司涉及多项业务的情况十分普遍。如作为腾讯四大网络平台之一的腾讯游戏（Tencent Games），已逐渐形成自主研发和多元化外部合作兼具的产业发展模式。凭借雄厚且完备的产业基础，腾讯游戏已在网络游戏众多细分市场领域形成了专业化产业布局，打造了覆盖全品类的产品阵营，成长为全球领先的游戏开发和运营机构，以及国内最大的网络游戏社区，致力于为全球玩家提供休闲游戏平台、大型网游、中型休闲游戏、桌面游戏、对战平台等游戏产品和服务。

作为电子竞技产业的上游产业，电子竞技游戏产业的进步为电子竞技产业提供了基础的游戏产品和最主要的 IP，成为电子竞技产业链得以完善、延伸的重要前端资源。在一定程度上，电子竞技游戏产业和电子竞技产业实现了"互哺"，一方面不断优化迭代的电子竞技游戏为电子竞技产业提供了发展条件；另一方面电子竞技产业的兴旺也为电子竞技游戏产业带来了更大的市场需求和发展空间。

（2）电子竞技中游产业

赛事运营、俱乐部与选手、电子竞技内容制作等是电子竞技产业链中游产业的主体，其中电子竞技赛事运营是中国电子竞技产业链的核心环节。

首先，电子竞技俱乐部和选手是电子竞技运动与活动的主要参与方和表演者。所谓职业电子竞技俱乐部，是指具有企业法人资格的、由职业电子竞技选手组成的、有资格参加国内外各项职业电子竞技大赛的职业运动队的体育俱乐部。从日常运营所涉主体来看，电子竞技俱乐部主要由投资人、经理、领队、媒介和选手构成。其中投资人即俱乐部的投资者；经理全面负责俱乐部的经营管理；领队主要负责各类项目战队包括参加比赛、进行训练、安排队员后勤等在内的诸多事务；媒介主要负责与各大电子竞技媒体的合作与宣传，同时包括市场推广和商务开发；选手是电子竞技俱乐部的核心，负责参加训练和比赛。[①] 近年来，政府对电子竞技产业的管控和扶持力度增强，公众对电子竞技行业的认可度提升，中国电子竞技产业发展环境优化，电子竞技俱乐部获得了更多参赛和成长机会。通过赞助商赞助、直播平台签约、流量变现、衍生品产销、主场赛事分成等方式，国内电子竞技俱乐部获得营收并逐步扩大影响。头豹研究院相关数据显示，截至 2019 年末中国有电子竞技俱乐部 5000 余家，[②] 并出现了 WE（上海厚翰信息科技有限公司）、IG（上海皑极信息科技有限公司）、LGD（杭州艾及帝文化创意有限公司）等头部电子竞技俱乐部品牌。

其次，电子竞技赛事是以电子竞技游戏为竞技项目、遵循特定章程和规则开展的竞赛，能将电子竞技产业链的多个环节进行串联，调动电子竞技游戏研发与运营、俱乐部与俱乐部联盟、战队选手、赛事运营策划与执行方、电子竞技媒体等群体，激发产业发展活力。赛事的顺利举办需要以赛事运营为依托。从概念上看，赛事运营主要涉及电子竞技赛事运营及相关视频内容制作与销售业务，相关企业主体需要承担游戏版权授权对接、参赛俱乐部协商沟通、策划赛事流程与物料、对接场馆运营布置等工作。可以说，赛事运营是促进电子竞技赛事实现规模化、专业化发展的关键环节。目前国内外顶

---

① 何圣捷、薛哲曦：《直播环境下中国电子竞技俱乐部发展对策》，《两岸创意经济研究报告（2019）》2019 年第 13 期，第 143 页。

② 《2020 年中国电竞俱乐部短报告》，东方财富网，2020 年 12 月 22 日，https：//pdf. dfcfw. com/pdf/H3_ AP202012221442602675_ 1. pdf？1608633435000. pdf。

尖电子竞技赛事的运营执行方主要为游戏开发商，其他电子竞技企业等多提供艺人经纪、电子竞技电视、电子竞技运动场馆运营等综合类第三方服务，国内量子体育 VSPN、香蕉游戏传媒、IMBA TV 等成为近年发展较快的电子竞技赛事运营执行公司。

最后，电子竞技内容制作所涉内容分为两方面，即电子竞技内容与相关娱乐内容，其中电子竞技内容又分为赛事内容和教学内容。赛事内容公司将电子竞技相关的影音、图文内容通过多种后期加工方式进行优化，将其转变成用户喜闻乐见的电子竞技内容产品，此类内容尤其在电子竞技赛事跨国传播过程中扮演重要角色。此外，电子竞技教学内容也是电子竞技内容产出的重要类别，随着直播平台的兴起与发展，直播电子竞技教学进一步丰富了此类电子竞技内容的样态。相关娱乐内容主要是指相关企业推出的电子竞技休闲娱乐内容，如 2014 年七煌电竞初次试水电子竞技真人秀，推出《七黄五狼黑》，该节目比一般的电子竞技视频更轻松搞笑，为七煌电竞吸纳了一批品牌粉丝，在一定程度上起到了品牌推广和产业知识普及的效果。由此可见，电子竞技内容制作是电子竞技提升社会认可度和影响力的重要环节，通过多样化电子竞技内容的产出，加之产业链下游各类媒体与直播平台帮助提升内容传播力，实现电子竞技运动与产业影响力的"破圈"。

（3）电子竞技下游产业

电子竞技产业链下游以电子竞技直播、电子竞技媒体及其他衍生产品的内容传播为主，是电子竞技运动推广和产业运营的重要组成部分。

从媒体服务类别来看，电子竞技媒体既包括新浪电子竞技、YY.COM、企鹅电竞等电子竞技垂类媒体，也包括新浪微博、腾讯娱乐、凤凰新闻、快手直播等非电子竞技垂类媒体。近年来更有主流媒体频繁报道电子竞技的相关内容，如 2018 年中央电视台官博曾向大众科普电子竞技知识。此类现象既体现了电子竞技大众化的既有趋势，也是其进一步跨界渗透的有力助推。

从内容形式上看，电子竞技媒体可以划分为文字媒体、电视媒体、网络媒体等多种类别。日益丰富的电子竞技媒体形式为电子竞技内容传播提供了更健全的传播生态，从观赏性、体验感等方面提升了电子竞技内容的传播效率与效果。尽管新媒体形态的诞生挤压传统媒体形态的生存空间，但是传统媒体对电子竞技内容传播的影响依旧存在，新旧媒体形态并存，共同面向差异化受众开展传播活动。

2014 年前后，直播平台进入中国电子竞技市场。随着直播信号叠加、视频抠像、VR、3D 场景等技术的发展，直播平台成为电子竞技媒体的"黑马"。电子竞技直播成为全国电子竞技用户喜闻乐见的内容传播方式，极大地影响了国内电子竞技用户的观感体验，并在促进电子竞技内容传播、推动电子竞技版权市场完善等方面发挥了重要作用。2019 年伽马数据（CGN）的统计数据显示，游戏直播创造的收入占 2019 年中国电子竞技产业收入的 9.2%，占据了电子竞技产业整体收入的重要部分。游戏直播产业的发展孕育了一批垂类直播平台和头部主播，虎牙直播、斗鱼、熊猫 TV 等平台借电子竞技产业的良好发展势头深挖自身优势。如虎牙在"5G + Cloud + X"的科技研发模式下逐步构建基于 5G 的技术生态环境，成为电子竞技直播领域的头部企业。此外，抖音、快手、哔哩哔哩等中短视频平台加速布局并不断完善电子竞技相关板块，成了电子竞技媒体的一部分。

各大电子竞技直播平台在产品和功能上积极更新、激烈竞争，使电子竞技直播利用行业的技术优势，得以实现行业内部的快速迭代。2020 年以来，虎牙、斗鱼、企鹅电竞、哔哩哔哩等平台上线电子竞技赛事实时回放功能，满足了直播用户回看赛事经典瞬间的需求，显著提升了用户的观赛体验。除了此类常规的功能优化之外，虎牙直播还于 2021 年正式开放"直播互动开放平台"，立足于直播互通游戏、直播间掉宝、直播带货、一键开黑、一键开播、游戏信息面板、主播撞车七大核心开放能力，为游戏厂商和工作室带来一系列定制的游戏直播互动新玩法。这些新玩法、新功能在提升直播平台对游戏厂商、主播、用户吸引力的同时，塑造了游戏运营的新链路，协助平台实现了多元化营收。除此之外，电子竞技直播平台通过融合云游戏、带货、游戏宣发等形式，突破原有发弹幕、打赏的互动方式，更充分地满足了用户的观看需求。直播平台鼓励将游戏运营深度融入用户直播互动行为，把平台、游戏厂商、主播、赞助品牌等主体深度绑定，获得更多元的电商广告收入、

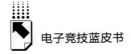

有趣的互动玩法、有意义的内容产出，打造平台用户增长的新增长极。

（4）电子竞技衍生产业

随着人们生活水平的提高、消费思维的转变以及娱乐需求的升级，电子竞技用户开始追求更加优质的观赛体验和休闲娱乐方式。为了满足用户需求，电子竞技产业从业者和投资者不断挖掘电子竞技赛事的潜在商业价值，设备制造、地产运营、主题旅游、数据服务、娱乐经纪、教育培训等产业主体纷纷入局。在这一大环境下，电子竞技的衍生产业应运而生，激发了"电竞＋"的多种新业态，如"电竞＋城市""电竞＋地产""电竞＋泛娱乐"等。

"电竞＋城市"是国内许多重要城市的发展规划之一，其中涉及城市地产和文娱场所基础设施建设等具体形态，上海、成都等城市均在近年的发展规划中考虑了电子竞技产业的本地布局。这并非国内城市在盲目地"蹭热度"，对电子竞技产业的指导扶持是在国家指导意见中多次体现过的，如文化部于2016年发布了《文化部关于推动文化娱乐行业转型升级的意见》，其中明确指出："支持打造区域性、全国性乃至国际性游戏游艺竞技赛事，带动行业发展"。在相关政策的推动下，电子竞技与城市的结合发展成为顺应潮流的发展，"电竞＋地产"也成了电子竞技市场中的创业者甚至各个不同行业从业者们眼中热门的投资方向。电子竞技场馆、电子竞技中心、电子竞技产业园遍地开花，如西安建立了曲江电竞产业园。各大电子竞技俱乐部纷纷入驻主场城市，腾讯电竞也提出了"电竞运动城市发展计划"。

此外，"电竞＋泛娱乐"将电子竞技与体育、文娱深度融合。由于电子竞技本身具备鲜明的娱乐性，电子竞技的主要受众群体和泛娱乐产业的受众群体在很大程度上是重合的，这一背景刺激了以内容授权为核心的电子竞技泛娱乐产业门类，衍生了融合文学、动漫、影视、时尚等多方面元素在内的多种文娱体育产业。在文学方面，2018年，阅文集团白金作家"骷髅精灵"撰写的《英雄联盟：我的时代》开放连载，这一作品是《英雄联盟》的首部官方授权电子竞技小说，被作为官方主打作品推广至全网，获得了较大的社会反响。此外，更有一批电子竞技主题网文通过影视化路径获得成功，无论是2019年的《亲爱的，热爱的》《全职高手》，还是2021年的《你是我的荣耀》等影视作品，都受到了持续关注。这些影视化的作品一般将电子竞技运动作为故事核心，邀请具有高人气的明星艺人演绎电子竞技从业者或爱好者的奋斗与情感故事，创造了不俗的商业价值。以上现象表明电子竞技运动与此类泛娱乐文化产品有较强的兼容性和适配性，"电竞＋泛娱乐"具备强大的生命力和产业价值。

此类电子竞技衍生产业一方面能优化观赛体验、丰富用户的文化娱乐需求，从而获得电子竞技用户甚至社会大众的广泛欢迎；另一方面，在接受政府与相关机构监管、指导、扶持的基础上，电子竞技衍生产业能成长为区域文化相关产业的重要组成部分，甚至成为区域产业转型的新增长点，拥有巨大的市场前景。综合来看，"电竞＋"带来的是巨大的产业增长机遇。

2. 发展阶段

中国电子竞技产业经历了探索期、发展期、增长期和爆发期四个主要阶段。

欧美国家的电子竞技从 20 世纪 70 年代玩家自发的游戏赛事开始，其游戏公会是现代电子竞技俱乐部的雏形。中国电子竞技起步较晚，且主要受到 20 世纪 90 年代末华裔和留学生的影响才得以发展。

1996 年，一些国外电子游戏被华裔和中国留学生引入国内，电子竞技游戏中自带的局域网对战功能让中国最早"触网"的一代人发现了其中的竞技乐趣；1997 年，已有少数玩家建立了游戏组织，国内初级意义上的电子竞技战队由此形成。

（1）探索期（1998~2007 年）：中国电子竞技在争议中入场

1998 年国内出现了一些非官方形式的赛事，但规模相当有限，尚不足以形成产业。

一个新兴产业的诞生往往需要依托一个标志性产品的出现。[①] 1998 年，由美国暴雪娱乐（Blizzard）公司联合 Saffire 公司制作发行的《星际争霸：母巢之战》（*Star Craft：Brood War*）作为一款即时战略游戏被引入中国，该

---

① 超竞教育、腾讯电竞主编《电子竞技产业概论》，高等教育出版社，2019。

游戏添加了新的游戏单位、科技、地图、背景音乐，并对游戏平衡性进行了调整，被誉为"一部精心制作的资料片"，刷新了当时即时战略类游戏的最高水准。1999 年维尔福软件公司（Valve Software）正式发售第一人称射击游戏《反恐精英》（Counter-Strike）。这两款具有历史意义的竞技游戏对国内第一批电子竞技用户产生了重要影响。第一批电子竞技游戏相继进入中国市场，开启了中国电子竞技产业的探索期，并迅速掀起了国内电子竞技游戏的第一股热潮。

此后，国内出现了一批第三方电子竞技对战平台，电子竞技比赛的数量随之增加，国内玩家也模仿国外游戏公会自发组成玩家战队或公会，出现了业余玩家向职业化转型的趋势。2003 年，电子竞技成为国家体育总局确认的第 99 个正式体育项目，这使电子竞技在国内获得更大的发展契机，也奠定了中国电子竞技体育化的发展和管理走向。

但由于电子竞技与游戏的紧密联系以及国内大众对游戏的负面认知，中国电子竞技仍需在争议中前进。2004 年，国家广播电影电视总局发布《关于禁止播出电脑网络游戏类节目的通知》（以下简称《通知》）。《通知》的发布给了所有卫视和开路的游戏类电视节目一记重创，已具有一定规模和影响力的央视体育频道的电视周播栏目《电子竞技世界》在《通知》的影响下被叫停。但总体而言，这一阶段中国电子竞技实现了从无到有的跨越。最早的一批职业选手开始出现，初级层次的地方性电子竞技俱乐部也在局部地区成立，国内电子竞技赛事初具形态。如 2005 年 SKY 李晓峰夺得 WCG 新加坡世界总决赛冠军；2007 年 Games TV 与游戏风云频道合作举办综合性电子竞技赛事 G 联赛（G·League，全国电子竞技电视联赛）等。尽管未能形成稳定的电子竞技产业链，但这一阶段的探索为中国电子竞技产业未来的发展奠定了基础。

（2）发展期（2008~2012 年）：游戏产品的休闲类转型

为迎接 2009 年世界电子竞技大赛（WCG），2008 年的成都市第十一届运动会将电子竞技正式列为比赛项目。同年 12 月 29 日国家体育总局整理合并现有体育项目，将电子竞技重新定义为中国第 78 个体育运动项目，至此，电子竞技正式被纳入体育竞技的范围。2009 年，国家体育总局信息中心成立电子竞技项目部，国家对电子竞技行业的指导和监管力度明显提升。但互联网经济毕竟是 21 世纪初国内产业领域的"新事物"，面对新生且复杂的互联网业态，国内监管部门的监管服务意识和配套政策设施均需要成长的过程。初期政府的监管和审查不可避免地存在漏洞，此时管理部门之间存在权责不明、交叉管理的现象，电子竞技面临被"压制"与被"扶持"的矛盾局面。

在游戏产品方面，《星际争霸 2》等国际热门游戏登陆中国，国内电子竞技游戏产品市场中网络游戏的比重明显提升。上一代《星际争霸》、《魔兽争霸》、CS 等游戏产品逐渐"落伍"，即时战略类游戏（RTS）逐渐被动作即时战略类游戏（MOBA）和休闲竞技类游戏所取代，后两者占据了电子竞技游戏产品市场的核心地位，《英雄联盟》、DOTA2 等休闲类电子竞技游戏产品在国内风靡。正是由于休闲类电子竞技游戏具备观赏性和娱乐性强、上手门槛低等特性，使国内电子竞技玩家数量大幅度增加。在此背景下，这一时期国内涌现出了一批优秀的电子竞技战队和电子竞技玩家。如 2012 年，WE 战队在第五届 IGN 职业联赛（IPL5）上拿到属于中国的有关英雄联盟赛事的第一个世界冠军，WE 战队队长"若风"更被玩家封为"世界第一卡牌"。一时间国内电子竞技用户的热情被激发，电子竞技及相关产业也获得了社会各界的广泛关注。

在电子竞技赛事方面，2009 年成都成功举办了世界电子竞技大赛（WCG），标志着全球顶级电子竞技赛事在中国本土的正式亮相。同期，由中国腾讯公司代理的网络游戏《穿越火线》（*Cross Fire*，简称 CF）和《地下城与勇士》（*Dungeon&Fighter*，简称 DNF）入围 WCG 比赛项目。2011 年 9 月同为腾讯公司代理由美国拳头游戏公司研发的《英雄联盟》被列为 2011 年 WCG 正式比赛项目，表明中国游戏代理商逐渐适应了国际赛事运作规律和运营规则，在大型赛事中扮演着越来越重要的角色。在赛事策划执行方、游戏研发运营商、俱乐部及电子竞技战队等产业主体的共同推动下，中国电子竞技在游戏产品开发制作和赛事运营等方面呈现日益繁荣的发展趋势。

总体而言，中国电子竞技在这一阶段的发展相对迅速，电子竞技赛事在国内很大程度上获得了官方的支持，且中国电子竞技的国际影响力实现了本

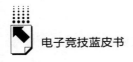
质提升，本土电子竞技游戏产品的研发和代理水平也随之提升。此外，随着电子竞技媒体价值和商业效应的显现，电子竞技吸引了更多垂类产业主体的加入，为电子竞技产业链的延长和产业生态的搭建奠定了基础。

（3）增长期（2013～2017年）：电子竞技产业链向纵深延展

中国电子竞技发展的第三阶段是由国内地方政府主动举办电子竞技国际赛事开启的。2013年，国家体育总局宣布正式设立中国电子竞技国家队。2014年，世界电子竞技大赛（WCG）停办，由中国银川市政府主办的世界电子竞技大赛（World Cyber Arena，WCA）作为世界电子竞技大赛（WCG）的继承者，主动填补了相应的赛事空白。于2014年10月在宁夏银川如期举办的WCA总决赛上，《苍穹变》与《刀塔传奇》两款国产顶级游戏产品首次被引入国际赛事体系。此后在各类国际大赛中，以EDG、Newbee、QG等为代表的国内电子竞技俱乐部的不断涌现，为中国电子竞技产业打开了新局面。

随着PC、移动设备技术的发展，中国电子竞技进入快速增长阶段，加速布局的产业政策和快速入场的电子竞技直播成为这一阶段电子竞技产业的特点。一方面，国家体育总局于2015年正式发布《电子竞技赛事管理暂行规定》，首次在官方层面为电子竞技产业发展明确了支持和规范政策。随后在《体育产业发展"十三五"规划》和《文化部"十三五"时期文化产业发展规划》中多次针对电子竞技的发展提出相应的要求，加强了对中国电子竞技产业发展的规范；另一方面，各大垂类与综合类直播平台涉足电子竞技产业，在丰富电子竞技产业链的同时促进电子竞技运动的推广，"电竞＋电商""电竞＋KOL""电竞＋版权运营"等产业形式进一步延伸了电子竞技产业链，围绕电子竞技赛事、电子竞技明星等打造的电子竞技产业生态在深度和广度上得到了进一步拓展，电子竞技实现了产业形态的多元化发展。

产业主体的壮大和产业运行体系的完善促使民间对电子竞技的舆论发生了改变，社会公众对电子竞技观看、体验的需求也随之增大。2016年，教育部职成司发布的《关于做好2017年高等职业学校拟招生专业申报工作的通知》将"电子竞技运动与管理"专业纳入高等职业学校增补专业，以中国传媒大学为代表的国内高校开始了对电子竞技专业教育的探索，为国内电子竞技产业储备技术研发、运营管理等方面的人才，推动中国电子竞技产业进入爆发式增长阶段奠定了基础。

（4）爆发期（2018年至今）：新端口新技术实现产业繁荣

得益于智能手机的普及和多样化电子竞技设备的研发推广，电子竞技迎来了街机端、PC端、移动端等多端口共同繁荣的时代，为用户扩容和产品更新提供了条件，多种游戏产品借此机会将接入方式扩充到多个端口，比如热门游戏《绝地求生》既有手游端的多个逃杀游戏版本，又引领了PC端的全民"吃鸡"潮流，成功打造了联动多端口的游戏IP体系。

在游戏产品助推下，电子竞技赛事的运营发展如火如荼。在国内游戏厂商主导下，赛事体系日益健全，英雄联盟职业联赛（LPL）成长为国内最成功的电子竞技赛事之一，《王者荣耀》《穿越火线：枪战王者》等游戏产品借势发展，成为国内头部、国际知名的游戏品牌。2018年，在英雄联盟MSI季中邀请赛上，中国电子竞技俱乐部RNG战队获得英雄联盟世界冠军，此后，中国电子竞技俱乐部在国际赛场表现优异、接连夺冠，掀起全国电子竞技爱好者的狂欢热潮，标示着中国电子竞技产业爆发期的到来。

随着电子竞技赛事与俱乐部的发展，苏宁、京东等电商品牌，欧莱雅、奔驰等传统赞助商品牌开始入局电子竞技市场，中国电子竞技的商业模式逐步得到了完善。相关政策规定与行业规范也为电子竞技产业的良性发展准备了条件。2017年，腾讯电竞发布的《腾讯2018年电子竞技运动标准》从赛事等级、赛制、裁判规则、选手规则、教练规则、设备标准等方面为电子竞技制定了标准。2018年，欧洲冠军联赛（League of Legends European Championship，LEC）公布了2019年电子竞技联盟化改革方案。虽然目前国内尚未形成全行业公认的行业规则，但在借鉴传统体育产业成熟模式的基础上，电子竞技产业主体正在积极推进产业规则明确化，规范化的中国电子竞技产业生态正在孕育。

新冠肺炎疫情背景下电子竞技产业的数字体育优势凸显。完美世界CEO萧泓在"电子竞技北京2020"系列活动的北京国际电子竞技创新发展大会上表示，技术创新为电子竞技实现"超互动化"奠定了基础，加速了电子竞技产业向线上迁移以及跨界的"生态繁衍"。如《英雄联盟》《王者荣耀》等电子竞技赛事虽受疫情影响转为线上，但相比缺乏线上渠道的传统产业，在很大程度上降低了损失。此外，近年来《全职高手》《亲爱的，热爱的》等一批热播电子竞技题材影视作品以及相关衍生品的发展，为电子竞技 IP 化、大众化、商业化和跨界合作树立了典范。2021 年，电子竞技被写入《"十四五"文化产业发展规划》，在鼓励电子竞技与游戏游艺行业融合发展的政策背景和多元需求的市场环境下，中国电子竞技产业必将获得更广阔、更健康的发展空间。

3. 竞争格局

中国电子竞技产业的竞争主要为电子竞技游戏、厂商、电子竞技俱乐部、区域之间的竞争，随着电子竞技产业链的完善，还出现了电子竞技直播平台、其他电子竞技衍生品、服务提供商之间的竞争。

（1）电子竞技游戏竞争格局

电子竞技游戏产业占据电子竞技产业链上游，掌握衍生爆款赛事以及游戏产品授权的重要话语权，是电子竞技产业中经济效益最高的部分。数据显示，2018 年，中国电子竞技游戏市场收入高达 824.1 亿元，同比增长 12.8%；2019 年上半年，中国电子竞技游戏市场收入达到 513.2 亿元，同比增长 22.8%，增势强劲。[①] 国内电子竞技游戏产业内部竞争可以分为不同设备类型、不同游戏类别、不同游戏厂商之间的竞争。

首先，电子竞技游戏可以根据依托的设备类型划分为移动端电子竞技游戏和 PC 端电子竞技游戏两种类型。2015~2016 年，PC 端电子竞技游戏占据整个中国电子竞技行业的主导地位，但随着互联网的发展和用户上网习惯的改变，移动端电子竞技游戏迅速崛起，《王者荣耀》等移动端电子竞技游戏风靡，移动端电子竞技游戏的市场份额剧增。2018 年，移动端电子竞技游戏的市场份额达到 54.5%，市场规模超过 600 亿元，首次超过 PC 端电子

---

① 《2019 年中国电子竞技游戏行业市场现状与竞争格局分析　移动端战术竞技类游戏头部效应明显》，前瞻网，2019 年 10 月 31 日，https://www.qianzhan.com/analyst/detail/220/191030 – 7bd558d2.html。

竞技游戏收入。2019年上半年，移动端电子竞技游戏市场占比进一步扩大至62.0%。[①] 由此可见，移动端电子竞技游戏的市场规模持续扩大，随着移动通信设备和移动互联网技术的完善，移动端电子竞技游戏将收获更丰富的应用场景和更优越的使用体验，移动端电子竞技游戏的市场份额将会进一步增加。

其次，国内流行的电子竞技游戏类型主要有战略类游戏（RTS）、动作即时战略类游戏（MOBA）、第一人称射击类游戏（FPS）、体育模拟类以及卡牌类等。不同游戏类型的性能有别，对玩家也有不同的技能要求，FPS最大的特点是玩家视角的变化，此类游戏充分发挥屏幕作为玩家与游戏世界交互介质的功能，通过屏幕中视角的搭建和转变让玩家身临其境，为玩家带来强烈的视觉冲击，这种游戏的实时代入感和真实感在所有种类的游戏中最佳；RTS强调"实时策略"，对于玩家的操作要求较高，在高效操作各个作战单位的同时还需要进行策略思考，游戏强度较高；MOBA玩家在游戏中被分为两队，两队在分散的游戏地图中互相竞争，无须操作RTS游戏中常见的建筑群、资源、训练兵种等组织单位，难度相对较低，在非职业玩家大量涌入的背景下，MOBA类游戏成为电子竞技游戏产品市场中的头部品类。

最后，电子竞技游戏行业的竞争更体现为各大游戏企业之间的竞争。一方面，国际游戏研发运营企业在中国电子竞技产业生态中占据重要地位，微软、索尼、动视暴雪、任天堂等海外头部游戏企业凭借其强大的专利技术储备和游戏IP资源，在国内培育了庞大的消费群体；另一方面，国内游戏研发运营企业后来者居上，基于中国迅猛的市场消费成长速度，腾讯和网易的赛事举办场次较多，而巨人网络、英雄互娱等企业则以电子竞技游戏开发为主。此外，国内电子竞技企业的头部割据现象显著，2019～2020年中国主要上市公司游戏业务营业收入数据显示（见图2），腾讯、网易仍占据游戏行业大半的份额，产业整体呈现"2+N"的竞争格局。

[①] 《2019年中国电子竞技游戏行业市场现状与竞争格局分析 移动端战术竞技类游戏头部效应明显》，前瞻网，2019年10月31日，https：//www.qianzhan.com/analyst/detail/220/191030-7bd558d2.html。

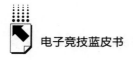

图2 2019～2020年中国主要上市公司游戏业务营业收入情况

资料来源：根据以上企业财报数据整理绘制。

（2）电子竞技俱乐部竞争格局

从国际环境来看，电子竞技俱乐部经历了从个人玩家到游戏公会再到职业俱乐部的发展过程。中国电子竞技俱乐部也经历了从无到有、从活动范围局限于国内到走向全球的过程。

中国职业电子竞技俱乐部已形成一定规模，也出现了一批实力雄厚的代表性战队（见表1），这些俱乐部均具有企业法人资格并拥有职业电子竞技选手，且以盈利为目的参加各级职业联赛，其中一些俱乐部和战队选手也参加过国际联赛，取得过优异成绩。近年来国内电子竞技俱乐部发展迅速，也培养了一批优秀的电子竞技选手，其发展主要得益于两个方面：一方面，国内外电子竞技赛事的推广为中国本土电子竞技俱乐部的崛起奠定了基础。国内头部电子竞技俱乐部，如 iG 电子竞技俱乐部、LGD 电子竞技俱乐部、RNG 电子竞技俱乐部等都曾在国际比赛中获奖，既提升了国内俱乐部的综合影响力，也为中国电子竞技俱乐部产业搭建起了相对多元的竞争格局；另一方面，电子竞技产业主体的运营和改革为电子竞技俱乐部的成熟准备了条件。2017 年 4 月底，拳头游戏和腾讯联合宣布 LPL 将进行主客场制度的赛制改革，此举在产生巨大商业价值的同时也为中国电子竞技俱乐部走向密集型发展做出了贡献。

表 1 中国主要电子竞技俱乐部名单

国内主要电子竞技俱乐部	成立时间	主要领域
WE 电子竞技俱乐部	2005 年	英雄联盟分部;英雄之刃分部等
LGD 电子竞技俱乐部	2009 年	DOTA2 分部;英雄联盟分部;守望先锋分部;王者荣耀分部等
iG 电子竞技俱乐部	2011 年	英雄联盟分部;DOTA2 分部;CS:GO 分部;守望先锋分部等
VG 电子竞技俱乐部	2012 年	DOTA2 分部;英雄联盟分部;守望先锋分部;CS:GO 分部等
RNG 电子竞技俱乐部	2012 年	英雄联盟分部;守望先锋分部;王者荣耀分部;街头篮球分部等
QMG 电子竞技俱乐部	2012 年	英雄联盟分部;守望先锋分部;FIFA 分部等
EDG 电子竞技俱乐部	2013 年	英雄联盟分部;炉石传说分部;王者荣耀分部等
Newbee 电子竞技俱乐部	2014 年	炉石传说分部;FIFA 分部;风暴英雄分部;英雄联盟分部;DOTA2 分部等
QG 电子竞技俱乐部	2015 年	英雄联盟分部;枪火游侠分部;守望先锋分部

资料来源：根据网络公开信息整理绘制。

国内职业电子竞技俱乐部的收入主要包括赞助商赞助、俱乐部官方直播平台的收入、参加商业推广活动的收入、周边产品开发以及各项赛事奖金分成等。其中俱乐部官方直播平台的收入和商业推广活动的收入约占俱乐部收入的 50% ~ 70%，这是目前中国职业电子竞技俱乐部经营收入的主要来源。目前来看，与其他传统体育项目的职业俱乐部相比，电子竞技俱乐部的盈利点较少，国内暂时也只有 WE、EDG 等头部俱乐部才能获得计算机硬件厂商和直播平台的赞助，其他二三线俱乐部的营收渠道更窄、生存压力也更大，但从长远看，在电子竞技产业进入成熟的产业化发展阶段后，其能拓展的营利空间将是十分可观的。

（3）区域竞争格局

近年来，中国各省市逐渐注意到电子竞技产业的巨大发展潜力和综合效益，加速布局电子竞技产业相关业态，也由此构成了国内电子竞技产业的区域竞争格局。

2020 年，中国电子竞技俱乐部价值榜 TOP50 所在城市数据显示，半数以上中国 TOP50 电子竞技俱乐部分布在上海，集聚效应明显。此外深圳、杭州、苏州等一线和新一线城市也拥有少数电子竞技俱乐部。由体坛电竞发起制作、虎牙直播提供数据支持的《2019 中国电子竞技城市发展指数》显示，2019 年，上海共举办电子竞技赛事 76 次，成都举办电子竞技赛事 13 场，排在第二位，毗邻上海的苏州共举办电子竞技赛事 11 场，和重庆并列第三（见图 3）。① 由此可见，作为中国最发达的城市之一，也是国内最包容、最具创造力的城市之一，上海对电子竞技的接受程度较高，其"电竞之都"的建设目标更吸引了众多电子竞技俱乐部和电子竞技活动落地，上海已成为当前中国电子竞技产业所青睐的最热门的城市。

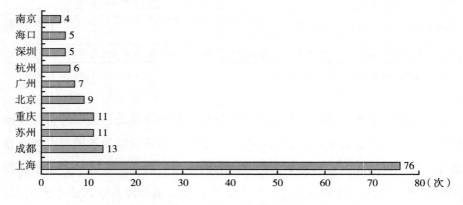

图 3　2019 年中国城市举办电子竞技赛事数量 TOP10

资料来源：《2019 年中国电子竞技城市发展指数》，https://max. book118. com/html/2020/0303/5141222211002224. shtm。

　　2021 年 8 月，中国音像与数字出版协会在全球电竞大会（上海）上发布《2020 年度全国电子竞技城市发展指数评估报告》（以下简称《报告》）。该《报告》在统计了 2020 年 7 月 1 日至 2021 年 6 月 30 日的电子竞技产业数据、调研数据以及舆情数据的基础上对电子竞技城市发展指数进行了综合排名：上海以 78.7 分位居第一，北京以 70.9 分位居第二，广州以 69.7 分

---

① 《2019 中国电竞城市发展指数出炉：沪京渝排名前三》，直播吧，2020 年 2 月 24 日，https://news. zhibo8. cc/game/2020 – 02 –24/5e53783d50940. htm。

位居第三。① 此外，《报告》数据还显示成都、杭州、南京等新一线城市的电子竞技城市发展指数均位列前十，排名前十的城市中电子竞技产业布局情况整体发展较为均衡，表明国内各区域的电子竞技产业均处于稳步发展的阶段，除上海的头部地位明显外，其他区域相对均衡，但同时也应警惕同质化等潜在问题。

4. 管理模式

首先，电子竞技的管理主要体现在电子竞技赛事的经营体制、营收和分配模式以及从业人员管理等方面。目前中国电子竞技赛事管理基本形成了以国家法律法规为准绳，以全国电子竞技联席会议为行业管理组织机构，以各类产业参与者为市场主体的运营管理模式。

以 LPL 赛事联盟为例，首先，在经营体制方面，当下国内电子竞技赛事均呈现联盟化的发展趋势。如 LPL 赛事联盟参考 NBA 联盟采取"联盟 + 俱乐部"的经营体制，且游戏厂商在此体制中占据主导地位，LPL 联盟采取由游戏厂商和俱乐部共同组成联盟管理机构的模式。

其次，在营收和分配模式方面，LPL 联盟参考 NBA 联盟采取"收入分享制"，NBA 联盟采用分享收入的方法，这种收入模式可以防止热门队伍垄断并保护中小型战队的生存空间，保障他们的竞争力，俱乐部也会贡献一大部分收入到"奖金池"中，联盟中的 30 个俱乐部将平分奖金池里的 50% 的收入；相应的，联盟游戏厂商和俱乐部也需要将其部分营收互相分享，这部分收入涉及联盟中各个主体的直播平台收入、赞助商商业化收入、周边商品售卖以及战队代言商演收入、联赛收入等。

最后，在从业人员管理方面，不同的赛事联盟采取的选手薪资分配方式不同，目前赛事联盟主要参考的是最低薪酬制度和 NBA 联盟"工资帽"制度。NBA 联盟"工资帽"制度，对球队允许支付球员工资的最大限额进行规定。"工资帽"是以联盟前一年的总收入为基础，然后取总收入的 48% 作

---

① 《2020 年度全国电竞城市发展指数评估报告发布》，腾讯网，2021 年 8 月 2 日，https：// new. qq. com/omn/20210802/20210802A0CV3200. html。

为 NBA 球队花钱的资本，再用 48% 取值后的收入除以 NBA 上赛季的球队总数，得出的平均数就是当年的"工资帽"，各球队花在球员身上的工资总额不得超过这个数字。这一制度既维护了球员的权益，又防止了球队垄断现象的出现；[①] LPL 赛事中各支队伍必须根据相关的队伍协议条款，为其注册选手发放规定的最低薪酬，向其注册教练发放固定薪酬。除了底薪之外，选手群体还可以分配联盟总收入 35% 的金额。

除此之外，国内电子竞技的管理还涉及文化、教育等方面。在文化方面，2021 年 2 月 24 日和 25 日，中宣部出版局主办的网络游戏防沉迷实名认证系统企业接入培训会上要求所有游戏企业在 2021 年 5 月 31 日前完成其运营游戏的防沉迷系统的接入工作。6 月 1 日起，未接入防沉迷系统的游戏要停止运营，此举表明国家在电子游戏防沉迷方面的管控力度进一步提升，未来青少年群体的电子竞技与游戏产品使用将受到更全面、更规范的指导。在教育方面，近年来社会各界对电子竞技产业的研究和专业导向凸显，国内电子竞技教育迅猛发展。2016 年 9 月，教育部新增 13 个专业，其中包括"电子竞技运动与管理"专业，主要学习内容为游戏品种研发、IP 赛事活动打造、专业战队运营等，旨在培养电子竞技产业中的专业复合型人才。以中国传媒大学为代表的一批高校从 2017 年起便设立数字媒体艺术专业（数字娱乐方向），重点培养游戏策划和电子竞技运营与节目制作人才。高校开设电子竞技专业能在未来帮助解决电子竞技产业人才缺乏的问题，从而推动产业发展，但专业设立后的学科规范、教材支撑、学科考核等问题仍需进一步探索。

由此可见，中国电子竞技的管理以赛事管理为核心，逐渐被纳入体育管理制度之下。但就电子竞技产业链中复杂的参与主体和经营关系来看，现有管理体制与模式仍不健全，建立完备的电子竞技产业管理体制需要游戏厂商、俱乐部、选手、教育者与研究者等各方参与主体的代表共同商讨，方能

---

① 《电子竞技国家队呼之欲出：行业规则不明 人才缺乏成痛点》，新浪财经，2018 年 8 月 3 日，http：//finance. sina. com. cn/chanjing/cyxw/2018 – 08 – 03/doc – ihhehtqh6369567. shtml? cre = financepagepc&mod = f&loc = 3&r = 9&doct = 0&rfunc = 100。

兼顾行业规范要求，实现电子竞技产业的健康平稳发展。

5. 核心环节

随着电子竞技产业链的不断细化和国内电子竞技产业的成熟，电子竞技产业链的核心环节可以划分为游戏运营、赛事运营和媒体三个板块。

（1）游戏运营

在电子竞技产业链中，电子竞技游戏运营处于游戏研发后端，是对游戏发展至关重要的一环。从定义看，游戏运营是将一款游戏平台推入市场，通过对平台的运作，使用户从接触、认识，再到了解并进行线上操作，最终成为这款游戏忠实玩家的过程。游戏运营商是指通过自主研发或取得其他游戏研发商的代理权而运营网络游戏，通过出售游戏时间、游戏道具或相关服务为玩家提供增值服务并防止游戏内置广告，从而获得收益的网络公司。[①] 目前国内游戏运营生态中呈现腾讯、网易和完美三家企业占据主导地位的局面，此外，盛大、九城、金山、搜狐、巨人等游戏运营公司也在电子竞技产业企业版图中扮演着重要角色。此类游戏运营企业需要通过活动策划、数据分析、渠道管理、媒体运营、市场推广、事件管理、用户管理、社群管理等手段为游戏提供拉新、留存、促活目标等服务。

一般而言，游戏运营商多由游戏研发商起步，后出于游戏版本更新迭代、用户反馈互动等需求，这些游戏研发企业扩充了游戏运营推广等相关业务，并提供游戏运营服务。这一"研运合一"的趋势和游戏运营企业的专业化、规模化具有以下重要价值。首先，游戏运营企业能实时监控市场与用户情况，提高用户黏性，延长产品生命周期。游戏运营部门密切接触行业与产品数据，游戏运营企业的一线运营人员能够掌握游戏玩家反馈的数据，并能及时发现游戏存在的问题，清楚地了解产品所处的周期位置、竞争状况，从而制定延长产品生命周期的版本计划，为游戏不断推出新资料、新版本，为提高版本体验提供有效建议和指导，及时解决用户问题并令用户保持持久期待。其次，对接产业链相关部门，加强产业主体之间的沟通。在电子竞技

---

① 恒一、陈东主编《电子竞技产业分析》，江苏人民出版社，2017。

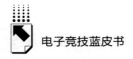

产业链中，游戏运营是处在游戏研发后端，连接开发人员、渠道、市场、玩家的节点。作为结合沟通的重要节点，运营部门与工作人员需要与多方积极沟通、协调配合，承担信息沟通桥梁的角色。最后，丰富电子竞技衍生活动与内容，提高游戏收入。运营部门是提升游戏收入的关键部门，由于其承担着活动策划、渠道管理、媒体运营、市场推广等职责，故电子竞技游戏产品的市场影响力和受欢迎程度均与运营相关，优秀的运营方案能为游戏助力，激发游戏产品更大的市场价值。

综合来看，游戏运营解决了游戏研发推广、赛事策划执行以及衍生开发这一产业链条中容易出现的信息资源沟通不到位等问题，实现了运营一体化，进而可实现产业收益、口碑和能力的综合提升，是电子竞技产业的核心环节之一。

（2）赛事运营

电子竞技赛事是以电子竞技比赛为主题，一次性或不定期发生，且具有一定期限的集众性活动。20世纪末21世纪初，部分成功的电子竞技赛事获得成功并走进大众视野，如职业电子竞技联盟［Cyberathlete Professional League（CPL）］、世界电子竞技大赛［World Cyber Games（WCG）］、电子竞技世界杯［Electronic Sport World Cup（ESWC）］并称世界三大电子竞技赛事。2011年是中国乃至全球电子竞技赛事大发展的一年。英雄联盟全球总决赛和DOTA2国际邀请赛相继面世。2014年，银川市政府、银川圣地国际游戏投资有限公司接力WCG组织世界电子竞技大赛（World Cyber Arena，WCA），WCA永久落户中国银川市。

发展至今，在中国占主要地位的电子竞技赛事主要有三大类别。按照办赛主体和办赛目的进行分类，主要有第三方赛事、品牌商主导的商业性赛事以及游戏厂商主办的赛事。首先，第三方赛事主要指非电子竞技产业的直接从业组织及从业者主办的电子竞技赛事以及由企业主办的赛事，前者包括由国家体育总局体育信息中心主办的全国电子竞技大赛（NEST）、电子竞技职业选手联赛（PGL）、世界电子竞技运动会（WESG）等赛事。国内的第三方赛事尤其是政府相关部门主办的第三方赛事已经形成了一定规模。此类赛事参赛人数多、规模大、赛事赞助类型多样，另有主办方原有影响力的带动，此类赛事往往会获得社会的广泛关注，甚至实现"破圈"。其次，商业型赛事主要由企业主办，往往立足于获得更大的曝光量和商业营收效果，中国目前商业型比赛的发展并不成熟，参加比赛的选手多为业余玩家，比赛项目类型以热门游戏为主，娱乐性较高、竞技性较低。但是商业型比赛对于扩大电子竞技爱好者规模、提高对电子竞技赛事的参与度、健全电子竞技商业生态模式起到了重要作用。最后，游戏厂商主办的赛事专业性和技巧性最强。中国游戏厂商主办的赛事主要体现为职业联赛，参加比赛的多为职业选手，此类赛事的运营相对成熟，联赛赛事体系趋于完善，影响十分广泛。由于游戏厂商本身掌握电子竞技游戏的版权，所以游戏厂商主办赛事既能有效简化游戏版权授权、营收分成等环节，又能充分利用厂商本身具备的游戏用户和创意资源，通过赛事高效收集并处理用户反馈，将赛事同游戏研发和运营等环节相结合，最大程度释放电子竞技产业链的整体优势。随着大量优质游戏的涌现，尤其是在多人在线战术竞技游戏（MOBA）冲击原有电子竞技赛事格局的情况下，游戏厂商主办的赛事的兴起可以说是水到渠成。在中国已基本形成了以王者荣耀职业联赛（King Pro League，KPL）、英雄联盟职业联赛（League of Legends Pro League，LPL）、绝地求生冠军联赛（PUBG Champions League，PCL）三大联赛为主体的赛事矩阵。

中国电子竞技赛事的发展历程与当下的赛事格局表明，中国电子竞技赛事是在借鉴吸收国际经验的基础上发展起来的，且众多赛事在一定程度上借鉴了传统体育竞技赛事的体制流程。当下国内头部电子竞技赛事的赛事体制规范已基本形成。随着行业管理、商业模式等方面的进一步完善，中国电子竞技赛事产业将获得更好的发展环境，发挥更大的衍生价值。

（3）媒体

媒体是信息传播的媒介，是人们进行信息交流的工具、渠道、载体、中介物或技术手段。对电子竞技产业而言，电子竞技媒体渠道主要包括互联网网站、手机客户端、微信公众号、微博自媒体等，故一般将以电子竞技产业相关资讯、信息内容为主要传播内容的载体称为电子竞技媒体。

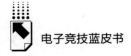
随着中国智能手机、5G 网络等科学技术的发展，直播行业在国内逐渐兴起，正在逐步介入电子竞技产业。自 2015 年起，电子竞技直播行业快速发展，电子竞技直播平台日益增加，目前最主要的电子竞技直播平台包括虎牙直播、斗鱼直播、企鹅电竞等专业电子竞技直播平台。此类平台发挥直播实时性、互动性、大众化的优势，提供电子竞技赛事、电子竞技相关节目以及游戏相关个人主播的直播内容，开创了全新的电子竞技内容传播生态。以虎牙直播为例，虎牙直播是国内以游戏直播为主的弹幕式互动直播平台，提供热门游戏直播、电子竞技赛事直播、游戏赛事直播、手游直播等，累计注册用户超 2 亿。虎牙公司于 2021 年 3 月公布的 2020 年第四季度及全年财报数据显示：2020 年虎牙全年总收入 109.14 亿元，较 2019 年同期增长 30.3%；2020 年第四季度虎牙直播移动端月均活跃用户达 7950 万，较 2019 年同期增长 29.1%；2020 年第四季度虎牙总收入 29.90 亿元，较 2019 年同期增长 21.2%，其中直播收入 28.15 亿元，相比 2019 年同期的 23.46 亿元增长 20.0%。作为国内著名的上市直播平台，虎牙直播十分重视观众的电子竞技观看体验和赛事的组织运营，积极购进国际赛事的国内转播、独播权。如虎牙直播敏锐捕捉到中国观众对 2018 年英雄联盟赛事夺冠热门英雄联盟韩国冠军联赛（LCK）赛区的观赛需求，极富前瞻性地斩获了 LCK 以后的独播权，促使许多英雄联盟赛事观众成为虎牙直播的持久活跃用户；此外虎牙积极举办自有平台赛事，虎牙天命杯、虎牙勇气杯等平台赛事都具有可观影响力，提高了直播平台的知名度与用户黏性。

此外，快手直播、哔哩哔哩直播等直播平台也介入了电子竞技直播领域，成为电子竞技媒体传播渠道的重要组成部分。如快手近年来加速布局，2020 年 1 月与王者荣耀职业赛事达成官方合作协议，获得王者荣耀赛事直播版权。同年 7 月，快手头部游戏主播"牧童"创办的童家堡电子竞技俱乐部，正式获得和平精英职业联赛（PEL）S2 赛季席位。随后 PEL 所有战队及选手集体入驻快手，无疑让快手游戏垂类用户和内容生态前进了一大步；同年 8 月，快手收购 YTG 战队，并将其更名为 KS. YTG 战队。通过战略投资、内容合作，快手充分发挥其"直播 + 短视频"的产品形态优势，在电子竞技内容二次创作、电子竞技产品跨圈传播等方面取得多项成果。

由此看来，电子竞技传播媒体的多样化和行业内部竞争的白热化，充分刺激了电子竞技的内容创作和传播，同时为电子竞技内容版权运营、电子竞技品牌 IP 打造等衍生产业门类提供了机遇。

（二）中国电子竞技产业发展规模

1. 用户规模

中国如今已经成为全球最大的电子竞技用户市场，各类统计报告一般将观看电子竞技比赛、直播，玩电子竞技游戏的人，以及电子竞技产业相关从业人员称为电子竞技用户。

中国音数协游戏工委发布的《2021 年 1 ~ 6 月中国游戏产业报告》数据显示，2021 年 1 ~ 6 月中国电子竞技游戏用户规模为 4.89 亿，同比增长1.12%。用户规模保持增长，但增幅放缓（见图 4）。[1] Newzoo 发布的《2021 全球电竞与游戏直播市场报告》显示，在全球 2.34 亿名核心电子竞技爱好者中，中国地区人数达 9280 万人，成为拥有核心电子竞技爱好者最多的区域。[2]

2. 市场规模

近年来，在政策利好、资本关注、社会认可度提升的背景下，中国电子竞技行业步入了爆发阶段，产业链加速完善并快速发展，上游游戏研发运营、中游衍生内容制作以及下游内容传播平台均逐步实现成熟化运营，市场规模稳步扩大。

中国音数协游戏工委发布的《2021 年中国游戏产业报告》数据显示，2020 年中国电子竞技游戏市场实际销售收入为 1365.57 亿元（见图 5），预计到 2022 年将增长至 1843.30 亿元，中国电子竞技游戏市场实际销售收入

---

[1] 《游戏工委发布〈2021 年 1 ~ 6 月中国游戏产业报告〉》，中华网，2021 年 7 月 29 日，https://game.china.com/news/yxjx/industry/11065097/20210729/39814065_all.html。

[2] 《2021 全球电竞与游戏直播市场报告》，原创力文档，2021 年 4 月 13 日，https://max.book118.com/html/2021/0412/7113013004003114.shtm。

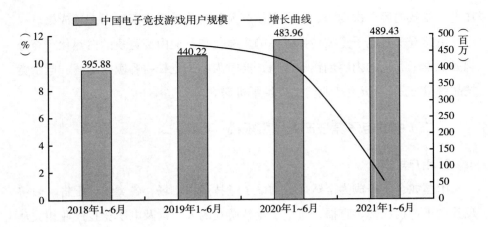

图4　2018～2021年1～6月中国电子竞技游戏用户规模及增长率

资料来源：《2021年1～6月中国游戏产业报告》。

保持平稳增长态势。随着大量政策扶持及资本力量的介入，中国电子竞技产业将加速向正规化、专业化发展，产业规模前景可观，未来中国将迎来"全民电竞"时代。

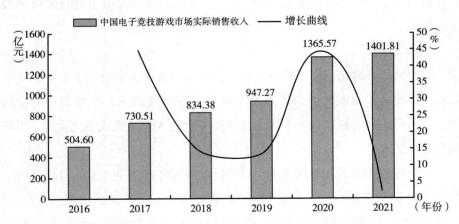

图5　2016～2021年中国电子竞技游戏市场实际销售收入情况

资料来源：《2021年中国游戏产业报告》。

3. 盈利规模

随着电子竞技市场规模的扩大，电子竞技产业的营收能力与盈利规模也受到越来越多的关注。2014 年，全球电子竞技营收规模仅为 14 亿美元，2018 年突破 60 亿美元，预计 2022 年全球电子竞技营收规模达 130 亿美元（见图 6）。[①] 目前，中国电子竞技市场收入主要包括游戏收入、衍生收入（直播、俱乐部）和赛事收入（门票、周边及赞助）三大组成部分。其中电子竞技游戏收入是中国电子竞技行业收入的主要环节，但从国际市场来看，中国电子竞技游戏产业在专利营收方面与美、韩等电子竞技强国仍有较大差距。衍生收入和赛事收入两大部分也是未来中国电子竞技产业发展应注重提升的营收点。

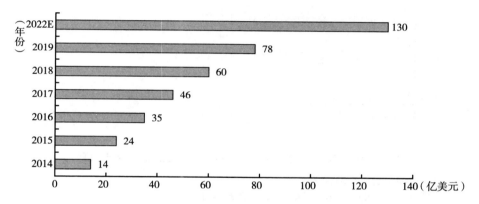

图 6　2014～2019 年全球电子竞技营收规模及 2022 年营收规模预测

注：2022 年数据为预测数据。

资料来源：根据 2014～2019 年行业报告绘制。

在游戏收入方面，中国音数协游戏工委公开的数据显示：自 2017 年上半年起中国电子竞技游戏市场实际销售收入平稳增长，2020 年上半年增长最为迅猛；2021 年中国游戏市场实际销售收入为 2965.13 亿元，较 2020 年增收 178.26 亿元，同比增长 6.4%。表明电子竞技游戏市场也因受到新冠肺炎疫情的影响而增长速度放缓，但与其他产业类别相比呈现逆势增长的趋势，仍有强大的市场营收能力。

---

① 《2019 年中国电子竞技行业营收规模及行业发展趋势分析［图］》，产业信息网，2019 年 11 月 27 日，https：//www.chyxx.com/industry/201911/810217.html。

在赛事营收方面，Newzoo最新数据显示，2019～2021年全球电子竞技赛事营收规模呈上升趋势，2021年为10.84亿美元（见图7）。在受疫情影响、线下赛事与各类电子竞技活动营收不同程度萎缩的背景下，直播和虚拟商品的收入分别增加了50.4%和25.7%，[①]增长明显，表明电子竞技产业的线上产业类型的营收能力具备更强的抗风险能力和更大的发展潜力。

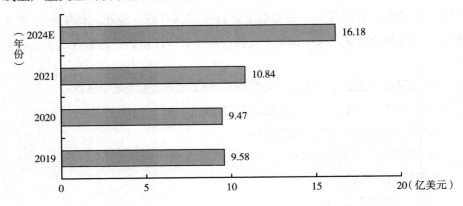

图7 2019～2021年全球电子竞技赛事营收规模及2024年预测

注：2024年数据为预测数据。

资料来源：《2021年全球电子竞技与游戏直播市场报告》。

（三）中国电子竞技产业发展特征

1. 保持持续快速发展，产业发展潜力较大

中国电子竞技产业正处于快速发展的阶段。一方面，电子竞技产业主体隶属数字经济版图，在数字经济高速发展的宏观经济背景下，国内电子竞技产业具有良好的发展环境；另一方面，电子竞技产业被视为文化产业的一部

---

① Newzoo：《全球电竞与游戏直播市场报告》，2021年，https：//resources. newzoo. com/hubfs/Reports_ CN/Free% 20Global% 20Esports% 20and% 20Streaming% 20Market% 20Report% 202021_ CN. pdf? utm_ campaign = Esports% 20Market% 20Report_ 2020&utm_ medium = email&_ hsmi = 115270631&_ hsenc = p2ANqtz－_ fOV8aizhscI8qrJK6Av－bQrs12yyFKN33Kun3kijRbAe 6pksmI6W－l4Dc_ ZvPxEcekyR8k45V5hSCBjwEEGvLHCl－bQ&utm_ content = 115270631&utm_ source = hs_ automation。

分，作为朝阳产业的文化产业将为电子竞技产业及相关衍生业态赋能。

此外，在政策和社会的支持下，国内电子竞技产业已经搭建起相对完善的上中下游产业链。电子竞技产业生态进一步扩张，围绕游戏运营、电子竞技赛事和媒体渠道等核心环节发展出了一批龙头企业和优质产业集群。电子竞技产业未来的产业规模、产业拉动性和产业潜力均不可估量。

2. 产业链不断细化，仍处于产业发展初期

中国电子竞技产业链不断细化，形成了相对完善的以游戏研发、游戏运营、内容授权为主体的上游产业，以赛事运营、电子竞技俱乐部与选手、电子竞技内容制作为主体的中游产业，以电子竞技直播、电子竞技媒体及其他衍生产品的内容传播为主体的下游产业，此外"电竞＋"衍生业态也进一步推动了电子竞技产业链的细化。

同时，中国电子竞技产业发展仍处于初期。首先，在自主研发和创新能力方面，中国电子竞技产业上游的游戏研发和运营尚处于较低水平，电子竞技相关企业缺乏自主研发能力，在版权和专利的国际竞争中仍处于劣势；其次，在营收方面，中国电子竞技产业尚处"输血"阶段，不断扩大的市场规模背后是巨大的产业投入和有待提升的盈利能力，有待实现向"造血"阶段的转变；最后，在人才储备方面，中国电子竞技人才需求增大与人才补充不足、人才流失严重与电子竞技教育尚未专业化、体系化的现状之间存在矛盾。

3. 竞技赛事逐渐丰富，MOBA 成为主流

电子竞技赛事的丰富和赛事影响力的扩大是中国电子竞技产业高速发展的特征之一。电子竞技赛事一般是以联赛的方式展开，目前在国内活跃的赛事主要有 DOTA2 国际邀请赛、英雄联盟职业联赛、英雄联盟全球总决赛、守望先锋联赛、王者荣耀职业联赛、王者荣耀世界冠军杯、和平精英职业联赛、绝地求生全球总决赛等。

电子竞技赛事根据比赛项目的不同也有类别的区分，现有电子竞技游戏主要类别有 FPS 类（第一人称射击类）、RTS 类（即时战略类）、SPG 类（传统体育类）、FTG 类（格斗类）、MOBA 类（多人在线战术竞技类）、

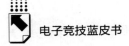
CCG 类（卡牌类）等，由于 MOBA 类游戏具有公平竞技性高、门槛低易入门、游戏单局节奏快、游戏多样性强等特性，成为当下主流的电子竞技游戏。

4.5G 创新发展，推动电子竞技产业升级

2019 年 10 月 31 日，中国移动、中国电信、中国联通公布 5G 商用套餐，并于 11 月 1 日正式上线 5G 商用套餐，这标志着中国正式进入 5G 商用时代，也为中国产业经济尤其是数字经济产业带来了巨大的发展机遇。

对电子竞技游戏和游戏用户而言，5G 意味着更快的网络连接速度和更广的连接范围，新技术的应用不仅降低了电子竞技产业研发和运营的成本、提升了赛事制作的效率，同时也通过呈现更全面、更沉浸式的比赛内容，满足了观赛用户、游戏玩家的多样化需求。对电子竞技赛事与转播媒体而言，超高速率、超低时延均是 5G 的优势，由此带来了电子竞技赛事观赛体验的全面升级。全民电竞、全网链接、虚拟与现实融合将在不远的将来得以实现。

此外，5G 的发展为中国移动电子竞技游戏的发展创造了机遇。除了为职业玩家创造条件，5G 也为普通电子竞技玩家享受电子竞技乐趣提供了可能。电子竞技用户和消费者规模的扩大将为产业带来衍生效应，从游戏厂商对游戏的开发和发行，到赛事的门票、版权、赞助，再到电子竞技外设的生产、售卖都将受到激励。

（四）疫情期间电子竞技产业发展情况

2020 年全球遭遇新冠肺炎疫情，为了控制疫情传播，全球各地相继启动重大突发公共卫生事件一级响应，采取了取消公共活动、延迟复工、隔离管制等措施。疫情下的电子竞技产业虽受影响，面临着一定的产业困境与挑战，但也凭借自身的数字体育优势，逆势而上抓住了数字文化产业的新机遇，重新焕发了产业发展的内在活力，展现了未来新兴体育行业的无限生机。

受新冠肺炎疫情的影响，传统的体育赛事无法按时在线下开展，多被延期甚至被直接取消，造成了巨大的经济损失，也影响了行业的商业价值与消费力，电子竞技产业在一定程度上也受到了波及。首先，线下赛事被全线叫停，例如，LOL 中国赛区（LPL）和王者荣耀职业联赛（KPL）作为规模极大的电子竞技赛事，往常能吸纳成百上千名观众现场观看比赛，但是在疫情期间不得不相继将线下赛制转为线上赛制。这就要求比赛期间的赛制规则、内容产出、人员安排全部重新调整，网络速度、制播技术等后勤保障也必须跟上，无论哪个环节出现问题都有可能影响竞技的公平性，影响受众观感，引发赛事热度下降、企业降低赞助力度等连锁反应。其次，疫情也使一部分电子竞技队伍缺乏专业指导与训练，影响最终的比赛成绩。如果长期停办赛事，相关的品牌活动项目无法开展，整个行业将会面临商业违约、收入锐减、队员流失、俱乐部经营困难等问题，而赛事品牌价值也将不可避免地下滑，直接影响行业的发展，以及相关企业的存亡。

但是，相较于传统文化体育产业完全停摆，例如英超、NBA、欧冠等大型传统体育赛事被纷纷叫停，电子竞技行业还是凸显出了无可比拟的优势。例如其所有赛事都可以转至互联网线上进行，云端观赛不会影响太多观感，选手间不需要任何身体接触，占用的空间比较小，异地之间也可以协调作战等。这些优势都让电子竞技赛事很快适应了崭新的线上赛事运营模式，并且在新的赛道上飞速前进和发展。

尼尔森海外调研数据显示，欧美市场至少有 20% 以上的互联网用户在疫情期间花费了更多的时间在电子游戏与电子竞技直播上。而企鹅智库、腾讯电竞、尼尔森和国际电子竞技联合会（GEF）共同发布的《2020 年全球电子竞技运动行业发展报告》显示，疫情期间中国电子竞技用户规模新增约 2600 万。

中国音数协游戏工委和中国游戏产业研究院联合发布的《2020 年中国游戏产业报告》显示，2020 年中国电子竞技市场实际销售收入 1365.57 亿元人民币，同比增长 44.16%，首次超越北美，贡献电子竞技产业全球收入的最大份额，成为全球最大的电子竞技市场。

天眼查专业版数据显示，2020 年上半年，电子竞技相关企业注册数量为 1614 家，同比增长 22%。2020 年，新浪科技报道：腾讯公司作为国内游戏开发商和运营商的龙头，在 2020 年 5 月 13 日发布了 2020 年第 1 季度财

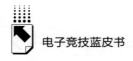

报，结果显示腾讯总营收1080.65亿元，同比增长26%，其中网络游戏营收372.98亿元，同比增长31%，平均每天收入4亿元。

巨额现金的流入得益于疫情期间电子竞技用户规模的扩大。新冠肺炎疫情阻挡了人们外出的脚步，大多数人选择转战线上，电子游戏与电子竞技赛事成了人们重要的娱乐方式之一。7%的用户在新冠肺炎疫情期间首次观看了电子竞技赛事，为新冠肺炎疫情期间的新增用户，他们由"电子竞技知晓者"转变为"赛事观看者"，继而进入电子竞技领域，实现了高比例留存。

QuestMobile公众号发布的《2020中国移动互联网"战疫"专题报告》显示，腾讯游戏公司自主研发的移动客户端手游《王者荣耀》《和平精英》等游戏在2020年春节假期期间使用时长均有增加（见图8）。

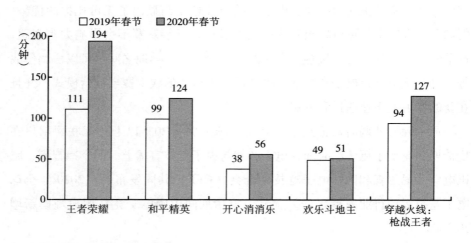

图8　2019～2020年春节假期期间移动客户端手游App行业TOP5人均使用时长

资料来源：QuestMobile TRUTH中国移动互联网数据库。

由此可见，新冠肺炎疫情促使位于上游的游戏开发商、运营商在此期间得以快速发展。

同时，新冠肺炎疫情期间的封闭式管理使人们拥有大量空余时间，而许多电子竞技选手由于比赛、品牌活动等线下业务的停滞，纷纷转战线上，成为电竞主播，吸引了一大批受众。艾媒咨询数据显示，自 2018 年起，中国电子竞技直播市场规模不断扩大，2020 年市场规模已达 221.5 亿元，预计 2022 年中国电子竞技直播市场规模将达到 405.9 亿元。斗鱼官网 2020 年 4 月份的报表显示，该月斗鱼 LPL 赛事官方直播间关注人数首次突破 1500 万。2020 年，LPL 赛事官方微博发布的数据显示：LPL 春季赛首周单日峰值 PCU（单日最高同时观看人数）较 2019 年增长 70%，首周日均观赛时长较 2019 年增长 70%，第 2 周日均独立观众人数较 2019 年增长 30%，决赛单日独立观众人数较 2019 年增长 40%（见图 9）。

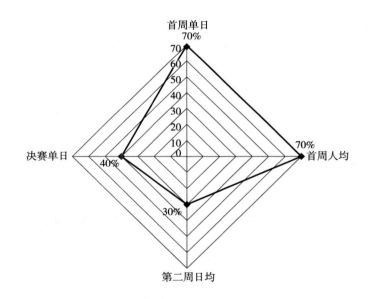

图 9　2020 年 LPL 春季赛观众流量较 2019 年增长情况

资料来源：新浪微博。

2020 年 4 月，国家发改委明确了包括 5G 在内的"新基建"范畴。在此背景下，5G 网络覆盖规模扩大、进度加快。电子竞技行业也抓住了机遇，将 5G 应用在直播、观赛体验、硬件设备等核心产业环节的升级上，为位于下游的电视播出平台、网站播出平台、直播平台的产业化和规模化发展提供

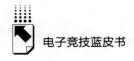
了动力。

电子竞技运动用户规模的飞速增长使许多商家嗅到了新的商机，新冠肺炎疫情期间的隔离政策以及人际交往模式的改变带动了许多衍生行业及周边产品的发展，例如电子竞技服装、电子竞技设备、电子竞技地产、电子竞技娱乐等。伽马数据发布的《疫情防控期游戏产业调查报告》显示：2020年1~3月中国移动游戏市场收入再创新高，达到了550亿元这一惊人数字，同比增长超过49%，环比也出现较大幅度增长。值得一提的是，新冠肺炎疫情防控期间电子竞技陪练的订单数量也开始暴增，"电子竞技陪练师"每天工作10小时，月收入能达到8000~10000元。自此，这一行业也开始真正走入大众视野。

新冠肺炎疫情确实对电子竞技产业造成了一些不利的影响，线下赛事活动的举办、电子竞技教育的开展和周边产品的生产销售等都受到了不同程度的限制。但是同时，5G的应用促进了电子竞技行业赛事观赏性的提升、线上运营模式日渐成熟、电子竞技用户规模扩大、用户圈层外延。在电子竞技品牌文化传播得以强化的同时，也提升了电子竞技以及衍生产业发展的价值认同度，促使电子竞技成为面向未来的"新体育"。

三 中国电子竞技产业发展问题分析

（一）头部企业固化，中小企业生存困难

随着电子竞技行业的发展，电子竞技产业链各环节均已产生较成熟的头部企业，这种现象尤其体现在电子竞技赛事联盟、电子竞技俱乐部、电子竞技游戏公司、赛事制作公司、游戏直播平台、电子竞技品牌商这几个主要参与方群体中。在目前的产业构成中，电子竞技游戏、电子竞技赛事、电子竞技俱乐部、电子竞技直播等收入占比较大，其中电子竞技游戏收入占据产业链整体收入的90%以上。

目前在市场上最受欢迎、受众最广的电子竞技项目中，《王者荣耀》、

《英雄联盟》、DOTA2、CS：GO、《守望先锋》、《球球大作战》、《炉石传说》均风靡已久，作为用户黏性极高的游戏产品，它们的开发和运营都被牢牢把控在腾讯、完美世界、拳头游戏、巨人网络等头部游戏厂商手中。

分析中国的电子竞技市场可以发现，目前整个行业的核心资源与利润几乎都被头部的电子竞技游戏运营商或生产商瓜分。从移动应用分析平台Sensor Tower 公布的数据来看，《王者荣耀》这款游戏仅 2018 年一年就为腾讯带来了 130.1 亿元的收入。在电子竞技赛事相关的管理事务上，他们也不甘示弱，作为电子竞技赛事的授权方、主办方，他们有着不容置疑的话语权。例如，DOTA2 的研发公司 Valve Corporation 不仅负责该游戏的研究、发行与运营，还负责对 DOTA2 系列赛进行授权。在上海落地的各项大型国际赛事，也都是由各大头部游戏厂商、游戏运营商主办，他们对比赛有着绝对的主导权。

目前各大游戏厂商对电子竞技赛事的版权保护意识日益增强，所以《王者荣耀》《英雄联盟》等游戏赛事因缺乏明确的整编标准，只能以邀请赛的形式进行，多数只能以表演赛的方式呈现，这背后的原因正是游戏厂商、运营商对赛事拥有把控权，赛事各方意见分歧大，无法形成一个统一的赛事机制。在这些已经成型、有固定受众的大型赛事中，个体很难参与其中，这就间接导致第三方赛事难以出头，绝对的把控权也导致在竞赛的规则、输赢判定方面难免会有失公平。

咪咕互娱电子竞技运营中心 CEO 夏鹏认为，目前，第三方电子竞技赛事运营商基本需要与头部上游厂商保持稳定紧密的合作关系，才有可能做大。比如 VSPN 能够手握《王者荣耀》《和平精英》等游戏的联赛运营权，正是因为其背后有腾讯注资。

相较之下，更多的中小赛事运营方并没有稳定的客户源，常接的项目多为游戏公司的"边角料"项目，如区域性小规模的赛事运营或商业推广，或是头部赛事方提供的二包和三包业务等。营收绝大部分依靠广告赞助和当地官方机构的补贴。

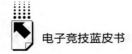
短期来看，对于中小赛事运营方来说，这种商业模式作为区域性赛事的重要组成部分，似乎没有什么问题，且营收规模较为可观。但从长线发展来看，此模式很难经得住考验，比如在新冠肺炎疫情的影响下，由于中小企业线上技术与传播资源的不足，他们不像头部企业一样拥有稳定的客源，游戏公司与头部运营方为其提供的业务大幅缩水、线下赛事骤减，都将直接导致其生存困难。

不仅是电子竞技赛事方面，电子竞技直播行业也存在着同样的问题。如今的游戏直播行业中，虎牙、斗鱼、企鹅电竞属于名列前茅的头部企业。2020年4月3日，腾讯旗下全资子公司Linen Investment Limited以约2.6亿美元的收购价向欢聚集团购买虎牙1652.38万股B类普通股，该项交易完成后，腾讯成了虎牙的最大股东。此前腾讯已成为斗鱼第一大股东，而企鹅电竞本身就是腾讯创设的电子竞技平台。因此，腾讯形成了一统游戏直播行业主要头部企业的格局。

当前游戏直播行业的竞争格局已由前期的"千播竞争"转变为数家头部企业相互竞争的态势，头部企业的固化将会进一步阻碍潜在竞争对手进入电子竞技直播行业，或者呈现其虽可进入该行业但根本无利可图的状态。例如，由于腾讯在游戏直播行业的上游行业——游戏版权与电子竞技内容行业内占据主导地位，因此如果它拒绝向准备进入游戏直播行业的平台企业授予腾讯游戏衍生内容版权，那么可能直接导致该平台企业无法进入游戏直播行业，对其可谓是毁灭性的打击。

（二）核心技术依赖国外，自主创新能力不足

电子竞技的技术竞争主要体现在相关技术储备与创新研发等方面，核心技术主要包括技术架构、技术模型、技术示范等，电子竞技行业的技术研发与创新速度，决定了企业的竞争技术壁垒与市场占有率。

20世纪后期，越来越多的数字化技术开始在中国出现，电子设备逐步走进人们的家庭。一些付费电视节目、影院电视、交互电视游戏开始出现，运营商也相继开放了点播功能，但是它的功能结构趋向于向受众单向传递，

毫无自主性可言。受众人群不能通过个人喜好对影视作品进行剪辑和播放，这种编排点播手段从基础层面决定了点播人群不可能有高度的参与性和自主性。

这一时期中国对于电子竞技的研发正处在萌芽阶段，国内自主发行的电子竞技软件当中，玩家不能随心所欲地将自己所控制的NPC（非玩家角色）与队友进行战术或是语言上的对接，某种程度上限制了用户电子竞技体验的灵活性和特色性，玩家的思维活动未能得到满足，进而也不能满足其情感需求。然而国外已经完全实现了玩家对电子竞技游戏人物的自主操控，所以市场和受众自然会偏向国外所研发的电子竞技产品。

国内电子竞技产业发展至今，俨然一幅百花齐放、百家争鸣之景，电子竞技产品实现了数量层面的突破。但是，受限于核心技术和发展理念的滞后，中国电子竞技产品质量还有较大的进步空间。

电子竞技项目核心科技的开发离不开大量的时间和资金投入，但是中国目前还没有架构出公共技术综合服务系统，大部分电子竞技研发企业也都抱着急功近利的想法，只重视经济效益。由于软件代理要求低，大量电子竞技研发企业的业务重心纷纷转至获取进口产品代理权上，对项目研发方面资金投入不足、对研发团队的定向培养不完善、对电子竞技产品研发与设计人才培育的不重视，直接导致了电子竞技软件高端技术人才的稀缺。这样就造成了普通的企业技术人员很难独立研发出产品质量好、技术含量高、具备自主知识产权、市场发展潜能与空间大的国产电子竞技产品。

（三）高端技术缺乏，产品同质化较为严重

电子竞技产业始终被认为是一个朝阳产业，未来将有无限的发展可能，但目前却面临着产品同质化严重的问题。

首先，目前中国电子竞技产业市场中的大多数主流游戏都有着同样的游戏规则，有的甚至完全一样。在整个亚洲，MMORPG（Multiplayer Online Role-Playing Game，大型多人在线角色扮演游戏）仍然是受众最广的游戏类型。例如，曾经《我叫MT》《刀塔传奇》的爆火使大量同质化游戏涌入市

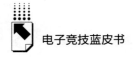

场，导致受众产生了厌烦心理。

其次，中国电子竞技产业的想象力、创新力更是十分有限。在世界范围内比较成功的《英雄联盟》《守望先锋》等游戏均由外国游戏厂商研发，国内游戏公司仅为代理运营。由国内游戏开发商自主研发的电子竞技游戏无论在数量、盈利能力还是影响力方面与国外游戏相比都存在着较大差距。

再次，中国电子竞技题材与故事情节创新也十分匮乏。目前，国产电子竞技产品长期依靠老版的框架题材，主要集中在武侠、魔幻等方向，很少能看到以战争、科幻、体育或者现实为背景的游戏，游戏系统、游戏背景与角色设定也多有重复。玄幻、武侠类游戏虽然对国内消费者有很强的文化带入感，但类似元素的电子竞技产品的数量逐年增加，使游戏模式变得大同小异，直接导致消费者产生审美疲劳。正是因为有些游戏企业重复、大量地推出同类产品，更有甚者复制、抄袭其他游戏作品，数量众多的游戏充斥市场，用户疲于甄选，导致真正优秀的原创民族网络游戏无法脱颖而出。

同时，中国的游戏品类仍以 IP 产品为主，不注重游戏特色，只靠 IP 人气来吸引玩家，这造成了厂商花费大量时间和精力抢占各种热门 IP 现象的出现。"时间就是热度"成了许多厂商抢占有时效性的 IP 时的共识，为了能快速将游戏推出，抢占市场，自然不会注重创新，所以渐渐陷入了"强 IP，弱游戏"的恶性循环中。

最后，中国电子竞技赛事的 IP 改编和跨界运营也存在较大不足。在泛娱乐背景下，各产业联动融合程度逐渐加深，游戏与影视、文学、动漫等其他泛娱乐行业跨界合作，围绕优质 IP 打造泛娱乐生态产业链，已成为当前游戏行业发展的重要趋势。影视、文学、动漫等领域的优质 IP 及其积累的大量粉丝，为手游开发运营提供了内容和用户基础。[①]

而电子竞技赛事仅有比赛作为主体内容，用户主要为电子竞技爱好者，

---

① 伽马数据：《2018 年电子竞技产业报告（赛事篇）》，2018 年。

内容辐射范围有限，无法通过 IP 融合来吸引更多的粉丝提升 IP 价值。电子竞技产业的过快发展让资本的热情纷纷砸向赛事，扎堆进入该领域，但赛事品牌建设和商业化进程却无法跟上赛事投入的增长。想要在短时间内打造出差异化和品牌化的电子竞技赛事品牌，显然不是一件容易的事情，不同的赛事往往有着同样的赛制、同样的参赛选手以及同样的模式，赛事的同质化不仅对选手的参赛热情是巨大的消耗，对收看赛事转播的观众而言也无异于杀鸡取卵。

（四）游戏内容版权匮乏，版权保护意识不足

任何一个行业从发展期到成熟期，所伴随的必然是逐步的正规化。对于电子竞技这个行业而言，游戏内容版权的界定显然是其进入成熟期之后亟须解决的一个问题。目前的大型网络游戏具有开发成本高、市场风险大、生命周期短、容易被抄袭等特点，面临着版权保护意识不足、版权确定难、维权成本高、抄袭"换皮"现象频发等问题。

中国网络游戏产业萌芽于 20 世纪末，最早以 PC 游戏以及代理游戏为主。与海外不同，游戏软件付费模式并未在中国发展起来，至今国内也极少有游戏作品将付费下载作为主流的盈利模式。最初是因为国内用户并未养成为软件付费的习惯，当时的版权保护环境与公众意识尚在建立与普及阶段，产业界也极少将游戏作品当作纯粹的"软件"来看待。事实上软件保护的模式，也不足以保护游戏作品中的"独创性"与市场价值更高的美术、音乐、文字等内容。[1]

早期的网络游戏作品付费的方式是"点卡收费"的模式，例如《传奇》《征途》等经典网游，想要体验更多游戏环节与时长就必须付费购买点卡。后来，随着游戏的设计更加精美、环节更加复杂，为了增强游戏体验，发展出了不同的游戏英雄皮肤、道具等，使其能够区别于他人的产品进行售卖，虽然游戏可以免费下载体验，但是许多关卡只有付费购买英雄与道具才能攻

---

[1]　田小军：《游戏产业生态发展与版权保护创新》，《人民邮电报》2021 年 2 月 5 日，第 6 版。

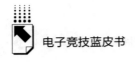

克成功。

在该产业不断发展的过程中，游戏制作的成本与精良程度不断提升，甚至单个游戏研发成本过亿的情况也并不鲜见。如《荒野大镖客2》开发成本超过8亿美元，耗时8年制作完成，有超过2000人参与开发，还聘请了1000多名动作捕捉演员和700多名配音演员参与制作。但是产业界与司法界极少采用"软件作品"的形式保护自有游戏作品的知识产权，更多的是采取美术、音乐、文字作品拆分保护的方式，以及游戏"类电作品"① 整体保护的思路。

与传统的作品如电影作品相比，游戏侵权的比对存在难点，特别是大型的扮演游戏和竞技游戏，它们基本都有多条故事线以及多变的结局，每个玩家不同的选择会触发不同的剧情，所以难以像传统的电影作品一样，对画面进行逐帧的比对。

近年来，涉及网络游戏侵权的类型也越来越多样，有的是"私服"② 的整体复制，有的是跨端的端游侵权，还有的是文字改编侵权，以及游戏直播、短视频侵权等。有的游戏更改了原游戏主角的名字、描述细节等内容，但是人物的刻画和主线情节刻画方面却仍是照搬照抄。例如盛趣游戏公司打造了《传奇》《龙之谷》《冒险岛》等一系列经典游戏，但《传奇》系列游戏，在2002年就出现了"私服"。

该案例作为一个缩影，反映了电子竞技行业亟须增强版权保护意识。目前，许多游戏最有价值的是其精美的设计部分。如游戏中关于英雄的数值、道具的属性等规则的设定，决定了游戏的平衡性、易玩性，但这些设定易复制、易抄袭。因此只有重视对游戏设计的保护，才能杜绝"换皮"游戏。

（五）区域发展不均衡，地方政策支持力度不足

中国的电子竞技产业不断规范化发展，目前由文化部与国家新闻出版总

---

① 类电作品：以类似摄制电影的方法创作的作品。
② 私服：指未经版权拥有者授权，非法获得服务器端安装程序后设立的网络服务器。

署共同进行管理，但是尚未明确其产业属性，这就决定了这一新兴产业不仅需要部委多头管理，还需要其他相关政府职能部门的监控。因为政府往往对游戏前期出版把控十分严格，但是对于出版后的发展问题有些放任自流，松散的市场监管让许多游戏企业在道德与法律的边缘不断试探，试图通过后续对游戏内容的修改走边缘路线，借机传播低俗文化，这就需要政府加强对企业后期游戏运营维护的监管。

从 2020 年中国各省市电子竞技相关企业数量排行榜来看，各地电子竞技相关企业数量差距极大，作为第一名的广东省有 3918 家企业，[①] 几乎是排名在中下游的各省市电子竞技相关企业数量的总和，证明了电子竞技产业地区发展的极度不平衡。这种不平衡还体现在重大赛事举办次数、电子竞技相关设施建设、对人才培养的重视程度等各个方面。

除广州、上海等公认的"电竞之都"以外，大部分城市都缺乏行业发展需要的物质保障，硬件设施也亟须完善，包括亟须升级的网络速度与稳定的技术支持等，否则即使承办比赛，也有可能发生延迟、掉线、暂停比赛排查异常等情况。

在基础设施没有跟上的同时，地方政策支持力度也不足。各地区没有大力支持电子竞技行业发展的原因各不相同，有些地区由于地理位置偏远，交通不便，同时信息较为闭塞，受众人群较少，导致政府并不看好电子竞技产业集聚发展，也未曾出台过相关政策，使许多人才与企业纷纷流向外地。

也有些地区碍于条件限制，虽有政策出台，但是力度不足、方向有误，导致电子竞技产业发展受限。例如，2017 年江苏太仓、重庆忠县、河南孟州、浙江杭州、安徽芜湖、山东章丘等多个县市纷纷展开行动，对外宣布了建设电竞小镇的计划，并开始招商引资，多地投入资金超过 20 亿元。但许多地区时至今日仍因规划等问题没有完成基础场馆、电子竞技园区的建设，

---

① 《2020 年中国最新电子竞技相关企业分布格局分析（附企业地图）》，中商情报网，2020 年 9 月 3 日，https://www.askci.com/news/chanye/20200903/1757271205349.shtml。

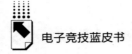

计划依然停留在纸面上，完成之日遥遥无期。同时，随着国内头部电子竞技赛事 LPL 和 KPL 主客场制度的确立，在腾讯电竞地域化运营的策略之下，大量赛事资源开始向一二线城市汇集，许多已经建成的电竞小镇也因此陷入了无比赛、无大赛可办的尴尬境地。

（六）人才培养体系待完善，再就业渠道待拓宽

电子竞技行业快速扩张、产业急速发展带来的是人才短缺的困扰。目前，赛事选手、教练、辅助人员等台前的人才更受大家关注，数量趋于饱和，产业运营方面的人才（如裁判员、俱乐部管理人员、电子竞技赛事运营人员等）则相对稀缺。人才出现断层的原因是缺乏完善的人才培养体系。2020 年，人社部中国就业培训技术指导中心发布的报告明确显示，未来五年电子竞技人才缺口巨大，保守估计将达到 350 万。

目前国内的电子竞技人才培养方式大致分为三类：第一类是传统教育体制内的高校开办电子竞技类专业，如中国传媒大学、四川电影电视学院等一批本科院校以招生的形式开启了电子竞技人才培养进程；第二类是一些知名社会培训机构涉入电子竞技人才培养领域，如新华电脑学院、蓝翔技校、七煌电子竞技等多家机构均开设了电子竞技人才培养课程；第三类则是电子竞技相关头部企业对电子竞技人才的选拔与培养，如广州趣丸网络科技有限公司、WE 电子竞技俱乐部等企业通过开展青少年训练营招募活动，从全国各地招募有潜力的年轻选手作为训练营成员，以保证能够自给自足地输送电子竞技人才。

在中国，对于培养传统的竞技体育项目运动员，有一套已经成型的从县市级、省级到国家级的规范化流程，各级以体校、训练队选拔等方式逐级筛选和培养人才，每一级都承担着不同的培养任务与目标，目的性强，有着明确的发展路径。

首先，目前电子竞技行业对人才的培养与实际需要、岗位需求脱节，并且没有明确、统一的要求和标准。该如何培养人才、培养什么方向的人才等问题在已经开展电子竞技类专业培养的高校中也尚未明确。对比各高校培养

方案可以看出，无论是在人才培养理念、就业指导分析还是课程设置方面均有不同，某些学校倾向于对赛事主持类人才的培养，课程体系倾向于传媒、播音主持类，某些学校则重点培养学生的游戏设计、产业管理能力等，而学生最应该学习的电子竞技实践类课程并未得到重视。

其次，各高校在人才培养的分级方面也相对滞后。在招生过程中，并未明确本科、专科、中职或者社会培训之间的定位差异，更难以达成是按照普通类招生、美术类招生还是表演类招生的共识。在课程教学方面，也是在已有的师资团队的基础上，以"电子竞技"作为噱头吸引学生，但在实际教学中却没有完善的系统性架构。什么样的人才属于电子竞技人才？学校尚未明确这一概念。而以盈利为第一导向的电子竞技企业，它们在招聘人才时也没有统一的岗位衡量标准，对人才的培养与指导没有建立系统性架构。此外，这一新兴行业的职业资格认证工作也尚未落实。电子竞技人才应该拥有怎样的核心竞争力？电子竞技从业人员职位划分与晋升通道是什么？国家对应的考评机制是什么？这一系列问题都亟须解答，只有统一企业用人的标准，建立人才自我完善的通道，才能规避电子竞技人才成长的风险。

从现状来看，大多数高校的电子竞技专业教学还处于摸索阶段，电子竞技人才的职业发展道路尚未明确。各院校要通过最初几届学生的学习与发展情况去摸索专业人才的培养路径，而这些学生进入工作岗位后也将经历阵痛期。如何设置自己的人生职业规划、如何体现自己的职业竞争力等都将成为电子竞技专业毕业生面临的问题。

再次，电子竞技运动员的退役保障机制还不健全，大部分电子竞技选手没有将职业生涯与退役后的生活进行联动发展规划，退役后的生活保障、再培训和继续教育进修等问题完全依赖于就职企业进行疏导管理。而俱乐部本身的营利性目标定位，也使其拒绝为电子竞技人才提供长远的生活保障。所以相对于其他竞技运动员，电子竞技运动员的身份属性并不明确，它更接近于企业员工或者媒体包装出来的明星，目前一线电子竞技明星选手的工资极高，如果拿到大型赛事名次还会有额外的巨额奖金。"挣

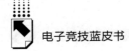

快钱、快挣钱"是目前电子竞技从业者的普遍价值观，这正是因退役后生活无法得到保障的不安感所导致的。如果电子竞技人才培养和职业发展的标准体系不能尽快推出，退役后的再就业渠道不能拓宽，围绕电子竞技人才培养的后续动力必将缺乏，最终将导致家长和学生不敢轻易选择这个专业。

最后，电子竞技选手需要塑造正面的社会形象，提升社会地位。竞技体育有利于激发人们的爱国热情，是形成民族凝聚力的载体。大多数竞技体育中的优秀选手被当作民族英雄和社会正能量的形象代言人，成为家庭教育中父母激励儿童成长的鲜活案例。而同属于竞技体育项目选手的电子竞技选手的社会认可度和公众形象还远未达到这种程度，许多选手成名之前多被称为"网瘾少年"或者"问题孩子"；英雄联盟赛事的明星选手简自豪（游戏 ID：Uzi）最初进入电子竞技行业时就是一个家长和老师眼里的"网瘾少年"，他在接受媒体采访的时候谈道："当时家里对我的意见很大"。跟目前绝大多数热衷于电子游戏的少年一样，年少的时候父母也会去网吧里抓他，并且 Uzi 直言，抓住就会挨一顿打。直到有俱乐部上门邀请他去参加职业联赛，他与家里的矛盾才有所缓和。即使一些选手已经代表国家在许多国际大赛中获得荣誉，但是他们的社会认可度仍然不高，社会舆论对于以电子竞技为职业的人员仍存有诸多质疑。

四 中国电子竞技产业发展趋势及创新特性

（一）中国电子竞技产业发展趋势

1. 电子竞技专业化

早在 2003 年国家体育总局就把电子竞技界定为正规的体育运动项目，不过在十年之后的 2013 年人民网的一次投票中，仅有 20% 的网民认为电子竞技属于体育运动。究其原因在于二者的专业化程度相差甚远，而且国内外电子竞技赛事中普遍存在着机构杂乱、项目简单、比赛过程不标准化、人员素质参差不齐等问题，严重影响了普通民众对它的认知，体现了中国电子竞技专业化发展的必要性。在近年来的发展过程中，电子竞技赛事开展频次日益提高、比赛等级越来越明确，因此需要利用大数据分析平台对电子竞技赛事进行调查研究和数据分析。伴随着信息技术的高速发展，中国电子竞技产业在赛事经验、品牌建立、赛事筹备等方面正朝着专业化方向发展。

2016世界电子竞技大赛（WCA）启动发布会在京举办，并提出了"专业化"和"全民化"两大关键词。该大赛表示将与国际电子竞技竞赛联盟（Internatioal eSports Federation，IeSF）联合打造电子竞技教育体系，全行业培养裁判员、解说员、节目制作人、教练员、战队成员和赛事管理者等专业人才。

和传统体育运动相同，电子竞技的蓬勃发展也依赖于庞大的民众基数。以韩国为例，一系列的专业化举措所营造的良好氛围为韩国带来了数以千万计的电子竞技爱好者。在韩国，电子竞技不但被称为与跆拳道、围棋齐名的"国技"，还成为了该国三大支柱产业之一。优秀电子竞技选手的待遇、人气完全不亚于传统体育明星，信用卡上印有著名职业电子竞技选手的头像，成绩好的职业电子竞技选手甚至享有免服兵役的殊荣，足见电子竞技在韩国的受欢迎程度。同样拥有电子竞技强大群众基础的还有大洋彼岸的美国，2016年电子竞技竞赛直播观看者几乎占据了美国1.25亿游戏视频内容观看者的1/4，他们每周在电子竞技上投入的时间接近6小时。因此，电子竞技需要以"专业化"带动"全民化"。①

2. 电子竞技市场化

《2016～2020年中国电子竞技产业深度调研及投资前景预测报告》显示，随着中国电子竞技市场逐步向更加完善的传统体育运营模式发展，将进

---

① 《中国电竞该如何"专业化"和"全民化"？》，参考消息网，2016年3月18日，http：//www.cankaoxiaoxi.com/science/20160318/1103834.shtml。

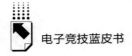

一步加快其专业性与市场化的发展进程，从而保证中国电子竞技市场的良性发展。

现如今，中国的电子竞技行业已然建立了一条比较完备的产业链，主要涵盖了游戏授权、内容生产、设备制造和传输等方面，同时也带动着内容制造、授权、发行，比赛运作、宣传、质量监管、教学训练、专有设备开发，以及其他衍生行业的蓬勃发展。

FPX 电子竞技俱乐部（FunPlus Phoenix）成立于 2017 年 12 月，其背后的游戏开发商主公司 FunPlus（趣加）在欧美地区也拥有大批粉丝，并荣登美国 2018 年出海品牌价值 TOP13 和中国国内手机游戏厂商年收入榜榜首。伴随着中国体育竞技行业的进一步发展与完善，电子竞技战队、俱乐部的专业程度也得到了进一步增强；除传统竞赛队伍之外，FPX 电子竞技俱乐部还新设置了体能训练师、心理咨询师等职位，这样有利于应对密集比赛可能引发的选手生理和心理上的问题。

中国电子竞技相关品牌冠名赞助热度的不断高涨，使电子竞技赛事奖金增多，俱乐部、职业选手、赛事解说等职业群体收入增加。近年来，从鼠标、键盘、电子竞技椅、耳机等电脑外设厂商，到斗鱼、虎牙等直播平台，都是中国电子竞技产业主要的冠名赞助商；随着中国电子竞技产业的蓬勃发展，宝马、vivo、Jeep 等众多知名品牌也相继加入了品牌赞助大军。

3. 电子竞技全民化

随着中国电子竞技行业的迅速普及和蓬勃发展，中国电子竞技用户数量不断增加，同时也保持着持续稳定增长的趋势。2020 年企鹅智库根据用户花费在电子竞技赛事内容的时长将用户划分为轻、中、深度电子竞技用户，每周观看电子竞技赛事内容 3 小时以上的深度用户为 0.4 亿人，他们的黏性高，消费意愿强烈，为电子竞技产业的核心价值用户，发挥着向非核心用户的扩散带动作用；轻、中度用户向深度用户转化潜力大，用户数量分别为 2.4 亿人和 1.2 亿人，他们的电子竞技兴趣存在上升空间，具备巨大的商业转化价值。因此，中国电子竞技产业逐渐进入了用户感情培养、商业价值开发和细分市场运营的阶段。

与此同时，国内电子竞技用户也具有"年轻化、高学历、高收入"的特点。企鹅智库、腾讯电竞、《电子竞技》杂志共同发布的《世界与中国：2019年全球电竞运动行业发展报告》显示，国内电子竞技用户以男性为主导，女性仅占30%；35岁以下用户占79%；二线城市的用户是电子竞技主力军，占比39%，远超一线城市；此外，超50%的用户个人月收入稳定，在3001~8000元之间。

越来越多的女性将电子竞技游戏作为重要的娱乐方式之一，女性电子竞技用户在中国电子竞技用户中的比例也在不断提升。艾瑞咨询发布的《2020年中国电竞行业研究报告》预测，未来几年女性用户群体比例将继续呈现上升趋势；不断完善的电子竞技产业形态、趋于成熟的电子竞技赛事体系也为此提供了有利条件，女性用户不仅作为玩家而活跃，也将更多地出现在电子竞技赛场之上。

4. 电子竞技娱乐化

《2016~2020年中国电子竞技产业深度调研及投资前景预测报告》显示，随着电子竞技产业的逐渐成熟，其融合了"泛娱乐"行业属性，电子竞技、娱乐两产业面向的用户不断重合，均需要扩充用户群体以提升影响力。因此，"电竞+娱乐"这一运营模式的重要性不断提升，逐渐成为新的发展趋势。电子竞技内容形式向娱乐化方向发展，电子竞技突破内容界限涉入真人秀等新娱乐形态，知名电子竞技选手开始进入演艺圈，职业电子竞技运动员或著名电子竞技主持人也不断参演娱乐节目；娱乐艺人参与直播电子竞技游戏、代言赛事或参加电子竞技比赛，已经成了电子竞技产业常见的宣传手段。

受电子竞技泛娱乐化趋势的影响，中国电子竞技市场得以快速发展，而电子竞技的生态市场规模也在迅速扩大。以企鹅电竞和文娱行业之间的跨界合作为例，企鹅电竞联合腾讯体育打造直播互动型比赛《宅鹅水友赛》，由当红艺人与电竞主播共同参演，节目全程直播艺人与电竞主播的生活状况和游戏实况，无淘汰赛制引导观众感受电子竞技的游戏趣味；企鹅电竞还与QQ音乐联合发布"企鹅游戏音乐人计划",极大提升了电竞主播的外围影响力,体现了企鹅电竞"去发现,无限可能"(Spark More)的全新品牌文化理念,是一次将电子竞技平台内容生态理念与现实环境相结合的良好示范。

电子竞技娱乐化使中国电子竞技俱乐部知名选手逐渐获得互联网大量的流量曝光,身价不断攀升。知名电子竞技选手在网络奖项评选中屡次上榜,例如,2019年有3位知名电子竞技选手入选微博之夜"年度人物",其中英雄联盟电子竞技选手Uzi荣登榜首位置;EDG、RNG、FPX等顶尖的电子竞技俱乐部通过自制内容来转化知名人气选手的流量,在塑造品牌形象的同时拓展了品牌营销资源范畴。电子竞技和文娱的深度融合催生出庞大的用户流量,从而产生规模庞大的粉丝经济,也必然会扩大电子竞技行业的市场界限。此外,电子竞技娱乐化向更纵深方向的发展,有利于扩大电子竞技的影响人群范围,有利于树立电子竞技正面的社会形象,有利于促进中国电子竞技行业的发展。

5. 电子竞技移动化

由于手游操作具有参与便捷、准入门槛低等特性,众多游戏厂商开始将开发重心转移到移动游戏领域。随着移动游戏数量的爆发式增长,移动性的电子竞技也随之蓬勃发展。电子竞技移动化的发展趋势本质上是消费需求转变的体现。移动设备性能提升、用户群体年轻化、随时娱乐需求被放大等现象催生出新的电子竞技市场机会。以腾讯、英雄互娱为代表的国内游戏巨头企业纷纷开发移动电子竞技,增加赛事投入,这促使移动电子竞技赛事日趋多元化与专业化。在资本强势参与、企业精心布局、移动需求旺盛增长的综合作用下,移动电子竞技成为电子竞技用户的首选,也将造就电子竞技移动化的最终趋势。

根据企鹅智库2020年的调查数据可知,中国70%的电子竞技用户来自2016年后的增长,这主要得益于手机游戏和移动互联网电子竞技市场的火爆;其中,84%的用户通过手机观赛,移动互联网技术促成了中国电子竞技应用的倍级增速。截至2016年,中国移动电子竞技市场规模已占据整体电子竞技市场规模的53.74%,正式超过了传统PC电子竞技,成为中国电子竞技产业发展的新风口。

在华为与中国移动、中国联通和中国电信的联合推动下，中国 5G 基建与终端技术在全球范围内已遥遥领先。伴随着 5G 时代的来临，"5G + 电竞"将助力电子竞技行业的全面升级与发展，并为电子竞技行业提供全新的发展机会。5G 具有的高速率、高安全性、大容量、低时延等特性，满足了赛事直播画面的高品质以及多路信息即时传送的需求，能够为电子竞技赛事的制作与直播质量提供保障；并且，5G 应用将使更多用户以更快的速度接触或操作电子竞技项目，我们或将迎来一个移动电子竞技深度化、大众赛事全面化的未来。

2019 年 4 月 28 日，虎牙直播实现了 4G + 4K 高清户外直播，且在中国直播业界进行了 5G 商用的新探索。现场画面全部采用 4K 摄像机拍摄，并经由 5G 网络上传送至边缘计算节点进行处理，然后再通过超低时延的边缘分发传送到达观看终端，实现了 4K 画质、50M 码率高清、超低时延的户外直播，为用户带来了更高清的观感体验以及更及时的互动沟通。此次的 5G 网络直播尝试，是虎牙直播在与中国移动签订了 5G 联合协议之后，首次在 5G 和边缘计算方面进行的高清直播服务尝试，此后虎牙直播也进一步和中国移动深化了"5G + 直播平台"的战略协作。随着新兴科技的迅速发展，中国的 5G 网络基础设施也将在未来全面铺开，将促进移动电子竞技在中国更广阔区域的覆盖和发展。

2019 年谷歌推出首个无缝云游戏平台"Stadia"，依靠强大的云计算技术，对游戏数据进行云端处理，用户无论是打开电视、电脑或是手机都能畅玩游戏。这一举措不仅打破了时间、地点、设备平台的限制，还极大地拓展了产业边界，为电子竞技产业发展再次添砖加瓦。

6. 电子竞技虚拟化

5G、AI、AR、VR、MR、XR 等新兴技术不断发展，越来越多地被应用到电子竞技产业的各个方面，例如赛事、直播平台，用户的观赛、使用体验等（见图 10）。

电子竞技本身的数字化性质为电子竞技的虚拟化发展提供了基础条件。

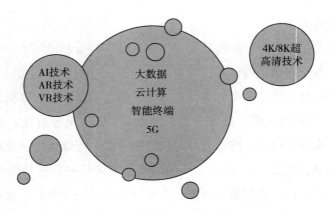

图10　电子竞技产业的技术驱动力

在内容制作方面，电子竞技游戏的图像、声音、赛事比分等数据都可以被读取，因此有利于诸如虚拟主播等新型产品的发掘。而VR科技的快速发展也影响着中国电子竞技行业的发展，VR电子竞技的出现，给中国电子竞技玩家们带来了良好的游戏体验，成为了中国电子竞技行业发展的重要方面。

VR技术的突破性发展和相关设备的不断普及，为VR电子竞技的发展奠定了坚实的硬件基础。VR技术的不断发展和电子竞技行业生态系统的成长与完善，为VR电子竞技的形成与发展打下了良好的用户和市场基础，使VR电子竞技进入了发展的"黄金时期"。2020年10月18日，南昌举办《节奏空间》电竞挑战赛全国总决赛。作为网易对于中国VR电子竞技事业的第一次尝试，该赛事区别于传统的小型VR赛事，具备了全民性、专业化和竞技性的特色，也开启了中国大型专业VR电子竞技赛事的新篇章，为中国VR电子竞技的发展提供了参考。另外，该比赛还联手中国电信共同打造了VR观赛，比赛用户不但可以利用MR直转播技术得到如临现场的观赛感受，还可以使用VR观赛技术进行360°的全景观赛，给线上观看比赛的用户带来了视听俱佳的观看体验。VR观赛技术的成功运用使其真正做到了从产品到比赛再到直转播全链路的VR应用。作为一种全新的电子竞技单元，《节奏空间》电竞挑战赛利用自身的VR特点，展示了电子竞技赛事的更多可能性。

通过终端设备，360°远程观看电子竞技赛事，真切感受现场氛围，这是未来 VR 与电子竞技结合带来的电子竞技观赛特征。借此契机，电子竞技赛事可以不断突破传统 PC 端等平台的发展局限。随着 VR 技术的不断完善和受欢迎程度的不断提升，"VR + 电竞" 无论是在用户体验形式上还是在游戏内容品类上都有更大的创造空间，电子竞技虚拟化已经成为电子竞技发展的新形式。

（二）中国电子竞技产业创新特性

1. 行业规范：政策利好，助力电子竞技产业发展

国家政策支持是中国电子竞技产业持续、健康发展的重要前提。二十余年来，中国电子竞技产业政策经历多个发展阶段，呈现鼓励发展与规范管理并行的特征。电子竞技生态中各主体通过合作建立国家标准，以推行政策法规、规范电子竞技赛事、培养相关人才等方式推进电子竞技产业的泛体育化发展，使电子竞技运动逐渐向足球、篮球等模式成熟的传统体育靠拢，可以使电子竞技项目产生巨大的传播力和影响力，有利于扩大群众基础，加速电子竞技市场整体良性发展。

人社部 2019 年发布的《新职业——电子竞技员就业景气现状分析报告》显示，在经济快速增长背景下，国家政策对电子竞技产业的态度逐渐转向支持鼓励（见图 11、表 2）。具体来说，2008 年，国家体育总局将电子竞技重新定义为第 78 个体育项目；2015 年 7 月，国家体育总局颁布《电子竞技赛事管理暂行规定》，为电子竞技产业发展提供了政策支持与规范；2017 年，文化部发布《文化部 "十三五" 时期文化产业发展规划》，提出支持发展体育竞赛表演、电子竞技等新业态；2018 年，电子竞技正式成为雅加达亚运会的电子体育表演项目；至此，电子竞技在国家体育战略中取得了与传统体育项目相同的地位。2021 年 5 月 6 日，国家发改委产业发展司发布了《文化和旅游部关于印发〈"十四五" 文化产业发展规划〉的通知》（以下简称《通知》），明确了 "十四五" 文化产业发展的总体要求、重点任务、保障措施，梳理了 "十四五" 期间文化产业的发展脉络。其中，在

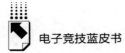

优化重点文化行业供给、改善文化消费环境的目标中,《通知》提出"要促进电子竞技与游戏游艺行业融合发展",聚焦电子竞技相关文化产业的数字化优势,推动电子竞技产业在大众文化产业中影响力的提升。

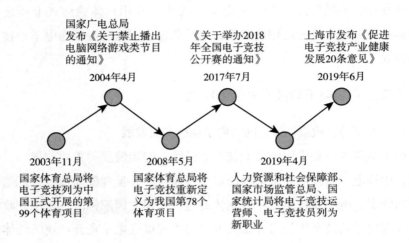

图 11 电子竞技行业重点政策概览

表 2 中国和国际组织对电子竞技的扶持政策

时间	事件	意义
2003 年	国家体育总局确定电子竞技为第 99 个体育项目(2008 年改为第 78 个)	电子竞技进入国家体育战略
2004 年	第一届中国电子竞技运动会(CEG)开幕	首个官方主办的电子竞技赛事
2006 年	中华全国体育总会在国家体育总局召开电子竞技运动项目管理规定发布会	首次制定官方电子竞技赛事标准
2007 年	第二届亚洲室内运动会成为第一个包含电竞项目的亚洲综合性运动会	电子竞技获得亚奥理事会承认
2013 年	国家体育总局组建 17 人的电子竞技国家队,出征亚洲室内运动会	电子竞技第一次"为国争光"
2015 年	国家体育总局颁布《电子竞技赛事管理暂行规定》	首次制定电子竞技产业发展规范
2016 年	国家体育总局发布《体育产业发展"十三五"规划》	推动电子竞技运动项目发展
2016 年	教育部宣布在高等职业学校增设"电子竞技运动与管理"专业,隶属于体育类	电子竞技人才培养提速

续表

时间	事件	意义
2016 年	国务院印发《关于印发促进消费带动转型升级行动方案的通知》	首次鼓励举办全国性或国际性电子竞技游戏游艺赛事活动
2017 年	文化部发布《文化部"十三五"时期文化产业发展规划》，提出支持发展体育竞赛表演、电子竞技等新业态	政策支持电子竞技发展
2018 年	电子竞技正式成为雅加达亚运会的电子体育表演项目	电子竞技项目的重要性空前提升

资料来源：中国新闻网。

国家级的政策扶持是电子竞技产业发展壮大的基础，而随着电子竞技运动的国际影响力的提升，地方政府的配套政策也正在完善（见表3）。

表3　部分地方政府对电子竞技的扶持政策

省市区县	配套政策
北京	《关于推进文化创意产业创新发展的意见》
上海	《关于加快本市文化创意产业创新发展的若干意见》《上海市电子竞技运动员注册管理办法（试行）》
四川	《四川省电子竞技运动员注册管理办法（修订版）》
西安	《西安曲江新区关于支持电子竞技游戏产业发展的若干政策（试行）》
重庆市忠县	《关于促进电竞产业发展的若干政策意见》
杭州市下城区	《杭州市下城区人民政府关于打造电竞数娱小镇促进产业集聚发展的实施意见（试行）》
银川	《关于促进电竞产业发展的实施意见》
太仓	《关于推动现代服务业转型升级创新发展若干政策》

资料来源：中国新闻网。

从"电子竞技是洪水猛兽"到"健康的电子竞技活动"，近年来有关电子竞技运动的正面舆论逐渐增加。从主流媒体、官方口径到民间舆论，电子竞技的关键词已经具有"健康""益智""产业发展"与"国际化"等积极正面的意义。这种转变与国家层面对于电子竞技运动与产业的扶持有着极大的联系。随着国家政策对电子竞技产业的扶持力度不断加大，相关媒体也从多个方面对中国电子竞技产业的发展做出了正面舆论引导，促使在社会文化

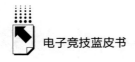

层面上呈现了良好的市场环境和氛围。

政策红利有利于推动各城市引进电子竞技厂商、赛事运营、直播平台和周边产品等上下游产业，促进优秀电子竞技企业与产品的产生，从而推动电子竞技产业新业态的发展，拓展电子竞技产业的发展空间。2020年2月19日，北京市人民政府办公厅发布的《关于应对新冠肺炎疫情影响促进文化企业健康发展的若干措施》中提到了"电子竞技北京2020计划"，其中2020年王者荣耀世界冠军杯总决赛落地首都北京备受关注；2021年4月21日第二届"电竞·中国"年度盛典中，上海、武汉、西安借助政策支持通过产业园落地等形式，促进电子竞技与地区紧密结合，都获得了"年度电竞城市"称号。电子竞技产业逐渐成为城市打造电子竞技名片、提升城市影响力的新兴途径之一，也为疫情期间的城市数字经济发展提供了新案例。

2. 游戏产品：知名IP打造高质量内容生态

随着电子竞技游戏逐渐发展成熟，知名游戏IP基于本体游戏世界观，衍生出各类游戏产品，从而提升了游戏新鲜感，增强了用户黏性。通过结合各电子竞技赛事，打造游戏生态IP，使电子竞技游戏IP的价值进一步提升，从而扩展未来的电子竞技市场。在电子竞技游戏和电子竞技赛事之外，头部电子竞技IP已经开始打造自身的衍生内容，衍生内容矩阵逐渐形成。

头部游戏IP背靠游戏本身，开发出衍生游戏内容，占领更多游戏细分市场，助推原有赛事升级为成熟赛事体系，提升电子竞技产业增量。如《英雄联盟》开发自走棋游戏、卡牌游戏以及回合制手游，各款游戏又各自推出赛事，使整个IP生态价值不断提高。在游戏和赛事之外，电子竞技产业在文学、漫画、动画、音乐等方面都有所涉及，力图打造全方位的衍生内容宇宙，极大地丰富了IP外延价值。电子竞技拥有带动游戏、数字内容、硬件以及泛娱乐等产业的能力，特别是电子竞技头部IP，除了自身赛事，还衍生出许多动漫、影视、文学、体育等领域的周边产品，成为了产业升级、企业发展的重要驱动力。

热门游戏《英雄联盟》在影视剧、综艺、纪录片、虚拟女团、动漫、网文等商业领域均进行了大幅度扩展，未来还将向电影、主题乐园等领域推进，从而逐步打造电子竞技领域的"迪士尼"（见图12）；影视剧方面，耀客传媒与腾竞体育合作，打造以英雄联盟职业联赛（LPL）为主要内容的影视剧——《穿越火线》，截至2021年8月，在豆瓣平台有接近14万人评分，评分达8.0分；综艺方面，腾讯视频推出由LPL官方授权的《英雄联盟》电子竞技真人秀栏目《超越吧！英雄》，节目由明星召唤师召集三支战队，与战队经理人、队员一起深入电子竞技生态的各个领域，经历比赛、主题直播、赛事组织、俱乐部试训，并于电子竞技嘉年华上争夺"年度明星召唤师战队"称号，从而使观众可以感受到电子竞技的乐趣，了解游戏魅力；纪录片方面，拳头游戏、腾竞体育、哔哩哔哩首次联合打造的官方纪录片剧集《来者何人》，聚焦LPL战队内外的电竞人生；动漫方面，*Arcane*亮相于2021年的《英雄联盟》十周年庆典活动，这部动画探索了《英雄联盟》中两个标志性英雄的起源以及她们决裂的起因；随着电子竞技IP衍生内容质量逐渐提升，爆款内容也更容易获得用户的认可。

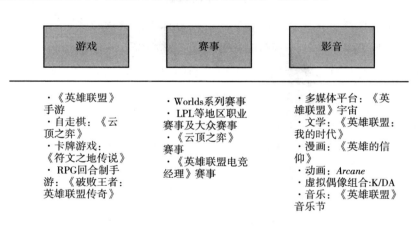

图12　《英雄联盟》打造衍生内容宇宙案例

资料来源：根据网络数据自主绘制。

除此之外，各种围绕电子竞技赛事、综艺、教育、服务而开发的"电竞小镇"层出不穷，形成了一大批外延产业。2017年，腾讯电竞宣布与超竞集团合作，规划在接下来的五年内在全国主要城市的核心地段，布局超过十个泛娱乐电子竞技产业园；[①] 苏宁、阿里、腾讯等商业巨头也参与到了电子竞技场馆的产业投资建设中。

通过"电竞＋"模式，可以带动上下游相关产业快速发展。政府和相关企业将以电子竞技作为支点，撬动游戏、动漫、IT、大数据、旅游、文化创意等新兴产业发展。"电竞＋"模式，可以更好地促进电子竞技各环节增值，并有助于延长和完善整体产业链，扩大电子竞技产业规模，进一步巩固用户人群，使电子竞技项目实现良性循环。

3. 赛事运营：国际化、主场化、联动化发展

电子竞技赛事有联赛和杯赛两种形式，它们各具特点和优势，但根据电子竞技发展历程以及观众体验来看，联赛制更利于电子竞技产业的发展。2020 年 Valve Corporation（维尔福集团）官方发布公告，宣布从 Ti10 之后持续了近 10 年的杯赛体系的 DOTA2 正式开始向联赛体系转型。DOTA2 职业巡回赛引入全新的赛事系统，该赛事系统有着更加稳定的比赛模式以及更加科学的赛事系统。

电子竞技赛事主场化，即参照传统体育项目主客场制度，在各个城市中建立主场场馆组成主客场赛事联盟，从而将集中于一座城市的电子竞技赛事通过俱乐部分散到多个主场城市中去。2018 年是国内电子竞技赛事主场化元年，腾讯电竞提出"电竞运动城市发展计划"，在匹配地方政府需求的同时打造精品赛事内容，在主客场模式下持续探索区域文化与赛事布局的深度融合；在为孵化战略赛事提供支持的同时，与其他业务紧密联动，助力打造城市数字文化的电子竞技名片。腾讯率先推动旗下 LPL 和 KPL 进行主场化布局，从单城、双城再到多城布局，电子竞技赛事的地域化和主场化进度不断加速。截至 2020 年，"电竞运动城市发展计划"已经成功落地珠海、长沙、重庆和西安四个城市。2018 年，英雄联盟德玛西亚杯珠海站在珠海横琴国际网球中心举行；穿越火线枪战王者职业联赛（CFML）2018 年春季赛

---

① 《腾讯电竞携手超竞集团 打造电竞×地产"VBD"新概念》，腾讯游戏，2017 年 11 月 7 日，https：//games. qq. com/a/20171107/030679. htm。

总决赛及 2018 年穿越火线职业联赛（CFPL）第十二赛季决赛均落地长沙；2019 年，重庆巴南体育馆和重庆大剧院同时迎来了自己的电子竞技盛宴——穿越火线职业双端联赛秋季赛总决赛和中国足球电子竞技联赛；随后，2018 英雄联盟音乐节暨颁奖之夜在西安曲江国际会展中心举行。未来，"电竞运动城市发展计划"还将通过整合地方城市不同的文化资源，增强用户对电子竞技这一新文化符号的认知，生态化地连接更多元的文化主体，构建电子竞技更丰富立体的综合数字文化体验体系。

2020 年，守望先锋联赛将主场化战场扩展到全球范围，打造多国主客场的电子竞技赛事。联盟格局分为大西洋和太平洋两大联盟，同时，按照地域把来自美国、加拿大、中国大陆、中国香港、中国台湾、韩国、法国和英国等 19 个国家和地区的二十支队伍划归为四大赛区。其中，来自中国的四支战队被划分在太平洋联盟的东区。通过全球性的联赛，使各大战队拥有更多的与其他赛区战队竞技和交流的机会，从而使队伍之间的实力更加接近，确保联赛的高观赏性，提升观众的观赛体验。

4. 技术创新：智能技术全面应用，提供沉浸式观赛体验

目前，电子竞技逐渐开始依托人工智能，主要包括传感器、虚拟现实（VR）、人机交互等。这些技术的人工智能特征主要表现为对人类能力的模拟和对人类能力的加强与扩展，从而进一步增强电子竞技用户的游戏体验，满足电子竞技用户需求。[1]

技术是游戏产业高速发展的内在驱动力，推动着整个电子竞技产业的演化和升级。人工智能、大数据、5G、云计算等技术的应用促进了中国电子竞技产业新一轮的研发和创新，从而加速了中国电子竞技产业的升级发展。相较于传统体育项目，电子竞技可以包容和适应各种新兴技术的发展与创新。"科学技术是第一生产力"，云技术、虚拟现实技术正在带动信息科技的新一轮发展。在高速发展的数字时代，人工智能技术与文化创意产业的结

---

[1] 段鹏：《智能媒体语境下的未来影像：概念、现状与前景》，《现代传播（中国传媒大学学报）》2018 年第 10 期，第 1~6 页。

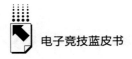
合在产业升级、内容生产和用户参与等层面均产生了变革，电子竞技产业迎来了巨大的发展机遇。

VR 即虚拟现实技术，主要利用影像技术创建和模拟一个同现实无限接近的虚拟仿真系统。早在 20 世纪 90 年代，日、欧游戏商就已经开始尝试将其引入游戏产业，但由于通信技术限制等各方面的原因并未坚持下去。现如今，随着 5G 的成熟，VR 在电子竞技领域得到了广泛应用，将带动电子竞技走上体育化之路。电子竞技的对决将超越电子屏幕前的脑力对抗，依赖于选手的体力支持，形成游戏和运动完美结合、真实世界与虚拟世界无限交融的新电子竞技形态。让电子竞技成为一项承载在科技之上的体育赛事，是电子竞技运动化的绝佳实现方式。① 人工智能技术加快了电子竞技产业工业化进程，不断提升电子竞技游戏质量与制作速度，成为新的产业增长点。

未来中国电子竞技产业可以依靠 VR 等新技术手段为电子竞技用户带来全新的观感体验，使远程 VR 电子竞技和云游戏电子竞技成为可能，进而为电子竞技经济创造更多机遇。

5. 内容制作：场景化制作升级，满足用户多样需求

目前，越来越多的电子竞技游戏注重提升游戏的"场景化"。通过利用电子竞技特色化场景赋能电子竞技游戏，通过挖掘电子竞技游戏内容形式上的丰富性、趣味性、互动性、延展性等特点，赢得用户的喜爱，获得增加新用户的发力点。

企鹅调研平台 2020 年 3 月的调研结果显示，在 5G 网络新基建部署背景下，电子竞技产业在网络保障和用户观赛体验上迎来了新机遇。对 5G 应用在电子竞技观赛上抱有期待的用户中，有 1/4 的用户从未观看过电子竞技赛事，因此 5G 在电子竞技产业中的应用将带动潜在电子竞技用户进一步转化。而用户对于 5G 应用在电子竞技观赛的体验方面也有不同的需求，首先

---

① 《当电竞遇上 5G 和 VR，将如何突破困局走上体育化之路》，2018 年 12 月 29 日，https：//www. from geek. com/vendor/216080. html。

需要提升基础观赛体验，包括"观看更加流畅、不卡顿""画面更加清晰""自由选择观赛视角""VR 沉浸式观赛""急速放大"等需求，这也是 5G 所具有的高速率、低时延等特征优势在电子竞技赛事体验上进一步发挥作用的体现。

2021 年 4 月，北京移动、当红齐天集团在"5G VR 电子竞技全国挑战赛"上达成深度合作，为选手带来了颠覆性的电子竞技赛事体验，通过借助最新发布的处理器（Ice Lake-SP）使 5G、VR 电子竞技实现巨大的性能优化及提升。通过这一技术使电子竞技游戏实现了远距离多人参赛。玩家只需佩戴常规的 VR 眼镜，手持控制器，就可以轻装上阵，赛事数据基本都在云端进行处理，再通过 5G 高速传输给玩家，从而大大提升了用户的游戏体验，增强了游戏沉浸感。

6. 传播平台：赛事版权成为焦点，着力争夺版权价值

电子竞技赛事版权成为电子竞技产业关注的焦点，如何最大程度发挥赛事版权价值成为中国电子竞技内容传播平台未来的发展重心。

艾瑞咨询发布的《2020 年中国电子竞技行业研究报告》显示，2019 年末，随着赛事版权合约的陆续到期，新一轮电子竞技版权争夺战拉开序幕。2020 年，海外视频直播公司——美国最大的视频分享平台 Youtube 宣布斥资 1.6 亿美元（约合人民币 11.23 亿元），买下动视暴雪旗下包括守望先锋联赛、炉石传说相关赛事、使命召唤联赛等全部电子竞技赛事的 3 年独家直播权。除此之外，双方的合作并不局限于游戏直播，谷歌云服务将为动视暴雪提供云计算的便利服务，以便在云游戏领域为用户带来更好的用户体验。

在国内，各头部直播平台也纷纷高价购买知名电子竞技赛事版权。2021 年，虎牙直播获得未来五年 LPL 联赛、LDL 联赛、LPL 全明星周末及颁奖典礼有关资源的使用权（直播权和点播权）及将该等权利转授予第三方的权利，适用范围为中国大陆地区，交易总金额达 20.13 亿元。在大型赛事版权上，虎牙是唯一拥有《英雄联盟》LPL、LCK、LEC 和 LCS 四大赛区版权的直播平台，有着内容全面、合作稳定、赛事板块庞大等特点。而虎牙在头部版权的优势也使其具备了行业内较高的用户黏性。艾媒咨询调查显示，2020

年，虎牙每周观看 1 次直播以上的用户占比达 87.9%。高于企鹅电竞的 85.5%、斗鱼的 84.8%。作为电子竞技传播平台未来的重点发展方向，赛事版权的购买能够吸引大量的用户关注，从而使平台获得大量的经济收益。

7. 社会认知：电子竞技文化逐渐成熟，社会美誉度提升

一个产业的发展需要两个环境，一个是硬环境即产业本身的环境，另一个是软环境即社会环境。而社会舆论的指向、社会的文化认同感、大众的价值取向都是社会环境的重要构成部分。拥有良好的社会环境和社会氛围，是产业顺利发展的土壤和基石。中国电子竞技产业受到社会固有观念和人们认知偏差的影响，与主流舆论和主流文化融合较差。"电子竞技"在社会的关注度和认可度上，在社会的文化需求层面仍处弱势。[1]

2020 年 3 月 14 日，纪录片《电子竞技在中国》在央视频道"CCTV发现之旅"播出，这是继 2003 年《电子竞技世界》后电子竞技相关节目再次登陆央视。该纪录片总历时 457 天拍摄完成，涉及 20 余项不同游戏的赛事，采访了超过 80 位电子竞技行业资深人士，全方位展现了中国电子竞技行业的现状。在电子竞技产业发展的数年间，电子竞技在内容形式、相关政策法规、大众认知等方面都发生了巨大变化，大众对电子竞技的负面印象淡化，社会公众对电子竞技这一新兴运动的认可度不断上升。该片也深刻体现了电子竞技产业对于国家文化传播的重要性，片中提到"电子竞技游戏承载着文化输出的功能"。随着海外电子竞技游戏大量输入到国内，欧美文化也不断浸入我国本土文化，在迎来推动文化融合创新机遇的同时，也给传统文化的生存和发展带来了挑战。由此可见，中国电子竞技产业仅靠代理和收购无法实现产业的长足发展，中国电子竞技产业需要做出属于中国的内容；基于电子竞技产业的数字文化属性，它对于中国传统文化的传承和弘扬也有责任，中国电子竞技产业需要发挥推动本土文化走出国门、加强文化输出的作用。

---

[1] 祁书彦：《电竞行业需要社会主流认知　媒体在电子竞技发展中的作用》，《电子竞技》2006 年第 15 期，第 20～21 页。

五　中国电子竞技产业发展的策略建议

（一）产业发展策略建议

1. 掌握自主知识产权与研发创新能力

当前，中国游戏产业发展势头良好，在移动端游戏领域已经居于全球领先地位。但面对欣欣向荣的电子竞技产业，中国在核心技术方面却面临桎梏，在中国电子竞技和国际电子竞技赛事中，竞赛使用的大多是国外的游戏产品；中国企业进行游戏开发所使用的核心技术多从国外引进。如《魔兽争霸3》由美国暴雪娱乐官方授权，网易研发运营；《英雄联盟》由中国大陆地区的腾讯游戏代理运营，但开发商是美国拳头游戏（Riot Games）。相比之下，中国缺少真正本土生产的游戏产品，凸显中国在电子竞技游戏开发领域核心竞争力缺失的现状。

近年来，"自主知识产权"这一概念随着经济知识时代的发展越来越受到社会的关注。随着中国电子竞技产业的不断发展与扩张，知识产权这一板块也亟待与国际接轨。正如前文所析，中国电子竞技产品的核心技术多依赖国外，自主创新能力不足，尤其缺乏体系完备的软硬件生产商，致使电子竞技赛事产业链上游竞争力不足，几乎没有主导权和话语权。此外，由于中国游戏自主知识产权意识薄弱，导致侵权事件多发，主要包括游戏"外挂"盈利、抄袭、盗版等，形成了恶性循环。

因此，研发具有自主产权的高质量电子竞技游戏产品，进一步扩大推广范围，解决游戏内容自主产权与核心技术短缺问题，是电子竞技产业发展的重中之重。中国电子竞技游戏产业的持续发展，始终绕不开核心技术问题，大力开发拥有自主知识产权的游戏引擎技术、操作系统、游戏芯片等成为当务之急。填补国内当前自主研发网络电子竞技的空白市场就需要申请自己的电子竞技IP。一方面，紧跟国家宏观政策，将资金着重投放在产品研发上，组建独立研发团队，从源头上夯实电子竞技产品研发的物质基础；另一方面，国内电子游戏也应向国外借鉴，学习其优势所在，研制出真正集核心技术与自主知识产权于一体的独有的电子竞技游戏。从研发制作游戏的角度来说，应该结合电子竞技的产业特性，兼之游戏内容的深度融合，从源头入手，真正做到从技术层面、内容层面双向增强电子竞技游戏的创作独特性与原创能力。只有这样，才能从当前的游戏发展困境中挣脱而出，博得国内、国际两个场域的长久立足之地。

2. 推进5G和虚拟现实等核心技术应用

5G、虚拟现实技术正在助推新一轮信息产业的发展。其中，电子竞技产业作为科技和文化的首要应用领域，正面临一次前所未有的大变革。回顾历史不难发现，电子竞技产业是技术特征极强的朝阳产业，每一次信息技术的升级都会带来电子竞技产业的大波动，也是其实现跨越的契机。

由于行业特性，电子竞技往往被作为高端技术发展的首要突破口。如在现代通信技术、智能穿戴设备技术、人工智能技术等方面，电子竞技往往都处在第一接触梯队。每一次重磅电子竞技游戏面世或者版本的优化迭代也都会促使用户更新电子游戏设备，从而形成良性循环。例如，《星际争霸》《雷神之锤》等竞技类游戏的火爆均得益于局域网技术的发展与普及。可以说，相比于一些技术敏感性较低的行业，电子竞技自诞生以来，就是现代社会科学技术水平的衡量标准和见证者。

随着全球5G时代的到来，随之而来的是GPU计算、图形渲染和数据传输等技术能力的大幅度提升，这意味着适用于各种电子竞技游戏的装置也会更加轻便化。可以说，5G网络会掀起游戏的新一轮大变革。这是因为5G的云端渲染技术可以将高性能的GPU处理器放在云端，从而降低终端设备的计算压力和复杂程度，并且降低成本；同时契合了玩家看重的终端移动性和游戏内容高质量性，如AR、VR体验，玩家可以摆脱安装流程和游戏介质的约束享受云游戏；5G所支持的物联网还能让游戏中的角色和环境互动，带给玩家超凡体验，消费者无须高配置的主机和配套设备就可以享受大型极致游戏。比如，玩家在手机端就可以畅玩《刺客信条》《英雄联盟》等。

在华为与三大通信运营商（中国移动、中国联通、中国电信）的联合推动下，中国5G基建与终端技术已居于全球领先地位，用户数量也在逐年递增。目前，OPPO、vivo、三星等手机厂商已经在相关展会的体验区展示了其高性能的5G手机。2019年，腾讯和美国芯片厂商高通就合作研发云游戏达成合作协议；网易和华为成立了5G云游戏联合创新实验室，推进云游戏产业生态建设，实现了大型游戏《逆水寒》的云游戏化。2020年，习近平总书记在《在中央政治局常委会会议研究应对新型冠状病毒肺炎疫情工作时的讲话》（以下简称《讲话》）中谈及"保持经济平稳运行"时指出，扩大消费是对冲疫情影响的重要着力点之一。要加快释放新兴消费潜力，积极拓展5G应用场景，刺激5G手机等终端消费，促进电子商务、电子政务、网络教育、网络娱乐等方面的消费。其中，《讲话》中提到的"网络娱乐"，核心环节就是网络电子竞技游戏。

5G网络、移动高速互联网等新兴技术的加速普及；智能技术、移动智能终端的快速应用；搭建高带宽、低时延、高传输、高质量的信息传输平台等一系列条件的逐渐完善，促进了电子竞技的传播和发展。新一代5G云技术、虚拟现实技术的全新游戏产业新形态正在形成。中国5G基建与终端普及带来的新一波红利正在酝酿，推动5G云、虚拟现实等新技术在网络电子竞技游戏与电子竞技产业的应用非常有必要。要想拥有不竭的动力，必须拓宽电子竞技产业的应用范围，在技术应用层面为电子竞技产业开辟新途径。因此，必须充分借助5G的传输优势，更新终端设备，推动VR技术产品化、轻量化发展；加快转变用户的电子竞技认知观念，推动电子竞技产业智能化、电子竞技消费普及化，促进技术与电子竞技产品融合，实现产业价值最大化。

更进一步来说，当网络电子竞技游戏被视为电子竞技项目时，游戏赛事将被纳入文化娱乐产业，成为其组成部分。游戏赛事概念的出现，不仅可以增强现有玩家的用户黏性，提升游戏时长，还可以通过丰富其玩法、内核等方式吸引新手玩家。而5G有利于传统赛事的转播，也使AR、VR电子竞技游戏赛事成为可能。2020年10月18日，由网易影核与中国电信天翼云VR

联合举办的《节奏空间》电子竞技挑战赛全国总决赛于"2020 世界 VR 产业大会"期间开打，开启了"VR 游戏 + 电子竞技"系统性发展的先河。赛事覆盖了全国 28 个省市、100 余座城市的千余家线下 VR 门店，共计 3000余名选手参赛。与其他探索性 VR 游戏电子竞技不同，该赛事结构完整，包含了全国多阶段选拔、营销宣传、线下线上直播、多种亚文化元素等，为VR 电子竞技进入大众传播视野提供了较好的样板。在 5G 的支持下，未来VR 游戏赛事将为观众提供更好的观赛体验，为优质网络电子竞技游戏内容传播打下坚实的基础。

3. 利用既有产业链强化产业战略合作

中国电子竞技产业的价值链主链条由网络游戏用户、网络游戏出版运营商、数据中心、电信运营商、网络游戏软件开发商等几部分组成。辅助链条是计算机软硬件厂商、集成商与服务商等。整体来看，中国电子竞技产业链建设和发展速度较为迅猛，呈现蓬勃发展的积极态势。同时，随着中下游产业的逐步拓展、兴起，相关功能设施也已走上正轨，整条产业链已初具规模。上游围绕游戏开发商与版权商，为游戏市场提供多样化的游戏产品及服务；中游为产业链核心部分，更多体现为核心赛事的运营，赛事主体包括但并不限于电子竞技馆、俱乐部、职业电子竞技选手、比赛解说主播、赞助商等角色；下游则以电子竞技传播与增值产业为主，如一些互联网直播平台、电视直播平台等。

但同时还应注意，与传统的端游、页游相比，电子竞技产业链条尚需完善。从上游来看，游戏产品市场已经趋于饱和，但始终缺少代表性产品。正如前文所说，国产游戏无论是在自主研发能力还是知识产权保护方面都还有所不足，极容易出现"马太效应"——强者愈强，弱者愈弱。中游是整条产业链的重中之重，可细分为赛事运营和媒体营销，其中赛事运营是产业链的核心。但就目前而言，围绕赛事运营的整个产业链生态尚不完善，一些赛事缺少持续稳定的资金来源，发展受到限制，不得不寄生于部分广告赞助商。媒体渠道包含电子竞技媒体、视频网站和直播平台等，各方面的限制和偏见都会对其产生影响。下游建立在上、中游的基础之上，是电子竞技产业得以持续发展的基础，包括游戏周边、电商产业等。基于全局视角，相较上游产业，中国电子竞技产业的中、下游部分相对薄弱，尚未形成真正完整的产业链闭环，理应从高层战略视角加强现有产业链合作，使其成为一个完整的循环产业链。

针对以上问题，电子竞技产业应该始终坚持产品研发和传播的重要地位，也就是要坚持上游产业的重要地位。这一转变过程较为复杂，且势必耗时较长，需要从观念上着手，辅以游戏产业链条内包括游戏研发商、运营商、俱乐部、赞助商以及赛事策划公司等所有角色的配合，逐步形成一条环节完整的电子竞技产业链。

（二）产业管理策略

1. 注重电子竞技产品内容开发

中国电子竞技产业发展空间广阔，但存在一个较为明显的问题，即电子竞技内容同质化现象严重，世界观与情节设定过于陈旧。主要体现在游戏题材匮乏、游戏背景设定与角色相似等方面。游戏题材与类型大同小异，往往集中在武侠、仙侠、魔幻等方面，如《梦幻西游》《天涯明月刀》《逆水寒》等游戏，尽管用户市场庞大，且具备本土化文化优势，但因其相似性极易引起玩家的审美疲劳。有些游戏企业甚至大量复制、抄袭已有作品，变相导致了市场的恶性竞争，阻碍了一批真正有创作活力和发展前景的原创游戏的发展。对此，应注重电子竞技产品开发，对内容、研发及板块优化三方面多加关注。

第一，在内容层面，电子竞技产品应注重自身内容开发，与小说、动漫、短视频等泛娱乐内容结合，在更多赛道上发掘更大发展潜力。美国拳头公司（Riot Games）研发的《英雄联盟》，游戏背景涉及大量欧美历史，增添了西方神话色彩，以本土化内容为载体，从游戏视角拓宽了文化传播途径。无独有偶，日本研发的多款游戏中也可以窥见中国文学作品《三国演义》的背景和人物素材。而中国虽然游戏环境良好，但优秀的原创游戏数量极少。《王者荣耀》俨然已经成为国民级游戏，该游戏创造性地在游戏角色中融入了李白、曹操、鲁班等历史人物形象，但对于多数人物挖掘较浅，缺乏与相关历史和人物背景的深层关联，也未将游戏与历史人物进行更多关联，并未起到对中国优秀传统文化传播的作用。

第二，在研发层面，要针对玩家之间的互动媒介进行目标研发，即游戏设计、开发时要侧重互动环节。在游戏操作板块应增加自主内容，而非局限于打字、语音交流两种形式，因此，挖掘电子游戏的深层次自主性内容尤为重要。比如，一些游戏场景中会出现视野盲区，为优化体验，在人称视角制作时，可在调查玩家意见的基础上，增加操作游戏人物的可视面积，对游戏主角的模型构建迭代更新，确保游戏画面的流畅。再如，在竞技游戏中，为了增强互动黏性，可以细化玩家对已有物品的自由操作流程，如买卖、加工、结友、组队等，通过形成更多元的自主关系，推动形成更丰富的电子竞技互动形式。

第三，在板块优化层面，游戏板块优化对应游戏质感的提升，具体可分为游戏场景原画和人物形态设计。上述互动媒介研发环节中提到，部分国产自主研发的第三人称视角游戏如 TPS，从玩家视角来说，有时候会限制全局视角，从而影响场景观感和游戏体验。因此在人称视角制作时，需要适当增加游戏操作人物的可视面。除此之外，随着用户玩家审美的不断提高，他们对游戏原画的细节也提出了更高的要求。因此，一些电子竞技项目中的场景设计也需要优化，如地表植被、花草树木等，对于一款 3D 游戏来说，这些出现频率极高，是必不可少的元素，所以对游戏场景进行研发优化也是电子竞技项目研发的重要组成部分。提升质感的另一关键点在于特效，这几乎决定了一款游戏的水准下限。以《王者荣耀》的研发为例，既要考虑第三人称竞技类项目的传输便利性，又要增强动画效果，所以要对场景 icon 图标进行适当的优化设计。

2. 拓展社会价值和应用空间

目前，市面上主流的电子竞技游戏，通常是以愉悦用户和受众为目标的狭义的电子竞技游戏。但游戏的本质是人机交互，交互的内容可以是纯娱乐性的，也可以是功能性的，这就是所谓的功能游戏。与传统游戏的娱乐性不同，功能游戏的基调比较严肃，以应用型游戏为主，主要为了解决社会现实问题和行业问题。功能游戏在国际市场中已有很多成功案例。如《海上英雄探险记》以益智类游戏的形式面市，其功能是提取玩家在游戏中的一些节点表现数据，针对性地找到阿尔茨海默病的预防措施。除专业用途的游戏外，生活体验类游戏也日渐风靡，譬如《中国式家长》，该游戏切入父母视角，模拟孩子从出生到成人这一过程，探讨孩子与家长之间的关系。在游戏 Scribblenauts Remix 中，玩家所写下的任意单词均可转化为对应实物。通过这种即时反馈，玩家可以灵活调整游戏方向，充分发挥游戏主导者的作用，并起到良好的纠偏作用。在国内发行运营商中，腾讯以先行者姿态，布局建构了中国功能性游戏框架。计划推出"传统文化""前沿探索""理工锻炼""科学普及"以及"亲子互动"五大类功能游戏产品，全面入局正向游戏市场。其中既有自主研发的游戏产品，也有代理发行的优秀功能游戏。这些产品有些已经面世，有些尚在准备阶段，后续将大大推动社会的进步。

数据显示，中国以娱乐受众为目标的狭义电子竞技产业已经带来了超过3000亿元的产值。① 而上文提到的功能性游戏，属于广义电子竞技游戏，推动广义电子竞技游戏产业的发展意义重大。广义电子竞技游戏不管是在应用价值还是产值提升方面都有更为广阔的发展空间，将原本在狭义电子竞技游戏中无意义的消耗转变为具有实际意义的训练和学习，能够创造出更高的产业价值。

因此，拓宽社会价值与应用空间是电子竞技行业进一步发展的关键。使用国际前沿的游戏交互技术、5G、虚拟现实技术，可以对军事训练、技能培训、教育科普等更为广阔领域的发展起到积极推动作用，其市场发展空间也远超狭义的电子竞技游戏。

此外，应融入传统文化以丰富电子竞技产业内涵。中国拥有五千年的悠久历史和文明，这正是国内电子竞技产业发展的动力源头。通过借鉴中国传统文化和历史，融合电子竞技产品特性，引导电子竞技开发商与运营商聚焦

---

① 刘跃军：《2019~2020年中国游戏与电子竞技产业发展报告》，载孙立军主编《中国游戏产业发展报告（2020）》，社会科学文献出版社，2020年。

原创游戏与衍生产品的开发，积极创作符合时代含义与精神的电子竞技产品，可以实现电子竞技游戏从效仿到原创的转型。除了电子竞技产业本身，还可以发散思维，加强电子竞技行业与其他周边行业如文创、实体店等的合作。通过挖掘潜在资源，发挥联动效应，达到 $1+1>2$ 的效果，从而扭转社会对电子竞技产业的负面印象，提升电子竞技产业的社会地位，带动电子竞技产业升级消费。更大层面上而言，这也不失为推动文化国际传播、增强中国文化软实力的又一途径。

3. 人才培养与就业拓展

从产品视角来看，一款游戏产品的成功体现为满足用户的需求。当前中国游戏市场广阔，尽管有一些企业已经入局，但远远未达到相应规模，产品质量也参差不齐。产品质量影响的不仅仅是玩家的游戏体验，更是国与国之间软实力的无声较量。要想创造出真正优秀的文化产品，不仅要做到技术领先，更要做到使用技术的领先。具体可从两个方面精进：第一，提高游戏文化产品的艺术性和创新性；第二，培育电子竞技专业领域的精英人才。当前，中国无论是在电子竞技人才的培养，抑或是就业渠道的安排等方面，都还处于待完善的状态。游戏行业作为文化创意行业，不足之处集中体现在创新型游戏人才短缺、人才培养体系待完善、再就业渠道待拓宽三大方面。

对于企业来说，当前，中国电子竞技游戏产业存在企业被商业利益诱导、社会责任待提升等问题，在培养高精尖电子竞技人才方面需开发可持续发展潜力。对于高校来说，培养有社会责任感、有文化追求、充满正能量的游戏专业设计人才是重要使命。这将为中国游戏和电子竞技产业的持续发展注入中华文化与精神的内在动力。

要想解决以上问题，必须先厘清中国游戏产业的人才现状。当前，游戏人才标准参差不齐，技术与设计之间的撕裂十分严重，学游戏设计的人往往缺乏编程思维，而学技术的人面对美术设计时则无从下手。培养具有国际视野的创新型游戏设计人才是解决当前游戏设计问题的关键。中国教育部专业目录里目前尚无游戏设计专业，部分院校开设的相关专业通常挂靠在动画专业、数字媒体等专业下，这不能不说是一个缺漏。

在全球信息化浪潮下，电子竞技人才培养应该将高校培养机制的调整与升级作为重中之重。根据中国国情，应从以下几个方面着手：一是根据人才市场现状，重新衡量基础教育中的文理分科状况，全面推动高校学科融合，不再以单一路径储备人才；二是加大英语和计算机教育力度，提升学生和家长对其的重视程度，以实用性为导向，实行多元化考核；三是拓展专业教师的评教资格内容，除科研成绩外，关于游戏的行业知识与实践经验也应该纳入评测体系，建立起以结果为导向的评审机制；四是明确并梳理高校在电子竞技产业的资源优势，利用优势整合国内电子竞技市场人力资源需求，直接对接企业需求，达到资源最大效率化，以解决人才供需失衡问题。现如今，多所高校已经率先行动，如中国传媒大学、四川传媒学院等院校纷纷开设电子竞技相关专业，投入先进师资，努力完善培养体系和课程体系，从源头出发，培养高标准、多层次、宽领域的综合型专业人才，从而反哺国内电子竞技产业。

政府应调整电子竞技产业与人才培养相关政策，吸纳高层次科技人才与海外学者为电子竞技发展赋能。同时，在电子竞技已有产业布局基础上，发挥地域优势，助力部分城市建设电子竞技特色小镇，设立电子竞技教学标准研发中心、电子竞技运动员资质认证中心、电子竞技师资培训和学生实践实训中心等新型机构，推进中国电子竞技产业向着科学化、常态化、绿色化道路迈进。

（三）产业营销策略

1. 加强中国本土文化产品开发

正如前文所说，中国现有的电子竞技游戏，无论是在内容方面，还是在技术层面，都有着本土化不足的问题。随着中国经济、文化、科技在全球影响力的持续提升，中国文化题材的高质量游戏产品也日渐获得了国际市场的关注。增强本土文化产品开发意识，使用前沿科技挖掘中国传统文化，在现有发展基础上渗入传统文化元素，向世界展现高质量中国文化题材的游戏，或能成为国产电子竞技游戏在国际平台上的创新竞争力。

在此之前，应对本土文化和网络游戏文化这两个概念加以阐述。本土文化是指在长期的历史发展过程中形成和发展起来的、保留在民族记忆中形态稳定、为人熟知的传统文化，具体包括思想观念、政治信仰、价值取向、道德情操、行为习惯等，它渗透在人们的日常生活中，指引着每一个人前进的方向。虽然本土文化看不见摸不着，却是一个民族团结奋进、继往开来的动力之源。中国本土文化是祖祖辈辈传承下来的丰厚遗产，有着历久弥新的鲜活生命力。

网络游戏文化指的是网络游戏所体现的文化底蕴，可分为外在文化和内在文化。内在文化由游戏开发商赋予，由游戏的历史设定、主题场景、游戏规范等细节显现，对整个游戏的文化定位起着关键作用；外在文化则依托游戏玩家，由众多玩家共同创造，属于在游戏本身之外自行深化和发展而来的文化。后者相对隐晦，需要玩家主动寻找和感觉。实际上，网络游戏和其他产品一样，都可以传递某些观念、知识，甚至某些价值主张，尤其是在青年群体玩家的推动下，社区文化盛行，不断推动网络游戏文化的发展壮大。

网络游戏文化贯穿游戏始末，从选题策划到内容制作，从预热宣传到上线发行，每一步都能看到本土文化的影子。例如，2020 年 8 月，中国 Game Science（游戏科学）工作室发布了一段长达 13 分钟的原创游戏 *Black Myth*：*Wu Kong*（《黑神话：悟空》）的实机演示视频。其高质量的 3A 级游戏画质、流畅的游戏过程以及西方玩家前所未见的神奇角色和玩法，让无数的西方游戏主播为之上瘾。不出 10 天，视频转播量、点击量达上百万次。此外，近年来中国题材的游戏作品频频登上全球最大的游戏客户端 Steam 平台的评优榜。可见中国本土文化产品的可持续发展潜力巨大。因此，中国应加大对电子竞技游戏研发领域的投入，侧重开发蕴含中国特色的网络游戏，尝试融入武术、道教等元素，丰富中国电子竞技产品的文化内涵。

2. 塑造"电竞 + 场景"新模式

国内电子竞技产业作为竞技体育的新形态，实际发展时间只有 20 年左右，导致大众群体对其认知有限，所以还需要结合更多实际场景，实现对更广泛人群的渗透。

以往的场景概念大多将场景作为核心，探究大众生产生活方式的变化。

而在移动互联时代，场景的内涵得到扩充，包括互联网的虚拟场景和真实的社会场景，这也意味着场景的概念已经由现实世界拓展到了虚拟世界。

电子竞技游戏催生了新型社交方式，除了用户与他人之间建立的紧密关联，用户与游戏之间的互动也登上了社交场。对于游戏而言，基于互联网服务所营造的游戏场景和社交场景就是基于场景的服务。而对于用户来说，因为移动终端的普及，使电子竞技开始朝着移动电子竞技的方向发展。除了两种互联网场景，用户自身所在的物理场景也值得关注，而这正是目前电子竞技社交涉及未深的领域。

移动互联时代的到来重描了场景的传播意义。在移动传播中，用户的场景跟随移动终端发生变化，不再拘泥于某个固定场所。这时的场景与用户的个人特征相结合，共同形成了用户个人的行为场景。

在之后的发展过程中，应多拓展"电竞＋场景"模式，考虑到游戏场景、社交场景以及用户的行为场景三个因素，为用户提供个性化、精准化的服务。例如，2019年8月，中国平安以创新性的直播营销方式，聚焦年轻群体广泛关注的电子竞技场景，与企鹅电竞合作，举办了一场特殊的"荣耀王者宝藏争夺赛"。在该场电子竞技赛事直播中，中国平安采用了原生式植入广告的形式，将"游戏"与"保险"场景打通，在游戏中传递"你的宝藏，我来保障"的理念，提升了平安的品牌好感度，助力了保险产品的销售。最终，这场活动在两个小时内直播人气达到495.3万，共计出现将近24万条弹幕和15万份直播间定制礼物，活动效果极佳。

3. 增强中国电子竞技品牌化附带价值

随着电子竞技产业的规模化运作与发展，电子竞技IP价值挖掘的重要性逐渐显现。与传统体育赛事相比，以游戏直播为核心传播渠道的电子竞技有着先天的优势，但当前这一优势并未得到充分挖掘。电子竞技可与其他娱乐形式进行融合，进一步融入泛娱乐生态，从而继续扩大自身的影响力。

各级政府、各企业、各第三方赛事机构应综合自身优势创建电子竞技赛事融合发展环境，丰富、拓宽高端电子竞技赛事形式，助力多元赛事发展、扩大文化宣传范围、打造城市名片、发掘产业联动新引擎。例如电子竞技联

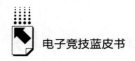

盟通过对守望先锋公开争霸赛等自主品牌赛事的推广，强化了电子竞技场景意识，融合了电子竞技内容与赛事节目，在扩大自身品牌影响力的同时，增强了电子竞技用户黏性，极大地提升了电子竞技的商业与文化价值。

要增强电子竞技的品牌运营价值，需要全方位提升品牌的传播影响力。这可以从以下两方面展开。首先，需要明确游戏核心资源与价值。电子竞技品牌的关键在于IP，而IP的重点在于形象定位与价值传播。形象定位中，为了保证高质量作品的产出，组建有层次的差序格局，应该持续推进电子竞技IP版权的申报与运营，形成电子竞技产业IP工业化开发体系，将产业链运营效率作为工作抓手，推动搭建更精细化、全工业化的电子竞技产业链条。其次，基于现实需求，应该高频触达游戏产品的情节内容与美学设计，打通原创故事的关键路径，增强玩家对电子竞技的文化认同感。同时，还应该积极响应用户的情感需求，通过创新传播内容、渠道和方式，引导玩家交流，加快社交裂变，提升和扩大电子竞技行业的社会影响力。

（四）产业政策建议

1. 加大政策引导力度，改善舆论环境

目前，中国电子竞技产业已进入快速发展期，但随之也出现了一些问题。对此，应通过完备的法律规制进行规范、引领及监督，使其走上健康良性的发展道路。中国电子竞技产业一直由国家体育总局管理，但因其产研属性尚未明确，在运行过程中仍受到多个政府职能部门的监控和管理，造成了"前期出版管制严苛、后期市场监管松泛"的问题，从而导致市场与管理两端的摩擦。例如，部分取得游戏版号的企业，靠"边缘手段"伺机传播低俗文化，严重违背了企业道德，这就需要各方加强对后期游戏运营的维护。尽管相关政府部门不断地进行调整，但就高投入、高风险的电子竞技产业而言，当前国内已有的扶持方式，尤其是政策扶持和相关竞技内容审批管理工作，远远未达到应有的谨慎，存在项目扶持偏离轨道、审查"一刀切"等问题。

针对以上问题，应从以下三方面入手解决相关问题。首先，肃清法律制度

和流程规则两方面的问题，规范中国电子竞技产业的发展路径。依据《中华人民共和国体育法》《全国电子竞技竞赛管理办法（试行）》等指导性文件，国家体育总局应联合其他相关部门，如文化部、教育部、信息产业部、国家新闻出版广电总局等共同商议拟定、颁布并逐步落地符合中国电子竞技产业发展的法律规章，健全电子竞技法律规制。在推行过程中，各部门相关专业人员要各尽其职，充分发挥主观能动性，以法带行，打好监管质量和运行效率的组合拳。

其次，电子竞技相关法规作为行业最直接相关的文件性规定，也应重新进行规范和梳理。根据电子竞技产业的实际发展状况，持续完善重点领域的立法，包括但不限于电子竞技研发、直播活动、赛事传播、俱乐部、电竞小镇布局及线上线下商业运营体系等重点领域的立法，相关部门要对空缺的法律条文明确实施细则并及时修订、补充，如颁布具有针对性的法律条例，严惩直播平台中的低俗文化内容、"黄赌暴"等违法违规行为与违背市场规则的恶性竞争行为等，真正做到"有法可依，违法必究"，营造健康向上的网络环境，塑造良好的电子竞技产业发展环境，形成"市场主导、行业自律、法律监管"的良性循环。

最后，深耕电子竞技"智库"考评建设。从电子竞技产业链、价值产能、体系保障等垂直领域入手，以建设专业流动性评建体系为关键抓手，描绘中国电子竞技发展蓝图。利用大数据分析技术，定量与定性方式相结合，就评估全链条进行触达，明确评估标准、简化评估流程，从而助力电子竞技产业发展，形成"监管完善、考评完备、奖惩明晰"的保障机制，促进中国电子竞技产业向全面科学化、制度规范化和发展快速化的发展道路上前进。

2. 增强"内循环"，助力中小企业发展

在电子竞技产业发展的过程中，电子竞技整体的交易规模随之扩大，所需资金链也在不断延长，但这种形势让国内大部分中小型电子竞技开发企业难以接受，他们需要面临"头部企业固化、中小企业生存困难"的现实状况。

具体而言，电子竞技产业主要面临以下两个方面的困境。首先，电子竞技产业发展遇到瓶颈，天花板难以突破。当前电子竞技市场呈现高度集中的态势，部分头部企业与集团在市场中存在垄断行为，占据相当一部分市场份额，出现多元社会需求与单一资源供给不匹配的状况，导致社会产品的整体效用大打折扣。其次，对比其他行业，电子竞技平台的建设需要足量的资金与技术支持，同时还需要得到政府的授权许可。日常的运营与审核也都一一对应具体的条例要求。如《互联网文化管理暂行规定》中明确规定了运营类网络文化企业应向相关部门递交经营许可证申请，这既针对游戏经营企业，也涉及平台经营企业，增大了集资难度，进一步提高了新设企业的准入门槛。中国音数协游戏工委秘书长唐贾军在 2020 年国际游戏商务大会上指出，中小型游戏企业"出海成热点、痛点是垄断，面临头部企业挑战、人才缺乏"。其中，垄断行为和头部企业挑战是当前中国电子竞技企业面临的主要问题。

当前，电子竞技产业的龙头企业渠道优势、资源优势、数据优势以及人才优势显著，但同时也受制于相对单一的企业文化与发展目标。中国电子竞技产业的持续发展需要大量具有创新精神的中小企业的参与。助力中小企业的生存和发展，有助于产业持续进步、增强行业"内循环"，激发行业创新活力，促进中国电子竞技产业的健康发展。

3. 突出电子竞技产业区域特色，促进地区协同发展

作为以网络化、信息化和数字化为依托的新兴产业，电子竞技产业并不像传统产业那样依赖自然资源，也不像电子制造业那样需要先进且密集的技术支撑，空间布局上的整合与政策措施上的联动可为之提供较为充分的发展基础并激发其发展活力。因此，尽管区位因素、自然因素、经济因素、社会因素和科技因素等产业布局的主要影响因素倾向北上广等经济发达的城市，能使它们迅速聚集电子竞技资源、扩大产业规模并形成整体优势，但这并不能阻碍其他城市入局电子竞技行业并构建具备自身特色的差异化主题框架，从而最大限度地获取电子竞技行业所能带来的经济效益。波兰小城卡托维兹是从"波兰煤都"转型为"欧洲电竞中心"的成功范例，该地区从自身特色出发，实现了由一座对资源过度依赖、重工业逐步衰落致使大量年轻人离开的过气工业城镇，转变为世界电子竞技爱好者"朝圣之地"的华丽变身。

当前在电子竞技产业发展过程中，中国各区域发展不均衡，业态较为单

一，尚未充分利用区域资源形成联动效应。对此，应注重电子竞技生态产业集聚，构建完整的电子竞技生态产业链，以促进区域联动。应始终明确，任何产业发展都与政府行为息息相关，除了必要的政策与资金扶持，还应该创造合理的市场准入条件、完善各类税收与产权制度、积极营造良好的赛事文化氛围等，以促进电子竞技产业的价值转化。

首先，在大方向上，各级政府要发挥牵头和指示作用，以帮助当地已有电子竞技企业，加大政策和资金倾斜力度，全面打通产业链条的各个环节，强化中上游研发意识，纵深发展垂直领域，如内容授权、赛事举办和团队运营等，共同完成优质电子竞技内容的社会侧供给，覆盖电子竞技产业链各个环节并促进其整体发展。具体来讲，应积极承接高端游戏内容，创建当地游戏俱乐部，凭借政府的主导优势，快速响应社会热点，线上线下相结合，积累赛事与游戏经验，通过二者的联通提升电子竞技的社会知名度，满足不同游戏群体的多元需求。

其次，政府可以为电子竞技产业链上的多个环节提供政策支持，从而在其空间范围内呈现电子竞技产业园、产业集群等完整样态。电竞小镇被看作是城市电子竞技产业园、产业集群相关结构的独立且扩大化的载体。就此而言，电子竞技产业的进一步发展必须要有特定的物理空间来承载，空间过于零散不利于管理和资源优化。

再次，要以电子竞技产业为核心，推动关联产业的融合发展。延伸电子竞技产业的品牌经营和商业运作链条至其他行业，如房产、金融、媒体、影视等，叠加电子竞技生态产业链功能，深度挖掘与串联跨领域的耦合性，促进社会新互动关系的产生，推动"电竞＋"模式的良性发展，形成电子竞技产业生态领域布局规划统筹化、产业主体多元化、社会功能丰富化、产品运营市场化的协调发展新局面。

最后，电子竞技社会形象的重塑值得关注，明晰与拓宽传播渠道，推动电子竞技社会文化逐渐成熟，对于产业的协同发展也尤为重要。第一，要基于媒体联动平台，以融合创新的方式拓宽电子竞技传播媒介。对此，传统媒体和新媒体应共同发力，倡导通过设立电子竞技专业频道、拓宽社会传播途径、加大电子竞技知识普及力度等方式，提升主流媒体对电子竞技内容、赛事、衍生产业的正面宣传力度，扩大电子竞技传统媒介覆盖面，积极重塑电子竞技社会形象，让更多民众对电子竞技产业改观，提升行业的社会认同感。第二，各部门应加大奖惩力度，适当将权力下放，集聚更大的社会力量，一同参与电子竞技直播内容的动态监控，从而为提升直播督查效能、遏制低俗内容传播、遏制违法违规行为，找到一条全新高效的路径，营造符合社会期望的电子竞技直播环境，重塑并维护电子竞技的正面社会形象，推动行业内各产业在更大范围内的联动发展。

政策与监管篇

Policy and Regulatory Reports

B.2
中国电子竞技产业政策分析

王筱卉　王秋阳*

摘　要： 产业政策是产业可持续、健康发展的重要支撑。随着电子竞技产业的日益发展和成熟，与电子竞技相关的产业政策和制度规范相继出台，为产业生态的持续优化提供了极佳的发展条件和机遇。中国电子竞技产业政策可根据政策出台主体的不同划分为全国性产业政策和地方性扶持政策两大类别，其中全国性产业政策为电子竞技产业指明了整体明确的发展方向，同时，中国以一线和新一线为代表的城市逐渐认识到电子竞技文化和产业为城市发展赋能的巨大潜力，各地纷纷出台地方性扶持政策，为电子竞技产业发展赋予了区域特色。如北京、上海等地在全国政策方针的指引下，面向区域及全国范围内的电子竞技产业主体推出了众多具有吸引力的产业扶持政策。在全国性产业政策和地方性扶持政策的协调推动下，中国电子竞技

* 王筱卉，中国传媒大学5G智能媒体传播与产业研究院院长，中国传媒大学－虎牙电竞研究中心主任，中南大学哲学博士，硕士研究生导师，研究领域为戏剧影视、数字创意设计和电竞；王秋阳，中国传媒大学传播研究院传播学专业硕士研究生，研究领域为传播理论与历史。

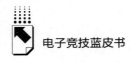

产业将在产业结构与布局、产业基础设施建设、产业产品与运营能力等方面实现全面优化提升，产业竞争力和影响力也势必再上一层楼。

关键词： 电子竞技　产业政策　产业规划

一　全国性产业政策

电子竞技产业包含在整体的游戏产业当中，归属于文化产业门类，中国已经将电子竞技作为体育项目进行体育竞技方面的管理。由于目前国家对电子竞技产业的政策意见多包含在文化产业政策和体育产业政策文件中，故对电子竞技产业的政策分析应涉及文化产业政策、体育产业政策两个方面。

文化产业政策方面强调了中国文化产业的发展特征倾向于政府驱动型发展模式，文化产业发展的每个阶段都离不开政策的驱动和指导。2000年以后，中国进入以政策推动文化产业发展的时期，各类文化产业政策开始密集出台，文化产业逐渐被提升到了国家战略性地位。2000年10月，中共十五届五中全会上通过《中共中央关于制定国民经济和社会发展第十个五年计划的建议》，此后《关于非公有资本进入文化产业的若干决定》《文化产业振兴规划》《中共中央关于深化文化体制改革推动社会主义文化大发展大繁荣若干重大问题的决定》《文化产业促进法（草案征求意见稿）》等政策文件相继出台，鼓励供给端和消费端两端双轮驱动推进文化产业发展，在增强文化安全、推动文化"走出去"、构建现代文化市场体系等方面给出产业指导意见，尤其在2021年5月印发的《"十四五"文化产业发展规划》中明确提出"促进电子竞技与游戏游艺行业融合发展"，表明电子竞技逐渐向大众文化产业核心靠拢，融合发展的态势也愈发明显，昭示着未来电子竞技产业的发展有着广阔的市场空间。

体育产业政策方面强调，在被划定为体育项目后，电子竞技受到体育产业政策的指导，标准化和规范化程度逐渐提升。《国务院办公厅关于加快发展体育产业的指导意见》《关于加快发展体育产业促进体育消费的若干意见》《国务院办公厅关于加快发展健身休闲产业的指导意见》《体育标准化管理办法》等政策文件的出台，为中国体育的标准化、产业化和休闲化提供了指导，在中国体育产业规模的扩大和结构的优化方面发挥了重要作用。2016 年 7 月，国家体育总局发布《体育产业发展"十三五"规划》（以下简称《规划》），《规划》指出，"以冰雪、山地户外、水上、汽摩、航空、电竞等运动项目为重点，引导具有消费引领性的健身休闲项目发展"，电子竞技等健身休闲项目刺激消费和休闲娱乐的价值进一步受到重视。

二 地方性扶持政策

电子竞技产业在新冠肺炎疫情期间呈现巨大的逆向生长动能，其社会与经济影响力引起了地方政府的关注。继上海出台了打造"全球电竞之都"的相关政策后，北京、广东、浙江等地也相继从电子竞技配套设施、电子竞技媒体建设、电子竞技关联企业培育、电子竞技人才培养等多个层面出台相关扶持政策，协助电子竞技产业蓬勃发展（见表 1）。从趋势上看，中国以一线和新一线为代表的城市逐渐认识到电子竞技文化和产业为城市赋能的巨大潜力，纷纷为电子竞技产业提供政策红利。

表 1 2017～2021 年中国部分省（区、市）电子竞技产业扶持政策

省（区、市）	发文机关	政策文件	核心内容	发文时间
上海	中共上海市委、上海市人民政府	《关于加快本市文化创意产业创新发展的若干意见》	提升动漫游戏原创能力；深化动漫游戏公共服务；加快"全球电竞之都"的建设	2017 年 12 月 12 日
	上海市静安区发展和改革委员会、上海市静安区商务委员会	《上海市静安区促进电竞产业发展的扶持政策（试行）》	支持电竞产业集聚发展；支持电竞企业提升原创能力；支持电竞场馆建设和运营；支持承办和参与电竞赛事等活动；支持对接多层次资本市场	2019 年 1 月 24 日
	中共上海市委宣传部、上海市文化和旅游局、上海市体育局	《关于促进上海电子竞技产业健康发展的若干意见》	提升电竞内容创作和科研发能力；搭建电竞赛事体系；加强电竞媒体建设；优化电竞空间载体布局；做大做强电竞产业主体；构建电竞人才培养体系；优化电竞产业发展环境	2019 年 5 月 20 日

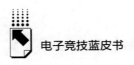

续表

省(区、市)	发文机关	政策文件	核心内容	发文时间
北京	中共北京市委、北京市人民政府	《关于推进文化创意产业创新发展的意见》	鼓励研发具有传统文化特色和自主知识产权的网络游戏,推进多语言翻译等技术应用,支持原创游戏产品出口;加强网络游戏出版物内容审核监管平台建设,不断提升服务效能;支持举办高品质、国际性的电子竞技大赛,促进电竞直播等网络游戏产业健康发展	2018年6月21日
	北京市推进全国文化中心建设领导小组	《关于推动北京游戏产业健康发展的若干意见》	激励精品创作;规范游戏出版;培育发行平台;强化科技支撑;激发创新活力;推进园区建设;加强游戏理论研究;推动游戏"走出去";打造电竞产业集群	2019年12月24日
	中共北京市石景山区委	《中共北京市石景山区委关于制定石景山区"十四五"时期国民经济和社会发展规划和二〇三五远景目标的建议》	坚持创新驱动,促进产业转型升级,加快构建高精尖经济结构	2020年12月30日
广东	广州市委宣传部、广州市文化广电旅游局等	《广州市促进电竞产业发展三年行动方案(2019~2021年)》	立足实现广州电子竞技产业的国际影响力,从龙头电子竞技企业、优质电子竞技游戏产品、尖端电子竞技团队和电子竞技赛事等方面着手,同时配套以一流的电子竞技场馆和电子竞技综合产业园,力争到2021年基本建成"全国电竞产业中心"	2019年8月30日
	深圳市南山区文化广电旅游体育局	《关于加快文化产业创新发展的实施意见》	支持企业参与制定文化软件标准,研发一批数字内容、动漫游戏、移动社交等领域的应用软件;推动游戏商用引擎优化迭代,提高游戏自主研发能力;扶持绿色健康、具有中国文化特色和自主知识产权的原创游戏产品,支持举办高水平的电竞赛事,支持精品游戏衍生品和服务的开发及出口	2020年4月26日
		《深圳市南山区关于支持电子竞技产业发展的实施意见》	立足打造顶级电竞赛事举办地、中国电竞产业总部基地、粤港澳电竞产业中心等三大电竞产业发展目标;从产业品牌、产业主体、产业空间、产业人才、产业服务等方面,给予政策引导和资金支持	2021年1月8日

续表

省(区、市)	发文机关	政策文件	核心内容	发文时间
重庆	忠县人民政府办公室	《忠县人民政府办公室关于促进电竞产业发展的若干政策意见》	整合县内产业资金,建立不少于1亿元的电竞产业发展资金,保障电竞产业发展,重点支持企业引进、人才引进和专项政策落实等	2017年12月18日
江苏	太仓市人民政府	《关于推动现代服务业转型升级创新发展若干政策》	优先发展电子竞技产业,对全口径税收达到100万元以上的电子竞技企业,前两年按形成太仓市地方实际贡献的100%、后三年按50%予以奖励	2017年6月10日
	苏州市发展和改革委员会	《关于促进苏州市电竞产业健康发展的实施意见的通知》	从推动区域联动发展、打造电竞赛事品牌、培育引进市场主体、做强产业发展载体、加大游戏产品研发、拓展电竞内容传播业态、构建人才培养体系、优化产业发展环境八个方面开展工作,努力将苏州建设成为国际电竞名城,不断扩大"苏州电竞"品牌影响力	2021年1月20日
浙江	杭州市下城区人民政府	《杭州市下城区人民政府关于打造电竞数娱小镇促进产业聚集发展的实施意见(试行)》	通过设立产业扶持资金、放大财政扶持效应、配套产业发展基金、产业用地规划支持、办公用房租金补助、人才用房租金补贴、电竞企业网费补助、电竞企业上市奖励、电竞场馆建设及运营补助、俱乐部入驻补贴、俱乐部参赛奖励、承办各级赛事补贴等16项政策扶持,以电竞产业发展为引领,以电竞数娱全产业链发展为目标,以电竞、+影视、+旅游、+娱乐、+文创、+教育等各产业结合为发展路径,构造电竞数娱综合生态圈	2018年4月9日
	温州浙南沿海先进装备产业集聚区(经开区、瓯飞)管委会	《关于支持电竞文体数字产业发展的若干意见(试行)》	通过市场化方式引导社会资本组建电竞文体数字产业发展基金,主要用于支持龙头企业做大做强、孵化中小企业创新发展;由产业发展基金决策委员会审核通过的企业按照实际到位融资金额的20%进行跟投,最高不超过5000万元	2019年12月24日

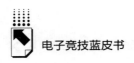
续表

省(区、市)	发文机关	政策文件	核心内容	发文时间
四川	成都市人民政府办公厅	《关于推进"电竞+"产业发展的实施意见》	完善电竞产业生态建设;打造多层次品牌赛事体系;建设电竞产业发展载体;积极推进"电竞+"融合发展;加强电竞人才队伍建设;优化电竞产业发展环境	2020年5月7日
宁夏	银川市人民政府办公室	《银川市人民政府关于促进电竞产业发展的实施意见》	以创新驱动,推动电竞产业发展,构建"三个基地",即电竞产品研发基地、电竞赛事举办基地、电竞人才培育基地;打造"两个平台",即电竞产品交易发布平台、电竞产业服务平台	2017年4月24日
西安	西安曲江新区管理委员会	《西安曲江新区关于支持电竞游戏产业发展的若干政策(修订版)》	抓住发展电竞产业的良机,深耕电竞产业"新蓝海",强政策、引头部、办赛事、建园区,全面深入推进电竞产业生态化、集群化、尖端化发展,助力西安电竞加速领跑	2020年3月9日
海南	海南省旅游和文化广电体育厅	《"海南国际电竞港专项政策"——"海六条"》	海南生态软件园计划设立10亿电竞产业专项基金;针对对地方财税有突出贡献的企业加大补贴和优惠力度;为促进区域电竞产业的国际化发展,进一步简化出入境手续;简化赛事审批流程,优化产业发展环境;探索拓展在网络之外的直播渠道	2019年6月20日

资料来源:各省(区、市)政府官方网站。

近年来,全国众多城市争相打造"电竞之都",在全国性政策的引导下,地方性电子竞技扶持政策陆续出台。从以上列举的地方性电子竞技产业相关政策来看,中国地方政府支持电子竞技产业发展的核心诉求在于扩大区域招商规模、推动城市产业结构升级、创新和转化本地文化资源、拉动文旅消费等。同时由于各地区资源的差异性,地方性电子竞技产业政策有明显区别。如北京、上海等城市有较好的产业基础，且人才和资本集聚优势明显，其电子竞技产业政策具有明显的将电子竞技产业与本地媒体、影视等产业资源融合发展的倾向；又如西安等是高校资源丰富、年轻人才集聚的城市，其电子竞技产业政策则充分关照青年人才的发展需求，留下本地年轻人、吸引更多优秀的外地年轻人才到本地发展、吸引头部企业落地等政策导向明显。整体而言，电子竞技与城市的结合应该遵循因地制宜的原则，这是地方性电子竞技产业实现差异化、个性化、可持续发展的必然要求。

B.3
中国电子竞技产业的监管机制
与行业规范

王筱卉 王秋阳*

摘　要： 近年来，电子竞技产业规模持续扩张、产业链有序扩展，但随之而来的是一系列产业发展新问题。为整治产业发展过程中的"乱象"，中国从监管机制和行业规范等角度持续发力，助力电子竞技产业的健康可持续发展。目前中国电子竞技产业的监管机制尚不完善，尤其在赛事管理、投资经营、行业教育等监管领域，与韩国、美国等电子竞技强国相比仍有一定差距。在此环境下，国内各方主体积极探索，投身实践。一方面，通过互联网监管、游戏监管和直播监管三个方面监管机制的搭建，为电子竞技及其相关产业发展划定"红线"，在行业标准化、公平性、发展性等问题上集中发力，提升政策系统性与针对性；另一方面，以体育总会、行业头部企业等的自我规约为基础，持续搭建并优化行业规范体系，出台了一系列与电子竞技人才培养、电子竞技职业管理相关的规范性文件，从政府和社会两个层面健全电子竞技产业监管体系。

关键词： 互联网监管 电子竞技行业规范 电子竞技监管

---

* 王筱卉，中国传媒大学5G智能媒体传播与产业研究院院长，中国传媒大学－虎牙电竞研究中心主任，中南大学哲学博士，硕士研究生导师，研究领域为戏剧影视、数字创意设计和电子竞技；王秋阳，中国传媒大学传播研究院传播学专业硕士研究生，研究领域为传播理论与历史。

一　监管机制

电子竞技产业有效的监管机制可以提升产业整体水平，中国电子竞技产业兴起较晚，但政府、电子竞技俱乐部，以及相关社会机构一直积极配合探索适合中国国情的产业监管机制，与电子竞技相关的监管机制主要体现在互联网监管、游戏监管和直播监管三个方面。

（一）互联网监管

1994 年，中国全功能接入国际互联网，互联网监管也被同步引入。这一阶段国内初步具备了互联网监管的意识，也提出了技术监管、内容监管的要求，但还主要集中在对接入互联网的管道控制，尚未触及互联网业务的监管，互联网监管处于"启蒙"阶段。2000 年，《互联网信息服务管理办法》（国务院令第 292 号）发布，标志着中国互联网监管进入体系化阶段。这一阶段，在国家信息化领导小组之下成立了国家网络与信息安全协调小组，标志着中国互联网监管领域形成了相对明确的管理单位和组织架构。多年的产业实践为中国完善互联网监管体系准备了条件，中国互联网监管进入了新阶段。21 世纪以来，以国家网络与信息安全协调小组工作为核心，中国基本完成了互联网监管体系的建设工作，搭建起包含网络层、接入层、业务层、内容层的监管框架，并重点针对网络的媒体属性加强内容监管，为互联网环境的优化、互联网数字产业的成长奠定了良好基础。

2008 年以来，随着国内大部门体制的改革，互联网监管部门的主体地位得到提升。同时随着产业发展程度的加深，互联网产业的门类日益复杂、体量进一步扩充，互联网领域的产业实践出现明显变化，超出原本监管内容范畴的新型监管问题不断涌现，监管进入调整与优化阶段，不正当竞争、网络信息泄漏等问题被提上监管日程。

2014 年，中国成立中央网络安全和信息化领导小组，国务院对国家互

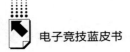

联网信息办公室进行职能授权，标志着中国网络监管进入重构升级阶段，这一阶段的互联网立法层级更高，同时监管领域、覆盖范围也在不断扩大，监管程度不断加深。

逐步完善的互联网监管体系为电子竞技监管奠定了基础，技术、业务和内容层面的监管政策为电子竞技产业专项监管政策的制定和调整指明了方向。

（二）游戏监管

2009 年，国家体育总局体育信息中心设立电子竞技主管部门，成立了电子竞技项目部，开始正式接管中国电子竞技项目的管理工作，但这一阶段对游戏的监管还相对松散粗放。2016 年起中国电子游戏相关的政策密集出台，这些监管政策主要体现在游戏产品运营准入、经营规范、青少年保护等方面。

2016 年，《关于移动游戏出版服务管理的通知》出台，此后，中国对游戏行业的监管力度频频加强，对游戏内容的审核更严格，并强制要求具备游戏出版物号，游戏监管的平台端口也从 PC 端拓展至移动端。移动游戏逐渐被规范，如政策规定国内运营发行移动网络游戏的企业需取得"网络文化经营许可证"，未经国家新闻出版广电总局批准的移动游戏不得上网出版运营，又如政策规定移动应用用户实名制注册等。

同时，为了保障青少年的健康成长，促进行业的健康发展，中国电子竞技主管部门也针对青少年保护出台了不少相关政策，其中以"青少年防沉迷"工作为主要工作内容，各游戏厂商也响应国家号召，针对自身游戏性质出台了各自的防沉迷措施。2021 年 8 月，国家新闻出版总署印发了《关于进一步严格管理切实防止未成年人沉迷网络游戏的通知》，针对未成年人过度使用甚至沉迷网络游戏问题出台严格的管理措施，明确所有网络游戏企业仅可在周五、周六、周日和法定节假日每日 20 时至 21 时向未成年人提供 1 小时网络游戏服务，网络游戏产业不得以任何形式（含游客体验模式）向未实名注册和登录的用户提供游戏服务等。相关游戏监管政策在短期内会对主要面向青少年的游戏产品造成影响。但总体来看，此类游戏监管政策是电子竞技游戏产业健康发展的"保护伞"，能为产业的持久健康发展保驾护航。

（三）直播监管

中国对互联网视听节目的监管于 2007 年开始，以国家广播电影电视总局和国家网信办为代表的单位对互联网视听节目的经营许可、内容规范、服务门类等进行监管，出台了一系列监管文件，如《互联网视听节目服务管理规定》等，但目前还未出台专门针对互联网直播的监管政策。近年来，电子竞技直播平台呈现"井喷式"发展态势，其"野蛮生长"的状态造成了一定程度的行业乱象，直播内容低劣、内容版权侵权、隐私泄露等问题严重扰乱了行业环境。

近年来，国家对直播渠道与平台的管控加强。2016 年，国家规定未持有"信息网络传播视听许可证"的直播机构不得开展相应的直播业务。2016 年，国家互联网信息办公室出台《互联网直播服务管理规定》，加强对互联网直播服务提供方资质和经营的管理。2017 年 4 月，国家网信办关停 18 家传播低俗信息的直播平台，同年 5 月，文化部又关停了 10 家网络直播平台，全国"扫黄打非"办公室也针对 10 余家有传播淫秽色情信息等乱象的网络直播平台立案展开侦查。国家网信办重拳出击整治互联网直播环境，截至 2017 年底，根据规定依法关停 18 款传播违法违规内容的网络直播类应用软件和 12 家网络直播平台。

互联网直播行业的肃清行动为电子竞技直播的内容生态和竞争秩序保驾护航，政策文件在市场准入、用户管理、转播规范等方面为电子竞技及相关产业的经营管理做出了指导。随着系列网络直播监管政策的逐渐完备，中国网络直播市场环境得到了有效优化，"野蛮生长"的发展乱局得到及时遏制；但同时也应警惕，一部分网络直播平台和直播用户打"擦边球"、钻法律漏洞的问题仍然存在，再加上网络直播的特点和行业的特殊性，要构建网络直播行业的良性健康发展环境依旧任重而道远。

总体来看，中国电子竞技产业监管机制尚不完善，与韩、美等电子

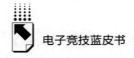

竞技强国相比在赛事管理、投资经营、行业教育等监管领域仍存在一定差距。由于各国具体情况有所不同，迄今为止，还未形成成熟的国际性电子竞技监管组织、机构与章程，各国电子竞技监管仍处于国内探索为主的阶段。若想进一步扩大电子竞技产业的规模、提升电子竞技产业的影响力，还应在行业标准化、公平性、发展性等问题上集中发力，提升政策的系统性与针对性。

二　行业规范

中国在完善电子竞技行业规范方面做出了持续努力，按出台政策的内容侧重划分，可归纳为三个方面。

首先，在电子竞技体育运动规范方面，2006 年，中华全国体育总会颁布了《全国电子竞技竞赛管理办法（试行）》《全国电子竞技裁判员管理办法（试行）》《全国电子竞技运动员注册与交流管理办法（试行）》《全国电子竞技运动员积分制度实施办法（试行）》等一系列文件，这是中国第一次针对电子竞技运动项目集中出台规范管理办法，为电子竞技产业发展设置了行业标准；2010 年，由国家体育总局体育信息中心牵头举办了 2010 年全国电子竞技运动工作会议，对上述 2006 年出台的政策进行讨论修订。但总体来看，目前中国国家级行业工会对于电子竞技运动的行业规范管理相对滞后，存在规范纲领赶不上行业变化等一系列现实问题。

其次，在电子竞技从业主体自设标准方面，行业内的头部企业加入行业规范的制定队伍，其中以 2018 年腾讯发布的《腾讯 2018 电子竞技运动标准》为典型代表。腾讯作为 LPL 联盟化后的赛事官方，其主动牵头完成的《腾讯 2018 电子竞技运动标准》对电子竞技赛事进行了详细全面的规范，对队伍成员资格、薪酬与奖金、队伍所有权和阵容规则、决定选手替换的自主权利，设备、场馆、比赛区域布局和日常训练安排，联赛赛制及日程、比赛进程、游戏规则，选手及教练行为、规则精神均设置了明确的规定。

最后，在电子竞技行业规范健全方面，国家和相关从业主体持续加强对电子竞技及相关产业的关注，出台了一系列与电子竞技人才培养、电子竞技职业管理相关的规范性文件。2019 年 4 月，人力资源和社会保障部、国家市场监督管理总局、国家统计局发布的 13 个新职业中包含了电子竞技运营师和电子竞技员，① 为完善电子竞技的行业与产业布局、提升电子竞技专业化水平提供了指导。多年来，中国致力于推动国内电子竞技产业的标准化，2021 年，人力资源和社会保障部颁布《电子竞技员国家职业技能标准》，对电子竞技员的职业概况、活动范围、工作内容、技能要求和知识水平等做出明确规定，这是中国电子竞技产业走向标准化、规范化的又一关键举措。

---

① 《人工智能工程技术人员、无人机驾驶员等榜上有名 十三个新职业发布》，人民网，2019年4月4日，http://politics.people.com.cn/n/2019/0404/c1001-31012546.html。

市场和需求篇
Market and Demand Reports

B.4
中国电子竞技产业发展环境与市场需求分析

宋 芹 王秋阳*

摘 要： 全球化和信息化为电子竞技产业的全球布局和数字化升级奠定了基础。疫情防控常态化背景下，双循环新发展格局对电子竞技产业高质量创新发展提出了更高的要求，中国电子竞技产业进入发展机遇期。中国电子竞技产业既有着广阔的国际市场发展前景，也承受着市场脆弱多变所带来的风险；既享受着虚拟经济和数字经济带来的产业发展红利，又需警惕泡沫经济背后潜在的危机。中国电子竞技产业依托相对稳定的国内经济形势，在互联网技术和游戏产品创新方面发展迅速，同时社会认可度日益提升，用户呈现大众化趋势。我们应充分关注和深入考察国内、国际两个市

---

* 宋芹，中国传媒大学媒体融合与传播国家重点实验室师资博士后，助理研究员，研究领域为国际传播、智能化影像传播、媒体与文化；王秋阳，中国传媒大学传播研究院传播学专业硕士研究生，研究领域为传播理论与历史。

场，把握多元的市场需求，满足产业链各个环节的发展诉求，推动电子竞技产业在多变的市场与社会环境下实现新一轮的创新发展。

关键词： 全球化　虚拟经济　互联网时代　电子竞技产业

一　经济环境

（一）全球经济发展形势

20 世纪 90 年代以来，以信息革命为基础的经济全球化是世界经济发展的主要趋势，世界经济呈现全球化和信息化两大发展趋势。

一方面，国际货币基金组织、世界银行、经济合作与发展组织等国际经济组织以及各类跨国企业将全球经济紧密联系在一起。习近平主席在世界经济论坛 2017 年年会开幕式上的主旨演讲中指出，"经济全球化是社会生产力发展的客观要求和科技进步的必然结果"，[①] 经济全球化通过搭建全球经贸网络而实现商品和资本流动，为世界经济的增长提供了强劲动力，同时全面推动科技和文明进步，促进各国人民交往。但是，经济全球化也带来了风险和波动，一个国家或地区的经济波动可能引发全球经济的动荡，如世界银行 2021 年发布的《全球经济展望》数据显示，受新冠肺炎疫情等综合因素的影响，全球经济 2020 年出现了 −3.3% 的历史性萎缩。[②]

另一方面，信息化程度是一国经济现代化的重要标志之一。西方发达国家已经进入信息化阶段，社会和经济发展对信息技术与信息产业的依赖程度

[①] 《习近平主席在世界经济论坛 2017 年年会开幕式上的主旨演讲（全文）》，新华网，2017 年 1 月 18 日，http://www.xinhuanet.com/2017−01/18/c_ 1120331545.html。

[②] World Bank Group, "A World Bank Group Flagship Report," *Global Economic Prospects* 6（2021）, https://openknowledge.worldbank.org/bitstream/handle/10986/35647/9781464816659.pdf.

越来越深。众多国家制定了支持创新和数字化转型的政策方针，以数字化为导向鼓励技术升级，致力于实现数字产业化和产业数字化。21世纪以来，互联网在全球的发展推动云计算、大数据、物联网等信息化技术的创新性发展，全球信息化正面临重大拐点，在此背景下，全球经济信息化、数字化程度进一步深化，使得全球产业的联系更加紧密。

基于世界经济全球化与信息化的发展趋势，电子竞技产业的发展迎来了机遇，经济全球化和信息化为电子竞技产业的全球产业布局和数字化升级奠定了基础。

（二）国内经济发展形势

新冠肺炎疫情使世界经济陷入第二次世界大战结束以来最严重的衰退，中国经济在过去两年内也面临着前所未有的冲击。尽管面对空前的经济冲击，中国统筹疫情防控和经济社会发展还是取得了明显成效。《中华人民共和国2020年国民经济和社会发展统计公报》数据显示，2020年中国全年国内生产总值1015986亿元，同比增长2.3%，其中第三产业增加值553977亿元。在国民收入与消费方面，全年全国居民人均可支配收入32189元，全国居民人均消费支出21210元。2021年7月15日，中国国家统计局公布的经济数据显示，2021年第二季度中国国内生产总值同比增长7.9%，比第一季度18.3%的增速有所回落，但仍高于新冠肺炎疫情前6%左右的增长率。[①]

2021年中国经济的表现是令人振奋的，这表明尽管有通货膨胀和新冠肺炎疫情持续带来的挑战，中国经济依然保持着增长势头。放眼全球，新冠肺炎疫情带来了冲击和变数，使世界经济面临不确定性、不稳定性、不平衡性；综观国内，经济恢复基础尚不牢固，防范化解风险的任务依然艰巨。中国在统筹疫情防控和社会稳定的同时，切实抓好稳就业、稳金融、稳外贸、稳外资、稳投资、稳预期的"六稳"工作，全面落实保居民就业、保基本

---

① 《2021年二季度和上半年国内生产总值（GDP）初步核算结果》，国家统计局官网，2021年7月16日，http：//www.stats.gov.cn/tjsj/zxfb/202107/t20210716_1819540.html。

民生、保市场主体、保粮食能源安全、保产业链供应链稳定、保基层运转的"六保"任务，实现了中国经济的逐季改善、逐步恢复，在多重困难中实现了全球主要经济体中唯一经济正增长。此外，2020年中国脱贫攻坚战取得了全面胜利，决胜全面建成小康社会取得决定性成就，为人民生活和产业发展提供了良好的社会经济环境。

这一稳中向好的国内经济发展趋势为国内各类产业实现新冠肺炎疫情后的新发展打下了基础。技术变革加速、供应链多元化、产业数字化转型升级等是以电子竞技产业为代表的新兴数字经济产业类别发展的重要机遇。

（三）虚拟经济兴起

近20年来，"虚拟经济"成了全球经济领域的热门词汇，虚拟经济的兴起和发展成为孕育、发展诸多新产业和新业态的重大机遇。

从概念上讲，虚拟经济是指虚拟资本以金融系统为主要依托，与金融市场循环运动有关的经济活动，包括金融业、房地产业、体育产业、博彩业、收藏业等。从产业发展规模来看，目前在全球范围内虚拟经济的规模和增长速度已经大大超过了与之对应的实体经济，尤其自20世纪80年代以来，世界经济平均增长率约为3%，但国际资本流动的年增长率高达25%，2000年底全球虚拟经济总量更是高达160万亿美元，相当于同期世界GDP总额的五倍左右。[①] 随着全球投资规模的进一步扩大、网络技术和电子货币的推广，虚拟经济的规模还将继续扩大。虚拟经济的快速发展体现了金融业长期以来的发展优势与特征，同时也映射出被投资产业的蓬勃发展趋势。近年来，体育产业等越来越受到投资者的关注和认可，资本开始倾向此类产业。

虚拟经济成为未来中国经济的重要组成部分。有研究通过建模分析发现，当前中国虚拟经济与实体经济的比例为23∶2，远超黄金比例16∶7。[②]

---

① 潘妍妍：《虚拟经济与实体经济关系研究》，硕士学位论文，四川大学，2005。

② 《蒙格斯报告之四：中国实体经济与虚拟经济的黄金比例研究（2018年）》，2018年4月10日，http://m.jrj.com.cn/madapter/finance/2018/04/10101024366864.shtml。

虚拟经济在促进经济繁荣的同时也隐藏着"经济泡沫"的风险，合理规划统筹实体经济和虚拟经济的发展规模与比例是中国乃至世界都应该重视的问题。

二 社会环境

（一）互联网与电子竞技的发展

中国互联网络信息中心（CNNIC）于 2021 年 8 月 27 日在京发布的《第 48 次中国互联网络发展状况统计报告》显示，截至 2021 年 6 月，中国网民规模达 10.11 亿，较 2020 年 12 月增长 2175 万，互联网普及率达 71.6%；其中手机网民规模达 10.07 亿，较 2020 年 12 月增长 2092 万，网民使用手机上网的比例为 99.6%，与 2020 年 12 月基本持平。十亿用户接入互联网，形成了全球最为庞大、生机勃勃的数字社会，移动互联网的迅速普及为新业态、新动能培育提供了新契机。[①] 互联网普及率的提升和手机网民所代表的移动互联网用户规模的扩大，为电子竞技游戏的研发、运营和电子竞技及其衍生产业的发展奠定了技术和受众基础，手游产品、直播和短视频等内容形态助力电子竞技内容传播，是互联网和新媒体赋能电子竞技产业的典型例证。

PC 互联网以及移动互联网的高覆盖率意味着网络数字产业能集聚消费人群并激发其消费潜力。中国音数协游戏工委、中国游戏产业研究院 2020 年发布的《2020 年中国游戏产业报告》数据显示，2020 年中国游戏用户规模达 6.65 亿，且游戏市场实际销售收入持续上升，2020 年收入 2786.87 亿元，同比增长 20.71%，增速同比提高 13.05%。对游戏细分市场而言，客户端游戏市场和网页游戏市场继续萎缩，实际销售收入和市场占比均下降明

---

① 《第 48 次中国互联网络发展状况统计报告》，中国互联网络信息中心网，2021 年 8 月 27 日，http：//www.cnnic.net.cn/hlwfzyj/hlwxzbg/202109 / P020210915523670981527.pdf。

显，但移动游戏市场增长显著，移动游戏已成为中国电子竞技游戏产业的主体，并有望伴随着技术升级和产品多样性研发实现更快的增长。对电子竞技游戏国际贸易而言，2020 年中国"游戏出海"规模进一步扩大，自主研发电子竞技游戏海外市场实际销售收入 154.50 亿美元，同比增长 33.25%，增速同比提高 12.3%。① 电子竞技游戏的市场规模、用户规模和海外营收能力的提升均对中国电子竞技产业的专业化和国际化水平提升具有积极作用。

（二）年轻群体接受度高，用户逐渐大众化

中国游戏用户规模持续扩大，《2020 年中国游戏产业报告》显示，2020 年中国游戏用户达 6.65 亿人，同比增长 3.7%，其中移动游戏用户达 6.54 亿人，同比增长 4.84%。而游戏和电子竞技的天然关联性决定了游戏用户规模的扩大势必进一步扩大电子竞技用户群。《经济观察报》数据显示，2020 年中国电子竞技游戏用户规模达 4.88 亿，同比增长 9.65%，在用户数量上保持稳定增长。从电子竞技用户性别与年龄结构来看，艾瑞咨询发布的《2021 年中国电子竞技用户性别情况》显示，中国电子竞技用户性别仍以男性为主，年龄处于 19～24 岁的用户占比超过半数，青年对电子竞技的广泛接触将为电子竞技产业积累更多的专业人才和用户。

以上用户结构表明，目前中国电子竞技在年轻群体中的接受度明显更高，且男性用户居多。但从长期来看，移动互联网的用户年龄逐渐降低，年轻甚至低龄用户对电子游戏的接触明显增多，在不涉及游戏成瘾等负面影响的前提下，这些电子游戏的青少年用户将是未来中国电子竞技产业潜在用户或职业电子竞技人，这将为中国电子竞技产业积累更充足的后备力量。此外，随着女性玩家对电子游戏的了解和参与，女性电子竞技用户的数量增加，加之校园电子竞技、女子电子竞技等专项活动的推广，以及多样化电子竞技衍生产品的广泛传播，电子竞技大众化的趋势更加明显，电

---

① 中国音数协游戏工委、中国游戏产业研究院：《2020 年中国游戏产业报告》，中文互联网数据资讯网，2020 年 12 月 17 日，http://www.199it.com/archives/1174167.html。

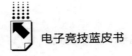

子竞技用户的年龄分层、性别结构甚至职业结构将进一步优化，有进一步大众化的趋势。

（三）社会认可度提高，入选国家体育竞技项目

2003 年国家体育总局将电子竞技确认为第 99 个正式体育项目，意味着中国电子竞技产业的体育化发展方向基本确定。2008 年国家体育总局重新将电子竞技定义为国家的第 78 个体育项目，将其正式纳入体育竞技的范围内。除国家级政策外，各地方政府也纷纷出台电子竞技产业相关政策，如上海市 2019 年发布了《关于促进上海电子竞技产业健康发展的若干意见》，北京市 2019 年发布了《关于推动北京游戏产业健康发展的若干意见》等，从以上国家导向以及近年来各地区政府纷纷出台的电子竞技产业扶持政策来看，中国社会对电子竞技的认知和接纳程度有了明显提升。

除政策方向外，电子竞技产业化发展的趋势也成为各类商业主体关注和研究的对象。场馆、酒店、日用品、影视作品、旅游、餐饮等各个产业类别与电子竞技产业实现跨界融合，全面渗透用户的日常生活。中国社会在对电子竞技运动及产业认可度提升的同时也将孵化出更多的"电竞＋"生活新业态，促使电子竞技与用户的生活紧密融合，进一步助推电子竞技运动的推广和电子竞技产业的发展。

在政策和社会产业主体的多重作用下，社会公众逐渐认识到电子竞技与电子游戏的区别，电子竞技体育化和电子竞技运动产业化的观念逐渐被更多人接受。即将在 2022 年中国杭州亚运会中作为正式比赛项目的电子竞技运动势必会受到更多关注，也将为电子竞技运动和电子竞技产业的社会化发展提供助力。

B.5
中国电子竞技产业用户分析

王一淳　王秋阳*

摘　要： 电子竞技产业在全球范围内扩张式发展的同时，其日益发展壮大的用户群体也成了电子竞技产业研究的重要对象。与韩国、美国等国家不同，在全球电子竞技产业市场中，中国的电子竞技产业用户具有自己的特点。首先，从年龄性别分布来看，中国电子竞技用户的年龄分布范围呈现扩大的趋势，性别分布差异明显，电子竞技用户仍以男性为主；其次，从消费能力来看，中等收入水平的电子竞技用户占比较高，现有电子竞技用户的收入水平还有进一步提升的潜力；最后，从用户的行为心理特征来看，电子竞技用户的兴趣主要集中在短视频、在线影视、社交媒体等方面，电子竞技赛事直播也受到了电子竞技用户的关注。

关键词： 电子竞技产业　消费能力　用户行为　用户心理

一　年龄性别分布情况

2021年4月，艾瑞咨询研究院发布的《2021年中国电子竞技用户性别情况》显示，中国电子竞技用户仍以男性为主，占比达到68.3%，女性占比为31.7%（见图1）；用户年龄集中在19~21岁，占比为31.3%（见图2）。

＊ 王一淳，中国传媒大学新闻传播学部传播研究院、媒体融合与传播国家重点实验室博士研究生，ESCI期刊 *Global Media and China* 编务助理，研究领域为智能媒体传播、媒体融合与媒介生存性；王秋阳，中国传媒大学传播研究院传播学专业硕士研究生，研究领域为传播理论与历史。

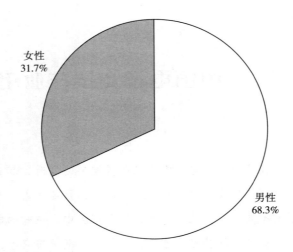

图1 2021年中国电子竞技用户性别情况

资料来源：《2021年中国电子竞技用户性别情况》。

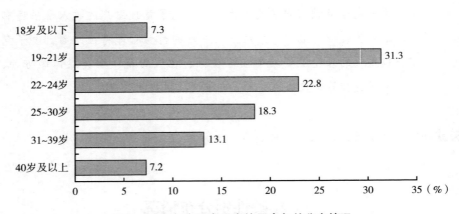

图2 2021年中国电子竞技用户年龄分布情况

资料来源：《2021年中国电子竞技用户性别情况》。

随着移动电子竞技项目的发展、电子竞技赛事体系的完善以及社会对电子竞技认知度的提升，更多女性用户接触并关注电子竞技运动，电子竞技游戏成为许多女性用户的娱乐选择之一，女性用户群体的比例在未来几年将呈现继续上升趋势。

部分优秀的电子竞技选手被包装成有商业价值的明星，更有本身具有高流量、高热度的娱乐明星通过电子竞技衍生影视剧等形式普及电子竞技运动。在多重机遇下，粉丝经济在电子竞技领域找到了切入点，众多非电子竞技原始用户的粉丝群体开始接触并关注电子竞技领域，存在转化为电子竞技玩家和其他产品消费者的可能，这一趋势无疑催生了电子竞技产业用户年龄性别比例的变化。

二 用户消费能力情况

通过对艾瑞咨询研究院发布的2020年中国电子竞技用户个人月收入水平及消费水平数据的分析可知，中国电子竞技用户的收入水平和消费水平有以下两方面的特征。

一方面，中等收入水平的电子竞技用户占比较高。2020年中国电子竞技用户个人月收入在5001～8000元的占比最高，达到29.2%（见图3）。另一方面，收入结构直接影响了支出结构，电子竞技用户个人月消费在1001～3000元的占比最高，达到43.5%（见图4）。结合中国电子竞技用户的年龄结构可知，现有电子竞技用户的收入水平有进一步提升的潜力，这是电子竞技产业的良好机遇。

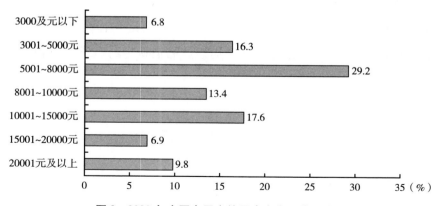

图3 2020年中国电子竞技用户个人月收入水平

资料来源：艾瑞咨询研究院。

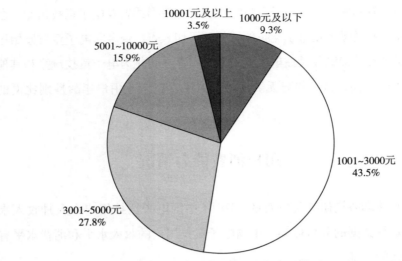

图4 2020年中国电子竞技用户消费水平

资料来源：艾瑞咨询研究院。

电子竞技用户的收入结构和消费水平在一定程度上反映了其在电子竞技领域的付费水平，且随着国内知识产权教育的深入，知识付费、娱乐付费等观念被更多消费者接受，电子竞技用户在游戏软硬件、游戏内容以及其他衍生产品上的付费行为增多。有数据显示，中国逾七成电子竞技用户在2020年9～12月有过游戏付费行为，且端游用户付费301元及以上的人数明显高于移动端用户（见图5）。除游戏付费以外，国内电子竞技用户还存在电子竞技直播付费、赛事付费、周边产品消费等与电子竞技相关的支出行为。

三 用户行为心理特征

（一）用户行为特征

从电子竞技用户线上兴趣爱好图谱来看，电子竞技用户偏爱玩电子竞技游戏，观看电子竞技游戏和电子竞技赛事直播，与电子竞技游戏直接相关的

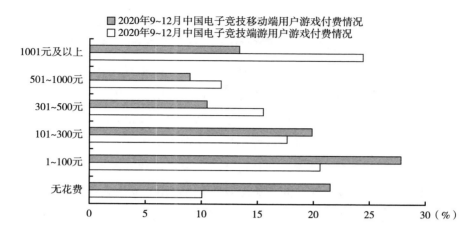

图5 2020年9~12月中国电子竞技移动端用户和端游用户游戏付费情况

资料来源：艾瑞咨询研究院。

文娱活动对其有强烈的吸引力；此外大量电子竞技用户也会观看电影、电视剧、综艺，观看短视频，看网络小说，看动画、动漫等，在电子竞技IP化的过程中，此类内容产品也是电子竞技用户喜闻乐见的，有巨大的开发空间；另有部分电子竞技用户偏爱玩其他非竞技类游戏，使用微博、微信等社交软件，该群体存在线上社交的行为偏好（见图6）。

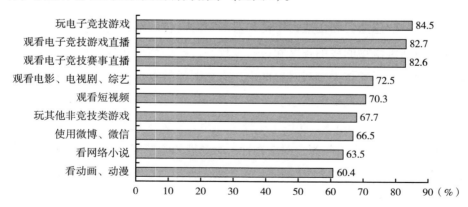

图6 2020年中国电子竞技用户线上兴趣爱好情况

资料来源：艾瑞咨询研究院。

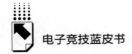

综合来看，观看直播和短视频是近年来电子竞技用户偏爱的线上休闲娱乐活动。以虎牙为例，2020 年第四季度虎牙总收入 29.90 亿元，其中直播收入 28.15 亿元，相比 2019 年同期的直播收入 23.46 亿元增长 20.0%，这主要得益于虎牙付费用户数量以及付费用户平均花费的增加。用户对游戏和内容付费的承担能力和接纳程度的提升，促进了电子竞技及相关产业营收规模的扩大，是电子竞技产业化发展的良好契机。在音视衍生内容方面，艾瑞咨询研究院发布的《2021 年中国电子竞技行业研究报告》数据显示，2021 年中国电子竞技用户中超八成会观看电子竞技游戏直播，超七成会观看相关短视频。以上兴趣与行为偏好表明，中国电子竞技用户在休闲娱乐活动和新媒体社交方面，有明显的数字化特征。且国内电子竞技用户现已养成线上数字内容付费的行为习惯，这与疫情防控常态化下"宅经济"需求扩大的趋势相一致。

（二）用户心理特征

从中国电子竞技用户的年龄结构来看，年轻用户居多。结合中国电子竞技用户年龄与性别特征，初步判定中国电子竞技用户普遍具有情感认同高、衍生消费意愿高、乐于分享、习惯跨界、有电子竞技社交基因、追求刺激等心理特征。

青年用户想象力和创造力丰富，对消费时尚较敏感，追求新颖的内容和产品，对新鲜事物的接纳程度和包容度较高，购买欲望和行为具备明显的冲动性和情绪性；竞技类游戏对男性用户有更明显的吸引力，而近年来女性用户同样有追求刺激消费的需求。

这些心理特征与需求，是电子竞技产业相关主体优化自身产品、内容和服务的必要前提。结合青年用户对新奇性、时尚性的敏感度，应从产业和运营角度提升自身的创新水平和文化内涵；近年来女性用户更多地参与到了电子竞技产品和服务消费队伍中，应更考虑女性玩家的操作习惯和心理定位，运营商也应提供更符合女性消费观的营销点；结合用户分享意愿强等心理特征，应更注重游戏产品和服务与国民社交分享平台的联动互通性，提升视听内容跨平台分享的便捷性、观赏性。

专题篇
Special Topics

B.6
中国电子竞技人才发展报告（2022）

王希光　薛宇涵*

摘　要： 新冠肺炎疫情令国内绝大多数行业受到巨大冲击。然而电子竞技产业逆流而上，不退反进，这使各城市对电子竞技行业相关政策扶持持续加码，电子竞技产业的发展也带动了专业电子竞技人才需求的增加。数据显示，目前只有不到15%的专业人员能满足电子竞技岗位需求，人才缺口巨大。① 2020年，中国人力资源和社会保障部首次将电子竞技员职业技能标准列入国家职业技能标准体系，这是自"电子竞技员"这一职业在2019年4月被人力资源和社会保障部等三部门正式列为新的国家职业后，国家又一次对电子竞技行业人才的规范，这一举措标志着电子竞技人才培

---

* 王希光，先后在中央电视台、广州虎牙信息科技有限公司等单位工作，国际关系学硕士，曾参与撰写《全国小康村之星》等专著。薛宇涵，中国传媒大学媒体融合与传播国家重点实验室科研助理，研究领域为跨文化传播。

① 《新职业——电子竞技员就业景气现状分析报告》，人力资源和社会保障部，2019年6月28日，http://www.mohrss.gov.cn/SYrlzyhshbzb/dongtaixinwen/buneiyaowen/201906/t20190628_321882.html。

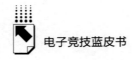

养事业迈入了新阶段。基于此，本报告对电子竞技运动与管理专业的专业建设和人才培养工作进行研究，得出结论——中国电子竞技人才培养面临着培养体系不完善、实践经验不丰富、师资匮乏、社会认同度不高等问题。针对此状况，本报告立足电子竞技行业特征和专业性质，有针对性地提出专业人才培养方向和专业发展措施、加强专业组织管理与师资培训、强化"产学研用"深度融合、开展校企全面合作、制定行业规范标准等建议，以期推进教育与产业从"有缝"到"无缝"的衔接，实现人才培养与行业发展的紧密结合，培养出能够服务于电子竞技产业的高层次创新复合型人才。

关键词： 电子竞技　电子竞技人才　数字娱乐专业职业教育

一　电子竞技人才发展实践历程

（一）行业发展历程

从 1998 年开始，中国电子竞技行业历经了"探索期""发展期""增长期""爆发期"，电子竞技人才也从最初被误解的"不务正业"走向了"为国争光的运动员"的去污名化之路。

1. 探索期（1998～2007年）

1998 年由美国暴雪娱乐（Blizzard）公司联合 Saffire 公司制作发行的《星际争霸：母巢之战》（*Star Craft：Brood War*）作为一款即时战略游戏被引入中国，成了中国电子竞技行业萌芽时期的标志性产品。然而本应该茁壮成长的电子竞技行业却屡遭打击。2002 年，一起发生在北京市海淀区学院路 20 号院内蓝极速网吧的恶意报复纵火事件导致 25 人死亡、13 人不同程度受伤。① 事件起因仅仅是网管拒绝了四位青年的上网要求。彼时，电子竞技刚获得国家层面的承认，本有望得到进一步发展；但此事带来了恶劣的影响，全国各地迅速组织对网吧行业的消防安全进行检查，对存在违法违章行为的"问题网吧"依法查处。② 对许多家长而言，与电子竞技行业紧密相连的网络游戏成了洪水猛兽。2004 年 4 月 21 日，国家广播电影电视总局发布了《关于禁止播出电脑网络游戏类节目的通知》。在那个网络没有得到普及的年代，此事更进一步切断了电子竞技的传播途径。

由于国家层面的禁止再加上各种关于网络游戏害人的传闻层出不穷，家长们普遍禁止自己的孩子接触电子竞技。"网瘾"这个词不断被提起，网络游戏甚至被称为"电子海洛因"。长时间内，爱打游戏被认为是一种病，也出现过许多号称治疗"网瘾"的机构。临沂市第四人民医院网络成瘾戒治中心杨永信采取电击疗法治疗"网瘾"的新闻更是骇人听闻。这段时间，许多中国初代电子竞技人才被扼杀在了摇篮中。

2. 发展期（2008～2012 年）

为迎接 2009 年世界电子竞技大赛（WCG），2008 年成都市第十一届运动会将电子竞技正式列为比赛项目，同年 12 月 29 日国家体育总局整理合并现有体育项目，将电子竞技重新定义为中国第 78 个体育运动项目，至此，电子竞技被正式纳入体育竞技的范畴。政策的开放，让人们的观念也开始有所改变，相当一部分人对该行业有了改观。2011 年，王思聪进军电子竞技行业，极大地改变了电子竞技行业从业者的待遇，越来越多的资本不断涌入电子竞技行业。资本的涌入使电子竞技产业越来越壮大，对人才的需求量也在逐步增加。

3. 增长期（2013～2017 年）

2016 年，国家发改委、国家体育总局、国务院办公厅、教育部等部门

---

① 《蓝极速网吧纵火案引发全国网吧整顿》，腾讯游戏，2011 年 11 月 18 日，http：//games. qq. com/a/20111118/000357. htm。

② 《蓝极速网吧纵火案引发全国网吧整顿》，腾讯游戏，2011 年 11 月 18 日，http：//games. qq. com/a/20111118/000357. htm。

在专项规划和政策中明确指出支持电子竞技发展。教育部2016年9月发布的《普通高等学校高等职业教育（专科）专业目录》中正式增补"电子竞技运动与管理"专业，将其归类于教育与体育大类下的体育类。国家和社会开始系统化、规范化地对电子竞技人才进行培养，如中国传媒大学等知名高校纷纷开设电子竞技相关专业，电子竞技越来越被官方、大众认可。

4. 爆发期（2018年至今）

在2018年雅加达亚运会电子竞技英雄联盟表演赛中，中国队力克韩国队，获得了项目冠军。身披国旗的电竞少年们获得了荣誉，为国家争了光。这件事情极大地点燃了人们的情绪，也让国家和家长们看到了电子竞技背后的力量。英雄联盟职业选手Uzi的退役甚至引得央视对他进行采访，这一系列关于电子竞技正面形象的传播使人们对于电子竞技的观念得到改变，国家政策也开始更多地向电子竞技倾斜，让电子竞技得到了进一步的发展。2020年，新冠肺炎疫情席卷全球，大多数行业受到了巨大冲击。与此相反的是，电子竞技逆流而上，不退反进，这使各城市对电子竞技行业相关政策扶持持续加码。

（二）人才培养分类

目前，电子竞技产业链大致分为上、中、下游，上游包括游戏开发、游戏运营、内容授权，中游包括赛事运营、电子竞技俱乐部与选手、电子竞技内容制作，下游包括电子竞技直播、电子竞技媒体及其他衍生产品的内容传播。对人才的培养需要因材施教，有的放矢，才能真正满足行业和岗位的需求。

上游产业链急需培养三类人才。第一类是经营管理类人才。他们作为各大游戏公司、俱乐部等电子竞技相关企业管理者的后备力量，必须经过系统学习和层层选拔。在培养公司未来领导者（如总裁、总经理、总监等）的过程中，一般会采取"管培生"的形式，并注重培训和实践两部分工作的开展。企业文化培训、领导力培训、业务培训是培训部分必不可少的内容；而实践部分则会以跨部门轮岗的形式进行，将培训生安排在公司的核心部门，使他们较为全面地接触公司运营的各个方面。在电子竞技行业，管理者们更青睐实践能力强的人才，例如本身熟悉游戏行业、参与过游戏制作或大型游戏赛事等的人才，因为这样的人才才能够更好地把握市场动向。

第二类是技术服务类人才。上游产业链离不开游戏的开发，所以对编程、开发、视频技术、包装等各方面人才的需求量巨大，这要求各人才培训机构对此类人才进行专业化培养，以期解决目前中国电子竞技产业高端技术缺乏、产品同质化严重等问题。同时，随着全球化、信息化、系统化的迅猛发展与高度繁荣，培养这类高层次人才要求"一专多能"，使其成为能适应多种技术交叉融合、综合性的复合型人才。

第三类是企业职能类人才。培养财务、公关、法务、行政、人事等企业职能类人才是促进企业规范化发展的必要条件，尤其是对财务、法务类人才的培养更为重要，作为产业链上游的内容授权方，如果企业对游戏内容版权保护意识不足，或在面对内容抄袭、"换皮"等现象时无力维权，那整个行业必将乱象丛生。

产业链中游离不开内容制作与输出类人才。作为竞技类项目，电子竞技行业最重要的内容输出就是各项赛事，所以对赛事核心人员，如电子竞技选手、赛事裁判、主持人的培养尤为重要。除此之外，还需要保证后勤人员的充足，选手在赛场上能够发挥出最佳状态，呈现一场精彩的赛事，背后离不开的是电子竞技教练、数据分析师、营养师、选手经纪人等人才的支持。内容制作方面，重点需放在对如导演、导播、舞美设计、解说等赛事制播人才的培养上。

产业链下游的内容传播主要需要专业的传媒类人才，可以分为记者、编剧、文案、主播等。因为电子竞技行业具有一定的娱乐性，所以培养思路与传统的新闻传媒人才培养思路也有所不同，必须注重对其思维敏捷度与对热点敏感度的培养，同时此类人才还应该有对行业独到的看法，这些都需要重点培养与训练。公关与市场类人才也必不可少，目前电子竞技产业已经发展出许多衍生产业，如电竞酒店、电竞外设、游戏人物周边等产业，需要产品、商务、品牌营销、媒介等专业人才来运作，不仅需要对接商家、选手与

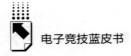

企业，保证生产效率，更需要将电子竞技产品更好地向大众推广，让受众能够认清正版市场，得以消费保质保量、具有设计感的产品。

（三）人才培养政策

自 2008 年国家体育总局将电子竞技重新调整为第 78 个体育项目，电子竞技正式获得"官方认证"以来，国内电子竞技产业就进入了蓬勃发展阶段。通过 2016 年 7 月国家体育总局发布的《体育产业发展"十三五"规划》、2016 年 10 月国务院办公厅印发的《关于加快发展健身休闲产业的指导意见》、2017 年 4 月文化部发布的《文化部"十三五"时期文化产业发展规划》等国家政策的大力推动，电子竞技自 2016 年之后的发展呈现良性化、规范化、规模化、高速化等特征。

2020 年，人力资源和社会保障部首次将电子竞技员职业技能标准列入国家职业技能标准中，这是自"电子竞技员"这一职业在 2019 年 4 月被人力资源和社会保障部等三部门正式列为国家新的职业后，国家又一次对电子竞技行业人才的规范，也标志着社会各界对电子竞技人才的培养迈入了新阶段。这次标准的出台正是基于只有不到 15% 的电子竞技岗位处于人力饱和状态、人才缺口巨大的现状。随着电子竞技行业的迅速扩张，社会各界对从业者的数量和素质也提出了更高的要求，职业化与标准化是完善电子竞技人才体系和保证电子竞技行业生命力的根基。

职业电子竞技员指从事不同类型电子竞技项目比赛、陪练、体验及活动表演的人员。这些人员的主要工作是参加电子竞技比赛；其他工作包括进行专业化的电子竞技项目陪练及代打活动；收集和研究电竞战队动态、电竞游戏内容，提供专业的电竞数据分析；参与电竞游戏的设计和策划，体验电竞游戏并提出建议，参与电竞活动的表演等。

电子竞技员国家职业技能标准将电子竞技员划分为 5 个职业技能等级。分别是五级/初级工、四级/中级工、三级/高级工、二级/技师、一级/高级技师，一级为最高，并规划了每一等级应具备的职业技能。申报不同级别，有相应的从业时间、参与赛事和获奖情况的要求。比如，申报一级电子竞技员要求从业者取得二级证后继续从事相关职业 4 年以上或获得电子竞技国际赛事奖项。电子竞技从业者评级，需参加理论知识考试和专业能力考核。

由此可见，目前，国家对电子竞技人才职业活动的具体工作内容、技能、知识要求都做出了明确的规定。该标准的发布对电子竞技人才培养的教材编写、题库编写、电子竞技人才等级的鉴定标准都有指导作用。"持证上岗"与行业内的评级制度的优化不仅有利于个人职业的发展，对选手退役后的转业也有很大的帮助。

二 电子竞技人才发展现状

（一）人才供需现状

2019 年 6 月，人力资源和社会保障部官方网站发布《新职业——电子竞技员就业景气现状分析报告》，分析了包括电子竞技选手、教练、技术人员等电子竞技行业各种岗位的就业现状。报告显示，中国电子竞技专业人才稀缺，预测接下来五年电子竞技员人才需求量近 200 万。企鹅智库、腾讯电竞、《电子竞技》杂志联合发布的《2021 年中国电子竞技运动行业发展报告》显示，2020 年中国电子竞技整体市场规模超过 1450 亿元，可见电子竞技行业市场规模之大，这样一个产业链完整、蓬勃发展的新兴产业对人才的需求量较大，但供给尚未跟上。

如今，电子竞技围绕电子竞技赛事已经发展出上百个职业工种，集中分布在电子竞技俱乐部、媒体及内容制作、赛事活动公司、直播平台等层面。随着电子竞技产业体量逐年增长，人才缺口问题愈发凸显。《2021 年中国电子竞技运动行业发展报告》显示，89% 的电子竞技从业者认为行业存在人才缺口，其中，深圳、成都、重庆、武汉等一线和新一线城市需求更大。随着电子竞技项目进入亚运会，国际奥委会正式承认电子竞技为体育运动项目，电子竞技赛事运营官、俱乐部经理人、电子竞技馆馆长、数据分析师、电子竞技领队、裁判员、解说员、电子竞技运动员成为新兴职业，社会需求

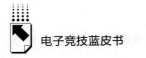

量大，待遇也随之水涨船高。

大众普遍的印象中，进入电子竞技行业唯一的渠道便是成为电子竞技职业选手，必须"打游戏"。但实际上，这类人才在经过第一轮机构建设后，市场需求已经趋于饱和，无论是行业顶尖选手还是后备力量都较为充足。目前行业中最稀缺的人才其实是经营管理类人才，行业内成熟的职业经理人屈指可数。除此之外，对于公关与市场销售类、专业内容制作类和赛事支持类人才的需求也较大。

（二）人才培养现状

2019 年人力资源和社会保障部发布的《新职业——电子竞技员就业景气现状分析报告》显示，在被调查的人员中，约有 80% 的人员年龄在 30 岁以下，大部分人员的学历在高中或中专、大专、本科层次，其中高中或中专学历大概占比为 46%，大专学历占比为 38%，本科及以上学历占比为 16%，电子竞技行业从业人员普遍呈现学历偏低的状况。从人才需求来看，紧缺的几类人才是明显的技术驱动型人才，可见目前对电子竞技人才的培养不能仅从兴趣爱好出发，要逐步转为专业能力驱动的模式，急需培养高层次、复合型人才。

中国电子竞技教育分为两类。第一是在普通教育方面，自 2016 年教育部新增"电子竞技运动与管理"专业以来，已有一批高校开设了电子竞技相关专业，如包括中国传媒大学、南京传媒学院以及四川电影电视学院在内的多所本科院校纷纷开设电子竞技专业，将电子竞技相关专业纳入高校教育体系之中。电子竞技运动员或教练等从业人员的培养相对来说偏高职化，而本科教育要培养的是理论性电子竞技工作者，所以电子竞技专业本科教育主要围绕电子竞技赛事相关运营管理方面设置，其目标是培养服务电子竞技产业发展的人才，以满足电子竞技赛事策划、赛事运营等岗位对职业技能的需要。虽然学习周期较长，但是培养出的人才很受市场欢迎，如上海体育学院在 2018 年开设了播音主持专业电子竞技解说方向，首届招生 20 人，他们的学生在大三就已经参与到了 S10 入围赛的解说工作之中，电子竞技行业对人才的渴求可见一斑。

目前在院校电子竞技行业人才培养方面，专科院校占比较大，如海南工商职业技术学院、广东岭南职业技术学院、广东华商技工学校等均开设了电子竞技相关专业。这类高职院校对于电子竞技人才的培养更侧重于应用技能的传授。比如，上海市商贸旅游学校在2019年开设了电子竞技运营与管理专业，课程涉及电子竞技赛事策划与执行、场馆管理、直转播技术等，学生所学技能跟具体岗位技能需求联系十分紧密。

在职业教育方面，由于各种因素的制约，教学质量参差不齐。人才培养主要依靠各大俱乐部，"电竞青训营"往往是国内电子竞技选手职业生涯的起点。俱乐部重点培养的是职业电子竞技运动员。这类人才接受职业教育，即进入俱乐部时年龄都比较小，淘汰率高，大部分在成年之前就已经结束电子竞技职业生涯，基本不会再去继续接受高等教育，这也导致他们退役后面临出路较少、再就业困难的局面。

2021年，游戏防沉迷新规出台，截至2021年9月3日，KPL、LPL、PEL、NeXT等多项电子竞技赛事官方回应，将响应国家政策号召，对参赛选手年龄展开合规限制。政策大幅收紧的现状下，已有未成年电子竞技选手被移出参赛名单，如2021年9月2日，LPL战队OMG中单选手Creme因未满18岁，已被OMG官方从选手名单中移除。此前，Creme在LPL夏季赛中有着出色的表现，曾被誉为"最佳新秀"。若按照防沉迷新规中的要求，该选手至少要年满18周岁后才可继续上场，这也使许多未成年选手面临被解约的风险。

限制未成年人参与电子竞技赛事目前可能对于电子竞技行业的发展造成一定的影响，但是对于国家的发展大局和电子竞技行业的健康发展来说，对电子竞技选手年龄做出限制是有必要的。因为中国目前对于国内的电子竞技选手的培养过于揠苗助长，各大俱乐部普遍要求电子竞技运动员在18岁前做出成绩，但由于未成年选手身体还未发育完全，过度透支精力必将缩短其职业生涯，不利于个人的成长。

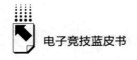

（三）人才培养中存在的问题

1. 实践经验不足

2016 年 9 月，教育部发布了《〈普通高等学校高等职业教育（专科）专业目录〉2016 年增补专业》，明确"电子竞技运动与管理"专业的开设许可，该专业代码为 670411，属于教育与体育大类下的体育类，并于 2017 年起执行。但是电子竞技产业毕竟有着受众广、以游戏为依托等特点，这使培养优质电子竞技人才障碍重重，只能摸着石头过河，采取"以战养战"策略，以实战经验为基础一步步发展，无法快速组织如主流学科一样的系统化学科建设。虽然面对着巨大的人才缺口想要输出数量可观的优秀人才，但是最少三至四年的培养期让其很难短时间内满足行业需求。人才培养期间也很难借鉴其他学科已有经验，全新的专业必然没有系统性的办学经验可以借鉴，没有对应的课程体系可以参照，没有成熟的校企合作模式可以推广，没有工作领域任务与学习领域课程进行对接，对应岗位尚缺乏明确清晰的职业要求和技能标准。这就要求在人才培养和输送方面，各院校需循序渐进，切勿急功近利。

电子竞技是利用电子设备作为运动器械进行的、人与人之间智力和体力结合比拼的竞技运动，其衍生专业也离不开软硬件设施的支持，虽然多数高校可实现计算机设备辅助教学，但是其配置往往只能支持资料收集、教学展示等，无法满足电子竞技专业的教学需要。这就要求高校在培养人才时重视"社会教育"，作为应用性极强的专业，应该积极鼓励学生参与社会实践，鼓励学生实地学习与训练，在俱乐部、游戏公司等龙头企业中感受氛围，以此明确就业方向。

2. 社会认同度低

电子竞技行业走向大众，被纳入高职招生目录的时间较短，真正经过专业学习并从事电子竞技行业的人才更是少之又少，并不可观的就业率和尚未拓宽的就业渠道使许多人望而却步，社会对于电子竞技行业的认同度仍旧有待提升。

从职业电子竞技运动员的角度来说，目前顶尖选手的年龄大多在 18 岁至 25 岁，人才挖掘的偶然性极强。并且选手想要从业，基本需要暂时放弃学业，许多家长并不认可，在他们看来，从事电子竞技相关工作就是"打游戏""不务正业"，既不体面也没有稳定的收入，并不如职校热门的机电工程、电子电工、汽修等专业能够为就业做保障。从学生的角度来说，即便能够顶住家庭的压力，还是要考虑未来的发展。电子竞技选手的职业生涯基本只有五至十年，退役后何去何从？自身实力和抗压能力是否能保证在此行业取得一席之地？不管从年轻人自身还是从家长角度考虑，这些因素都使从事电子竞技行业成了一个艰难的决定。

对于其他电子竞技经营与管理、游戏策划与执行、传媒方面的技能型人才，社会也存在着许多误解。一方面是将他们与电子竞技职业选手混淆，认为他们学习的是游戏操作、游戏战略等实操课程，但实际上，他们需要学习的是市场营销、视觉设计、经济学、计算机编程、电子竞技心理学、电子竞技产业分析与管理、电子竞技行业生态等多领域的知识与技能，这样的培养能使人才满足多学科融合的技能要求。另一方面是对于目前就业情况的误解，社会普遍认为的"好工作"是稳定的工作，比如有编制的体制内工作。基于此观念，许多学生在毕业后会选择与本专业毫不相关的工作，但实际上，电子竞技行业的兴起带来的是可观的红利，目前职业选手的主要收入包括底薪、奖金、绩效奖金等，部分人还会参加商业活动创造额外收入。不同层次的电子竞技职业运动员薪酬水平存在较大差异。一线电子竞技员、二线电子竞技员、青训生的薪资水平明显不同，顶级职业电子竞技员年薪可达百万以上，但是三线电子竞技员一个月可能只有 6000 元左右的收入。

同样，就目前业内需求旺盛的俱乐部运营岗位人才来说，中小型俱乐部运营岗的一年薪酬为 10 万至 25 万元，大型俱乐部运营岗的一年薪酬为 35 万至 60 万元，且不包括奖金，但这只针对能力极强、手里有一定人脉资源的成熟运营者而言，刚进入岗位的员工一个月通常只有几千元的基本工资。所以，引导高校毕业生转变就业观念势在必行。转换思维方式后，不仅能发现更广阔的就业渠道，也能使大众塑造就业新观念；对就业内容

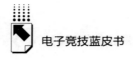

与方向有了全新的认知，能够以开放的心态、崭新的观念，拥抱电子竞技这一区别于传统稳定就业方式的"新就业形态"。

3. 培养体系尚未完善

从高校培养来说，目前虽然已经有很多学校开设了电子竞技相关专业，但尚未形成完善的教学体系；从职业教育来说，俱乐部、赛事方需要建立有效的培训、晋升体系，健全赛训制度，以保证职业人才的持续供应。科学技术的发展比如5G的推进，VR、AR技术的应用，势必会推动电子竞技行业岗位职能的变化，人才需求的改变要求院校在专业建设与人才培养方面要与时俱进。那么如何建立更科学、合理且契合行业特点的电子竞技专业人才培养模式便成了专业建设的重中之重。

除了已有的课程体系外，还有一些高校另辟蹊径，开设了"电子竞技人才研修班"，这类课程一般准入门槛较高，并且收费高昂。2021年，北京大学首次开设电子竞技高级人才研修班，开设课程以哲学、商学、管理学、体育学为主，并邀请电子竞技行业成功企业家授课，主要招生对象为电子竞技产业管理人员，旨在培养电子竞技行业领军人物。该课程收费68000元，首批参与课程的人有盛杰电子竞技学院校长、SJG电子竞技俱乐部创始人胡轩川等。可见此类研修班的受众并不是普通大众，其目的更多的是为行业领军人物提供一个交流与学习的平台。

目前中国电子竞技行业尚未形成固定的地方性比赛体系，多是商业投资的大型赛事，这类赛事的参赛选手基本是俱乐部已经培养成型的知名选手，很少有新星能够崭露头角。目前国内电子竞技产业正试图接轨传统体育，实现赛事与选手的双向激励。因为参与比赛既能激发学生学习的兴趣，激励教师教学的积极性，检验教学成果，也能衡量目前教材和教育方式是否适合行业要求，提高教育质量，培养更多优秀人才，所以完善的培养体系中，必须融入实际参赛环节，以赛促教、以赛促学、以赛促改、以赛促建，只有在实际比赛中才能获得更多的经验才能更好地发展高校电子竞技教育。腾讯电竞负责人侯淼在2020全球电子竞技运动领袖峰会上表示，2020年腾讯电子竞技运动会将正式启动省队赛模式。他提出"这一模式既可为更多地方电子竞技选手提供高水平比赛平台，为地方培养人才提供更好的渠道，也能促进地方电子竞技产业的发展，加强大众对电子竞技产业的认知，实现对电子竞技生态的反哺"。

三　电子竞技人才培养

（一）高校人才培养示例

2016年9月，教育部在《〈普通高等学校高等职业教育（专科）专业目录〉2016年增补专业》中，公布了13个增补专业，其中就包括"电子竞技运动与管理"专业，专业代码670411，属于教育与体育大类下的体育类，① 这是电子竞技教育走入高校的开端。在许多高职院校"试水"之后，2017年，中国传媒大学与中国头部电子竞技赛事公司量子体育VSPN合作，开办了首个具备211本科学历认证的电子竞技专业。

中国传媒大学将这一新开设的专业归类于数字媒体艺术专业下新设的数字娱乐方向，希望能培养一批在游戏策划、电子竞技运营与节目制作方面出类拔萃的人才，并根据此目标安排了与电子竞技相关的运营策划、产业管理等课程，其中不乏经济学、心理学、社会学等基础人文课程，属于艺术类一本专业。首批招生20人，文理兼收，学制4年，学费8000元每年。招生方式也与传统的高考流程一样，初试分为面试、笔试、命题创作三轮考试，学校综合考察考生在影视、新媒体、活动组织、创造力、审美、逻辑等方面的综合能力，并且着重强调写作能力，初试通过后，后续高考分数还需要达到录取分数线，才能被录取。

中国传媒大学之所以能成为第一所开设数字娱乐专业的本科院校，是因为其本身有着丰富的教学资源与教育经验。首先，中国传媒大学在2004年

① 赵明：《我国高校电子竞技联赛特征分析及推进策略研究》，硕士学位论文，集美大学，2018。

开始招收动画专业（互动艺术方向）学生，2010 年开始招收数字游戏设计专业（分游戏设计艺术与游戏设计技术两个方向）学生，在电子竞技教育相关方面积累了 10 多年的教育经验，培养的学生在业界有很好的口碑。其次，中国传媒大学对该专业有着成熟的教学规划，配备了专业的师资队伍，不仅有电子竞技资深从业者教授程序、游戏美术等赛事相关的课程，学生还可以利用学校资源深度接触电子竞技赛事的主办方，并在导师的帮助下举办一些小型比赛；除了固定的师资团队，学校也会请来一些优秀电子竞技员给学生分享比赛经验，让学生更加了解行业现状，帮助学生理论结合实践学习。

从培养方向上看，传媒是电子竞技行业中重要的组成部分，它既可以为产业做宣传和推广，又可以通过赛事转播、衍生节目传播等形式，直接在产业链中创造价值。中国传媒大学敏锐地发现了电子竞技行业中内容传播、运营、策划方面的人才缺口，不同于以往商业机构或是高职院校有针对性的、详细划分后的教学结构，中国传媒大学旨在培养一批具备传播、运营、策划等综合能力于一体的电子竞技复合型人才。

教学内容上，中国传媒大学坚持应用与理论相结合，保证传授的知识具有可验证性。中国传媒大学致力于打破学科壁垒，加强电子竞技专业与本校王牌专业的联动，以实现教研资源共建共享。例如，目前中国电子竞技解说的整体水平还有极大的提升空间，电子竞技产业想要向更优质的方向发展，就必须要有一支文化水平高、业务素养高的解说员队伍，在这方面，中国传媒大学播音主持艺术学院作为全国配音播音主持高级人才学院，可以提供支持。

2020 年，中国传媒大学又一次展开了新的尝试，宣布与虎牙公司达成深度战略合作协议，共同设立中国传媒大学－虎牙电子竞技研究中心。双方通过校企联合，致力于培养中国未来各类电子竞技人才，进一步推动中国精品电子竞技品牌升级，打造中国电子竞技产业生态，并以更加完善的行业标准促进电子竞技产业蓬勃发展。

电子竞技行业经过多年发展，逐渐形成了一定的规模，除了对电子竞技选手的需求外，电子竞技赛事组织管理、赛事录制制作、俱乐部经营、经纪人业务等方面也需要人才，而要让行业得到提高和升华，形成稳定的行业生态，就必须要有更多专业人才的加入。能提供学历学位证明、与龙头企业有合作、保证就业率的高校的加入无疑使电子竞技行业的发展更加有保障。

（二）产业人才培养示例

虽然高校是自 2016 年才开始尝试将电子竞技列入专业学科之中，但是电子竞技产业对电子竞技人才的培养从未停止过。与高校"教书育人"的出发点不同，商业机构对电子竞技人才的培养主要出发点是"利益至上"，能够为其创造商业价值的人才才有培养的必要，这已经成了行业内不言而喻的共识，所以商业机构人才培养的重点仍旧是对职业电子竞技选手的培养，毕竟高水平职业选手是维持电子竞技赛事长久生命力、给观众们提供高质量高水准比赛观看体验、获得流量与热度进而创造价值的主体。

中国电子竞技行业最经典的商业培养模式非"青训营"莫属，各大俱乐部等电子竞技相关企业或是通过微博等社交媒体进行公开招募，或是在"韩服"或者"国服"高分段观察、筛选，或是借由相关电子竞技职业选手、从业者的介绍等自主挖掘的传统方式，或是通过与其他机构、平台进行合作的方式招募和挖掘有潜力的新人选手，新人选手加入"青训营"后，采取封闭训练的方式速成教学。

目前，只有各大知名俱乐部的"青训营"能为学员提供较为正规的训练课程。而游戏企业本身开设的"青训营"就更具有针对性，例如 KPL（王者荣耀职业联赛）"青训营"，该训练营的建立就是为了招募热爱《王者荣耀》这一游戏、拥有高超电子竞技技术并且有意愿踏上电子竞技之路的青年玩家，并有意愿吸纳其中的优秀学员加入 12 个 KPL 俱乐部。KPL 是王者荣耀最高规格专业竞技赛事。全年分为春季赛和秋季赛两个赛季，每个赛季分为常规赛、季后赛及总决赛三部分，已经被列入亚运会的比赛项目。此类职业电子竞技赛事作为极具观赏性、受众群体范围极广的大型赛事，势必会在给现役战队选手们铺设辉煌道路的同时，培养出后备新生力量。

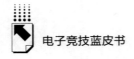

"青训营"是把电子竞技人才进行职业化培训的地方，比如2014年夺得LPL春季赛冠军的选手诺言就是第一届KPL"青训营"中的佼佼者。另外，AG的一诺选手也是从第一届"青训营"中选拔出来的。目前想要进入KPL"青训营"的条件也是非常严苛，从2019年的夏季"青训营"选拔情况来看，总共有三类人员可以加入。第一类是在次级联赛征战并且晋级的选手；第二类是"路人王"，需要在巅峰赛排名前50，大概就是2000～2100分以上的"国服"水平玩家；第三类是有过KPL、预选赛或者是次级联赛决赛经历的各大知名俱乐部推荐的选手。

以KPL的夏季"青训营"为例，每年七月末至八月末是"青训营"的培训期，选手们进入"青训营"后必须签署协议才能进入到正式训练中。每周一到周四，他们会以BO5大循环的方式进行为期近一个月的"厮杀"，赛制设置与赛场安排会最大限度地模拟KPL正式比赛。在训练结束后，俱乐部将通过投票选拔的方式选出优秀学员，作为KPL秋季赛的候补队员。

KPL"青训营"的训练不同于一般的训练那样枯燥乏味，它主要采取模拟正式比赛的训练方式，有专业的教练随时贴身指导选手们的各项操作，以自己丰富的实践经验来为选手们量身制定训练计划。赛后，会有专业的分析师一帧一帧回放比赛视频，找出薄弱环节，加强训练，以此提升弱项，开发新的战术体系。除此之外，KPL会根据特有的能力评估系统对选手的各方面属性进行评估，帮助选手扬长补短，提升职业水平和赛训能力。整个训练模式力图做到标准化、专业化，对战房、导播、解说、OB、接待等都有周全的安排，以此让青训选手们有一种真正坐在KPL职业联赛舞台上比赛的感觉。同时"青训营"也会给予选手们紧迫感，时刻提醒他们，不要因为只是单纯的训练就放松警惕怠慢下来，将每一场训练都当成一局正式比赛，这样经过上百场的训练后才能见到成效。

（三）强化行业"产学研用"深度融合

电子竞技人才应该分层次、多渠道地培养。第一个层次是通过俱乐部健全青训体系，不断培养水平高、实力强的职业选手，发掘有天赋的电子竞技人才。第二个层次是职业教育要跟上，实现产教融合，立足电子竞技人才培养特点，制定人才培养模式体系，为电子竞技行业输送新鲜血液。第三个层次是瞄准电子竞技产业人才需求，以电子竞技教育实训高校基地为起点，准确把握人才培养定位，源源不断输出人才。

首先，应该推进行业"产学研用"专业机构多元化。设立专门的机构推进"产学研用"深度融合。包括商业机构成立的人才培养中心以及大学专门的人才管理中心等，负责人才的培养及与市场的对接，保证供需平衡。同时积极促进高校与企业之间的沟通，将电子竞技内容学习、实训基地建设、教师锻炼、学生实训等融为一体，推进专业与产业无缝衔接、人才培养与行业发展紧密结合。

其次，应该建立激励性"产学研用"深度融合机制。对于许多家长而言，电子竞技往往与沉迷游戏画上等号，甚至抱有"鼓励电子竞技就等于鼓励玩游戏"的想法。只有建立起实际激励性机制，将精神激励、薪酬激励、荣誉激励、工作激励摆在实处，才能改变相当一部分人的固有思维，将广阔的行业发展前景稳健地纳入长远规划中，谋求产业纵深发展。

最后，应该鼓励融合方式多样化。一是高校不仅可以与企业合作，甚至可以自办企业，缺什么样的人才就培养什么样的人才，真正了解市场需求后制定人才的精准培养方案。二是联合研究方式，由政府、企业与大学围绕基础性人才、高精尖领域人才等培养方式，共同展开调研，互相分享培养理念、经验与心得。三是共建实体方式，由高校与其他机构、企业共同建立电子竞技实操平台或联合举办赛事，协同促进"产学研用"深度融合。

B.7
中国电子竞技直播发展报告（2022）

李萌　邱新然*

摘　要： 目前，中国电子竞技直播主要存在以下几个发展特点：行业发展迅速，市场格局稳定；市场运营优势明显，产业布局稳定；平台面临转型，内容成为关键因素。头部电子竞技游戏蓬勃发展，中国电子竞技直播的社会影响力进一步提升，商业化发展程度进一步加深；电子竞技直播的运作模式不断被拓展，电子竞技内容和版权受到更多的关注。直播上下游业务被拓展，并产生了诸如云游戏、带货、游戏宣发等多种形态。国内各大直播平台都在积极探索“直播＋”的发展可能性，以电子竞技为核心内容，电子竞技直播不断向文娱、文产、教育等领域渗透，不断产生新的衍生产业，出现了平台内容多元化、电商业务深度发展的电子竞技产业新样貌。在人才培养方面，电竞主播和赛事解说员等职业成为电子竞技直播人才培养的主要对象，训练和教育好电子竞技的专业直播人才成为业内迫切的需要。为此，越来越多的电子竞技公司开始进入电子竞技教育领域，将自己的先进产业经验赋能传统的教育体系，为电子竞技专业直播带来了大量有益的行业资源与实践知识。

关键词： 电子竞技　直播　电子竞技衍生产业

---

* 李萌，广州虎牙信息科技有限公司党委书记、总编辑、高级副总裁，广州市游戏行业协会常务副会长，北京市电子竞技产业发展协会监事长，中国传媒大学硕士研究生导师；邱新然，中国传媒大学传播研究院传播学专业硕士研究生，研究领域为传播理论与历史。

一 电子竞技直播发展现状与运作模式

（一）发展现状

艾瑞咨询发布的《2020 年中国游戏直播行业研究报告》显示，中国游戏直播发展经历了四个阶段：一是 2013 年之前的萌芽期，电子竞技游戏催生了游戏直播需求，视频网站开始打造自己的直播子系统；二是 2013～2014 年的增长期，各平台下直播子系统独立运营成为最早的电子竞技直播平台；三是 2015～2018 年的爆发期，移动电子竞技的爆发推动游戏直播市场的发展，腾讯入股斗鱼、虎牙，加大对头部游戏直播平台的投资，虎牙直播成功上市；四是 2019 年至今的成熟发展期，斗鱼上市，哔哩哔哩、快手直播、西瓜视频、酷狗直播等平台加大对游戏直播的投入，游戏直播行业呈现"两超多强"的局面。直播平台市场规模增长体现在两方面：一方面是带宽、人员等成本控制拉动平台盈利能力持续提升；另一方面直播带货、云游戏、付费直播等新业务形式推动了市场的快速扩张（见图1）。

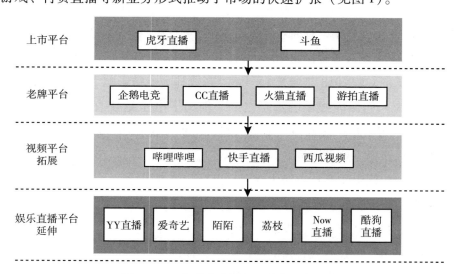

图1　2020 年游戏直播行业整体竞争格局

资料来源：艾瑞咨询研究院。

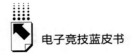

《2021年中国游戏直播行业研究报告》显示，2020年中国游戏直播市场规模达到343亿元，在虎牙直播、斗鱼等头部直播平台的带动下，市场仍保持着一定的增速。随着哔哩哔哩、快手直播等视频平台游戏直播业务的快速发展，仅统计游戏直播平台收入的方式已经不能确切反映游戏直播在国内的发展状况，更多视频平台的游戏直播内容带来的收入也应当被纳入统计范围。这些平台游戏直播业务的快速发展，将给游戏直播市场带来新的活力。

此外，《2021年中国电子竞技行业研究报告》指出，头部电子竞技游戏及赛事影响力的持续提升和商业化发展进程的不断加速，推动了电子竞技产业链下游的电子竞技直播、电子竞技媒体、电子竞技衍生等业态的快速发展。

随着人们娱乐休闲方式的多样化，观看电子竞技游戏直播逐渐成为越来越多电子竞技爱好者的娱乐休闲方式；同时，随着电子竞技用户群体年龄的增长及消费能力的提升，电子竞技游戏直播的未来市场空间将越来越大。人社部2019年发布的《新职业——电子竞技员就业景气现状分析报告》显示，2017年中国英雄联盟职业联赛（LPL）全年赛事直播观赛超100亿人次，仅2018年上半年，直播观赛人次就超70.9亿。而S8总决赛直播，更吸引全球2.05亿人观看，超全球人口的1/30。2019年中国游戏直播平台用户规模达3亿，较2018年增长15.4%。新冠肺炎疫情影响下，观看电子竞技直播成为人们休闲娱乐的选择之一，推动了电子竞技直播用户规模在2020年的稳健增长；随着用户增速的趋缓，扩大付费用户规模成为游戏直播平台下一步的主要发展策略。

目前，中国电子竞技直播主要存在以下几个发展特点。

1. 行业发展迅速，市场格局稳定

电子竞技游戏行业高速发展，为电子竞技直播提供了大量优质的直播内容，推动了电子竞技游戏直播的高速发展，促进了电子竞技直播商业盈利模式的不断拓展。艾瑞咨询发布的《2020年中国游戏直播行业研究报告》显示，2019年，直播业务收入仍是中国独立游戏直播平台主要的收入来源，占整体收入的 93.5%。随着各平台云游戏、直播带货等新型业务的快速发展，游戏直播平台的收入来源将愈加多元化，直播业务的收入占比会逐渐下降（见图 2）。

图2　2017~2022 年中国独立游戏直播平台市场规模占比情况

注：2021 年、2022 年中国独立游戏直播平台市场规模为预测数据。

资料来源：艾瑞咨询研究院。

艾瑞咨询发布的《2020 年中国游戏直播行业研究报告》显示，随着虎牙直播、斗鱼的敲钟上市，游戏直播行业集中度不断加强并基本确立了"两超多强"的整体竞争格局。2019 年以后，没有新的独立游戏直播平台成立，说明游戏直播行业已趋于饱和。但游戏直播作为重要的内容产业赛道，仍具有吸引力和新机会。一方面，哔哩哔哩、快手直播、西瓜视频等新锐视频网站正在拓展游戏直播业务并持续加大投入；另一方面，酷狗直播、Now直播、爱奇艺等众多娱乐直播平台衍生出游戏直播板块，构建多元化直播内容生态，游戏直播下半场的竞争仍然十分激烈。

2. **市场运营优势明显，产业布局稳定**

电子竞技直播的用户黏性高于其他产业，用户存留率较高，具备一定的变现能力，符合网络巨头商业市场布局的需求。

目前中国游戏直播产业内电子竞技的内容版权方（例如游戏版权方、

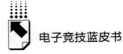
赛事版权方、IP版权方）将游戏授权给游戏直播平台，同时，联合其他内容提供方，例如职业选手、公会主播、个人主播等持续输出直播产品，此外，还提供电竞赛事、娱乐综艺制作节目给电子竞技直播用户。品牌赞助方和商业合作方对电子竞技直播提供营销赞助，从而推动了电子竞技直播的发展（见图3）。除了对直播内容的丰富外，各平台还将直播、视频与社区融合，致力打造平台内流量闭环，进一步提升用户黏性和活跃度。

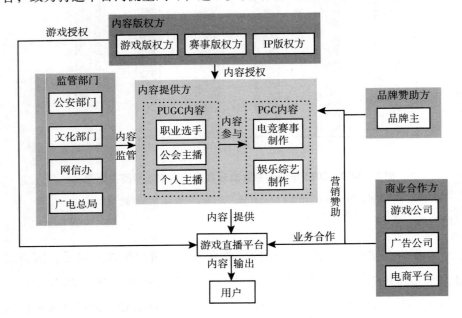

图3 2020年中国游戏直播产业布局

资料来源：艾瑞咨询研究院。

3. 平台面临转型，内容成为关键因素

单一电子竞技直播竞争进入了尾声，以传统游戏直播为内容的平台面临转型，即现今游戏直播需发展为具备综合直播内容、多元化娱乐方式的泛娱乐形式，而在这其中直播内容成为竞争的关键因素。除了传统的游戏实时直播、游戏赛事转播、游戏视频直播等，电子竞技直播产业还需横向拓宽到影视、综艺、医疗、教育等多领域，吸引不同领域用户的多元化直播形式是未来电子竞技直播的发展重点。中国单一游戏直播平台竞争已经进入尾声，未

来在电子竞技直播领域将横向发展打造多维度属性角色，容纳各领域角色参与其中。

此外，巨大的受众基础以及平台自身内容建设使除电子竞技游戏外越来越多的娱乐内容登陆直播平台。泛娱乐化成为电子竞技直播未来的发展方向。"直播＋综艺""直播＋教育"等成为未来电子竞技直播的发展趋势。

（二）运作模式

直播平台突破原有发弹幕、打赏的互动方式，拓展电子竞技直播的运作模式，通过融合云游戏、带货、游戏宣发等多种形态提升用户的电子竞技互动体验。

1.注重电子竞技内容，拓展上下游业务

相较于哔哩哔哩和快手直播等新入局者，虎牙直播和斗鱼等直播平台胜在拥有庞大的用户群体基础和较高的群体渗透率。面对新入局者的挑战，传统电子竞技直播平台正通过进一步丰富直播内容，利用高新技术提升用户观赛体验等方式提升竞争力。如虎牙直播在深耕电子竞技内容、积极拓展电子竞技游戏赛事直播内容的同时还加强布局娱乐赛事节目，积极向产业链上游拓展业务。电子竞技直播平台内容的丰富，使更多盈利点出现，有助于提高平台整体价值。

2021 年 3 月，虎牙直播上线一系列直播互动新玩法，包括直播互通游戏、直播间掉宝、直播带货、一键开黑、一键开播、游戏信息面板、主播撞车七大核心开放能力，持续提升用户的直播体验。在直播互通游戏板块中，观看直播的观众可通过发送弹幕和打赏赠礼来影响游戏走向，目前虎牙直播已与《妄想山海》试点合作；直播带货是主播通过直播活动对游戏的虚拟道具、货币等进行直播带货，虎牙直播于 2021 年 3 月 23 日上线热门手游 *CFM* 的直播带货活动，厂商、工作室可通过开放平台，自主设定道具并即刻预览，实时监测数据，精准追踪品效；直播端一键开黑与游戏端一键开播功能，将"看＋玩"融为一体，实现用户与主播身份的无缝切换，缩短了从直播到游戏的路径，也为新游戏主播与更多 PUGC（专业用户生产内容）的

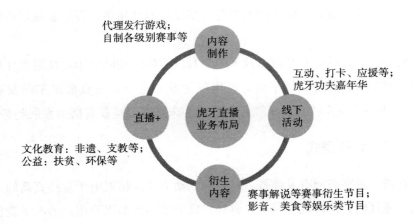

图4 虎牙直播业务布局

资料来源：艾瑞咨询研究院。

产出提供了便利；游戏信息面板与主播撞车功能则与虎牙直播游戏用户画像、电子竞技社区氛围精准匹配，通过这两个功能，用户可在直播中实时查看游戏数据，针对同一局游戏内的虎牙主播开启分屏模式同时观看，进一步提升了用户的观看体验，增加了直播内容的趣味性。作为一种全新的沉浸式直播互动玩法，该模式融合了游戏与直播数据，游戏内"主播吃鸡""击杀"，或直播间内"弹幕爆炸""礼物飙升"等均可实时触发厂商为观众们准备的游戏专属道具。①

2. 发展直播业务，版权是关键

哔哩哔哩、快手直播等新入局者主要通过在版权方面发力，撬动自身直播业务。2019年底，哔哩哔哩以8亿元购买《英雄联盟》世界赛中国地区三年独家直播权成为其发力电子竞技直播的重要节点。2020年，针对直播业务，哔哩哔哩在头部主播、内容生态、政策扶持等方面进行了全方位布局。哔哩哔哩2020年第四季度营收数据显示，其在直播等增值服务业务的收入同比增长118%，是营收占比最大的业务板块（见图5）。

---

① 极客网：《虎牙正式上线直播互动开放平台》，2021年3月26日，https://www.fromgeek.com/internet/50-387198.html。

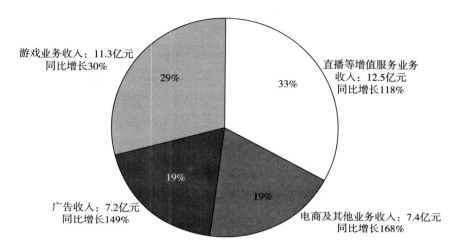

图 5　哔哩哔哩 2020 年第四季度营收结构及同比增长情况

资料来源：艾瑞咨询研究院。

二　电子竞技赛事直播案例分析（以英雄联盟总决赛直播为例）

直播行业可以分为 4 个发展阶段（见图 6）。第一个发展阶段即 2005～2010 年的图文秀场时代，此阶段，中国电子竞技直播互动主要以连麦聊天方式进行，并且以 PC 端为主要的互动平台。第二个发展阶段即 2011～2013 年的游戏直播时代，侧重于游戏直播视频和互动。2011 年《英雄联盟》在国内的"开服"和发展与直播行业的兴起相辅相成，催生了国内电子竞技直播行业，对中国游戏直播行业的发展起到了至关重要的作用。第三个发展阶段即 2014～2016 年的泛娱乐时代，2014 年亚马逊收购游戏视频网站 Twitch 引发了国内市场对此行业的深度挖掘，在多方资本的介入下，众多直播平台应运而生，同时催生了一批直播软件。第四个阶段即 2017 年至今的未来"出海"时代，中国电子竞技直播行业未来主要具有短视频联合直播、内容的精细化垂直化发展以及本国直播平台向海外市场拓展等多种发展趋势。

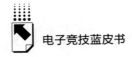

图文秀场时代 （2005~2010年）	游戏直播时代 （2011~2013年）	泛娱乐时代 （2014~2016年）	未来"出海"时代 （2017年至今）
从纯文字到表情，再到简单直播互动，美女声优为核心资源，以PC端为主	起源于美国的Twitch，主打游戏直播视频和互动，国内开始效仿	主播黄金时代，资本介入，国内众多互联网企业纷纷涉足	探索"短视频+直播"新模式，东南亚和东北亚市场潜力无限

图6 直播行业发展阶段

资料来源：腾讯游戏学院。

三 电子竞技直播衍生产业

近年来，各大直播平台都在积极探索"直播＋"的各种可能性，它们通过向电子竞技、综艺、旅游、教育等领域渗透，不断产生新的衍生产业，从而找到新的商业化渠道、丰富自身的直播生态体系，提升自己的商业变现能力，以此立足电子竞技直播领域。而类似斗鱼、虎牙直播这样以游戏、电子竞技为核心直播业务的平台，面临商业变现渠道过于单一的困境，更需要积极改变产业结构，发展衍生产业。

（一）平台内容多元化

目前，中国游戏直播平台内容趋向多元化，各大企业在积极打造内容生态。随着行业的发展，游戏直播平台的内容竞争已经从游戏主播"挖角"竞争转变为内容生态竞争，直播内容成为直播平台的核心竞争力。头部游戏直播平台十分注重直播内容的多元化构建，在原有游戏和赛事直播内容之外，不断拓展娱乐、秀场、自制赛事、自制综艺等多样化内容形态。新冠肺炎疫情期间，游戏直播平台在社会公益、在线教育、电商购物、影视综艺等领域做了更多探索性直播尝试（见图7）。

以斗鱼直播平台为例，在游戏内容方面，斗鱼通过签约业内优质游戏主播、覆盖行业内顶级赛事直播等方式，提高平台各个游戏垂直板块内容的专业度。在游戏社区打造方面，斗鱼则紧追赛事热点，积极营造赛事的实时讨论氛围，引导赛事用户加入相关游戏社区。同时，斗鱼还积极引导游戏主播和粉丝进行游戏内容创作及讨论，逐步打破主播、粉丝壁垒，打造以电子竞技为核心的游戏社区。2020年第二季度，斗鱼举办了包括"斗鱼黄金大奖赛"在内的50多个高质量电子竞技赛事，赛事期间游戏分区用户量增加，用户活跃度大幅提升。此外，斗鱼还持续发力美食、生活、科教等多元化板块的内容创新，致力于为用户提供更加精彩的直播内容。除了对游戏赛事和美食等内容的投入和创新，斗鱼还有鱼吧、视频、陪玩、语音等形态多样的内容板块，能够满足不同用户的多元化需求。目前，斗鱼已经形成了"多元直播（游戏、美食、生活、科教直播等）+赛事转播+自制赛事"的多角矩阵，这也意味着，除了游戏和传统的直播内容外，斗鱼的户外、美食、娱乐等生活分享板块内容也日渐丰富。这不仅能为老用户带来更加丰富的体验，也能吸引更多的新用户，并且满足他们不同的娱乐需求。

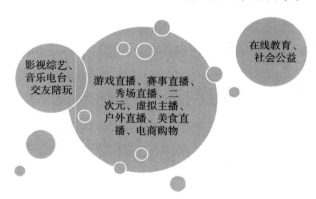

图7　游戏直播平台的内容多元化发展

资料来源：腾讯游戏学院。

（二）拓展电商业务

艾瑞咨询发布的《2020年中国游戏直播行业研究报告》显示，电子竞技直播已进入电商直播开拓盈利新领域。新冠肺炎疫情期间，随着线下销售渠道的萎缩，线上销售渠道不断拓宽，直播带货成为助推经济复苏的重要营销售方式。斗鱼、虎牙直播等游戏直播平台在新冠肺炎疫情期间，纷纷开展抗疫公益直播活动，帮助受新冠肺炎疫情影响的企业及商家带货，助力复工复产。参照传统618电商节，游戏直播平台也推出了平台专属电商节，开拓了直播带货新渠道。商业带货直播活动将在游戏直播平台常态化，成为游戏直播平台重要的业务板块。

2020年4月20日，斗鱼直播"我为湖北买买买"公益带货湖北品牌专场助力湖北企业抗疫复工。该场直播邀请了来自游戏、户外、美食等娱乐直播领域的26名头部主播，商业带动效果明显。据统计，该场直播带货活动为湖北品牌农产品带货数量超过40万件，不仅推动了湖北省经济的快速复苏，同时也为平台探索"直播+"的新直播模式提供了宝贵经验。

2020年5月9日，虎牙直播的主播团队前往广东省山区贫困县龙川县的乡村产业体验园，跨界与当地县长在直播间做起了直播带货，主播们带领直播间粉丝一同"战疫助农"，最终取得了近百万元的带货战绩。虎牙直播致力于为用户提供丰富的正向直播内容，在此次助农活动中，虎牙直播有效利用了互联网实时性、贯通性的特点，使"直播+主播+公益"完美结合达到了平台和地方预期的效果。

四　人才培养：电竞主播、赛事解说

艾媒咨询数据显示，2022年，中国电子竞技市场规模将突破1800亿元，用户规模也将达到4.18亿;① 行业急速扩张，市场对人才的需求也将愈发迫切。因此，如何培养以及怎样培养好电子竞技专业人才，成了业内亟须解决的问题。目前电子竞技行业从业者中拥有专业经营管理经验、专业技术经验并具备良好职业素质的人员凤毛麟角，从业者整体素质亟待提高。随着电子竞技产业的广泛布局，越来越多的电子竞技企业开始深入电子竞技教育领域，以自身的前沿行业经验为电子竞技专业提供行业资源和行业知识赋能传统高等教育。电竞主播和赛事解说等专业主持类人才的培养成为电子竞技人才培养的重点工作之一。

---

① 《2020~2021年中国电竞直播行业发展专题研究报告》，艾媒咨询，2021年。

2016 年 9 月，教育部公布《关于做好 2017 年高等职业学校拟招生专业申报工作的通知》，将"电子竞技运动与管理"专业作为增补专业纳入高等职业学校拟招生专业目录。在此之前，电子竞技人才只能由俱乐部和赛事企业培养，但在未来，我们可以看到很多毕业于高校的电子竞技专业人才。

（一）电竞主播

艾瑞咨询发布的《2020 年中国游戏直播行业研究报告》相关数据显示，游戏相关内容板块是游戏直播平台上热度和观看度最高的板块，占比达 76.4%。其中 PC 游戏占比 36.3%，手机游戏占比 40.1%，手机游戏直播整体观看度已经超过 PC 游戏直播。而从游戏直播平台头部主播分区情况来看，热度排名 TOP1000 的头部主播中，31.6% 的主播来自游戏分区，68.4% 的主播来自非游戏分区。游戏观看度和热度 TOP1000 游戏板块主播的占比反差，主要由于游戏主播在用户打赏、弹幕活跃度上相较于其他娱乐主播略显不足。

2019 年各游戏直播平台热度 TOP1000 主播收入占全平台收入的 31%，腰尾部主播对平台收入的贡献能力开始提升。从热度 TOP1000 主播的订阅粉丝量来看，52.7% 的主播粉丝超过 50 万，但顶级主播仍是游戏直播平台的稀缺资源，粉丝在 500 万～1000 万之间的主播占比仅 6.8%，而拥有超过 1000 万粉丝的主播占比仅 6.6%。[1]

主播是游戏直播平台最重要的内容生产者。新冠肺炎疫情期间，游戏直播平台主播开播情况较为活跃。小葫芦大数据平台数据显示，2020 年 1～3 月，头部游戏直播平台开播主播数量呈现上涨趋势，并在 3 月达到峰值，开播主播总数超 430 万人。网络主播这一职业成为居家隔离人群尝鲜和就业的新选择，2020 年 2 月头部游戏直播平台新开播主播总数超过 160 万人，环比上涨 110%。[2] 随着国内新冠肺炎疫情防控工作的有序开展及复工复产的有序推进，从 2020 年 4 月开始开播主播数量回落，并逐渐趋向稳定。[3]

---

[1] 《2020 年中国游戏直播行业研究报告》，艾瑞咨询，2020 年。
[2] 《2020 年中国游戏直播行业研究报告》，艾瑞咨询，2020 年。
[3] 《2020 年中国游戏直播行业研究报告》，艾瑞咨询，2020 年。

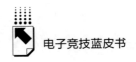
（二）赛事解说

中国本土电子竞技运动起步较晚，国家、省、市三级电子竞技训练网络体系尚未形成，开办电子竞技专业的院校较少，从事电子竞技相关工作的人员接受正规培训和专业训练的机会不多。

电子竞技核心基础人才是电子竞技产业发展的基石。相关人才包括电子竞技运动员、教练、裁判、赛事解说等。对于电子竞技行业来说，人才缺口更多体现在俱乐部经理、赛事运营经理、教练、裁判、解说以及赛事导播等岗位上，这些相关职业人才在电子竞技行业中必不可少。自从 2016 年 9 月教育部把"电子竞技运动与管理"专业纳入高等职业学校拟招生专业目录后，已经有部分高校开设了电子竞技相关课程。例如，上海体育学院从 2018 年起开设播音与主持艺术（电子竞技解说方向）专业，专门为赛事输送经过专业训练的电子竞技赛事解说人才。

目前中国的电子竞技赛事解说员分为两类。一类是退役职业选手，此类赛事主播在电子竞技圈具备一定知名度，对电子竞技游戏的熟悉度和专业度较高，具备丰富的赛事经验，对于比赛战术、赛事发展具备一定的预判能力，自带粉丝流量。另外一类为非职业选手，他们或许对电子竞技游戏专业度不高，但往往具备较强的语言表达功力，吐字清晰流畅，不乏幽默和文学性。

据了解，组织一场电子竞技赛事直播，官方需配备 30 名左右专业解说员。综合各大厂商、各游戏项目、各级联赛需求，再加上直播平台、经纪公司对偏娱乐向解说艺人的需求，目前电竞赛事解说人才需求量在不断上升。自电子竞技开始走城市体育化道路以后，全国各地大小比赛越来越多，一边是对电竞赛事解说员的迫切需求，一边是人才选拔培养体系的不成熟，造成现在官方与第三方都急于寻找电竞赛事解说员局面的出现。①

---

① 《电竞专业：培养电竞解说"科班"人才》，哔哩哔哩，2019 年 6 月 28 日，https：//www.bilibili.com/read/cv2962078。

案 例 篇
Case Study

B.8
电子竞技产业发展的"上海模式"

卫昱辰　薛宇涵*

摘　要：　全球新冠肺炎疫情期间，上海最先敏锐察觉到线上电子竞技赛事模式的潜力和可行性，成了全球首个启动电子竞技线上赛事的城市。2020 年上海电子竞技赛事收入占全国电子竞技赛事收入的 50.2%，电子竞技俱乐部收入达到 6.7 亿元，占全国电子竞技俱乐部收入的 49.6%。[①]从企业到政府，上海各方齐心协力推动电子竞技产业发展，向着"全球电竞之都"的目标迈进。从赛事到场馆，从选手到协会，上海成功开创"上海模式"，成为全国乃至全世界电子竞技产业发展的典范之一。本报告在分析上海电子竞技产业发展现状与特性的基础上，从当地法律政策扶持、集

---

*　卫昱辰，中国传媒大学传播学专业硕士研究生，文化部科技创新项目"中国章草书数码字库创建及其推广应用"主要完成人之一，研究领域为社交媒体与互联网信息；薛宇涵，中国传媒大学媒体融合与传播国家重点实验室科研助理，研究领域为跨文化传播。

①　《产业规模预计超过 220 亿元　上海全力打造"全球电竞之都"》，《华夏时报》2020 年 7 月 31 日，https：//baijiahao. baidu. com/s？ id = 1673722249606039615&wfr = spider&for = pc。

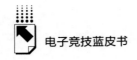

聚大批龙头企业、重视培养高端人才、积极举办赛事、丰富配套资源、重视自主创新等角度出发，归纳总结上海电子竞技产业的成功模式，并借此提出电子竞技产业"因城制宜"的未来发展方向，以期各地区能够精准定位、打破单一省市局限、充分发挥区域协作优势、共同发展，占据中国乃至全球电子竞技市场的有利席位。

关键词： 电子竞技产业　产业政策　上海

一　中国电子竞技产业区域分布与发展

智研咨询发布的《2021～2027年中国电子竞技游戏行业市场运营格局及前景战略分析报告》显示：近10年来，中国游戏相关企业的年度注册数量呈波动上涨态势，2020年，中国注册游戏相关企业超28万家。从地域分布来看，位于第一名的是广东，注册游戏相关企业超9万家，全国占比近1/3，其次是江苏和浙江。

从2020年中国31个省（区、市）电子竞技相关企业注册数量排行榜来看（见表1），共有4个省市电子竞技企业注册数量在1000家以上。其中广东电子竞技企业数量遥遥领先，共有3918家，占比21.40%。重庆有3018家电子竞技企业，占比16.48%。湖南有1218家电子竞技企业，占比6.65%。电子竞技相关企业注册数量排名前三的省市企业数量合计占比为44.53%。

表1　2020年中国31个省（区、市）电子竞技相关企业注册数量排行榜

序号	省（区、市）	企业数量（家）
1	广东	3918
2	重庆	3018
3	湖南	1218

序号	省(区、市)	企业数量(家)
4	海南	1154
5	安徽	758
6	河南	724
7	山东	656
8	四川	632
9	江苏	630
10	陕西	581
11	湖北	491
12	浙江	379
13	江西	339
14	山西	327
15	内蒙古	310
16	辽宁	304
17	北京	276
18	黑龙江	259
19	广西	256
20	上海	252
21	吉林	248
22	贵州	238
23	甘肃	225
24	云南	197
25	河北	195
26	福建	157
27	新疆	139
28	宁夏	122
29	天津	115
30	青海	103
31	西藏	91

注：未统计港澳台地区的数据。

资料来源：企查查、中商产业研究院。

艾瑞咨询发布的《2021年中国电子竞技行业研究报告》显示，2020年，全国电子竞技企业注册数量同比增长超30%，全年电子竞技市场收入达1365.57亿元，同比增长超44%，电子竞技用户规模同比上涨9.65%，中国已超越北美成为全球最大的电子竞技市场。

从 2021 年电子竞技相关企业注册量地域分布来看，中国电子竞技相关企业仍旧集中在广东、湖南等地，河南电子竞技企业数量增长速度较快，安徽、四川以及江苏地区占有行业优势。

尽管上海灵石路被誉为"宇宙电竞中心"，但企查查数据显示，广东才是注册电子竞技企业最多的省份（见图 1）。从地域分布来看，广东以 4107 家位列榜首，湖南以 1941 家位列第二，河南以 930 家位列第三。

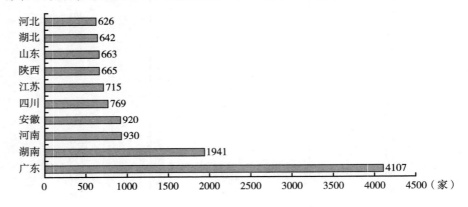

图 1　2021 年全国电子竞技相关企业注册量 TOP10

资料来源：企查查。

广东之所以能连续几年在电子竞技行业独占鳌头，主要是因为广东的电子竞技企业重视科技创新，并且具有市场敏感性，目前在国内收入前十的移动竞技游戏中，其中九款的研发和运营团队来自广东的游戏企业。这样浓厚的商业氛围使电子竞技企业在市场推广和培育方面节省了许多时间和经济成本，能够促使其蓬勃发展。

广东省广州市在电子竞技行业作为发展的领头羊，非常重视孵化顶级电子竞技战队，不断开拓电子竞技人才培养新路径，推动了全球顶级赛事落地发展。

2021 年 6 月 26 日，2021 王者荣耀职业联赛（KPL）春季赛总决赛落下帷幕。广州 TTG 战队仅用一年的时间就站上了 KPL 总决赛的舞台，除了选手的努力外，更离不开其所属的集团公司"趣丸网络"的前瞻性布局。

2020 年"趣丸网络"促成广州 TTG 主场落地天河区，广州首次以电子竞技主场城市身份举办电子竞技赛事并正式成为 KPL 第四个电子竞技主场城市。广州 TTG 战队的落户填补了广州本土缺乏顶级战队的空白，进一步推动了广州电子竞技产业的发展。

同时，深圳作为中国最年轻的城市之一也不甘落后。作为全球首个 5G 独立组网全覆盖的城市，深圳 5G 基站建设密度全球第一，为建设国际著名电子竞技城市奠定了基础。年轻、创新的深圳为电子竞技带来了更多发展机遇和可能，电子竞技也为深圳注入了全新的活力与动能。

2020 年，深圳龙岗、南山两区相继出台电子竞技产业扶持政策，为深圳电子竞技产业发展奠定了基础。作为一种广受年轻人欢迎的文化产业形态，电子竞技也与深圳开放多元的城市形象、文化特质相契合。这一切为深圳打造"全球电竞之都"创造了契机。

而湖南能位居第二，主要源于其对职业选手培养的重视，在国内各大俱乐部的职业选手中，近半数是湖南人。2016 年数据显示，仅在英雄联盟职业赛中，湖南籍贯选手就占到了 47%。[1] 若风、小苍、xiao8、Yao、麻辣香锅、S1mLz、Cool、Condi 等众多电子竞技选手和解说员，让"电竞湘军"名声在外。而湖南人对电子竞技独有的热爱，也使当地的电子竞技产业欣欣向荣。

2021 年微热点研究院数据统计，2021 年第二季度，北京电子竞技相关信息量最多，高达 3076.9 万条，遥遥领先排名第二的广东（见图 2）。将北京作为主场的 JDG、TS、WB 等多个职业战队均为北京贡献了较多电子竞技相关信息。此外，游戏代练的相关信息也一定程度上拉动了北京电子竞技相关信息量的增长。广州 TTG、深圳 V5、佛山 GK、南京 Hero 久竞等其他确定了主场的战队，同样也为本省市贡献了众多电子竞技相关信息。侧面说明了职业战队落户对当地电子竞技产业的发展具有较大影响。

---

[1] 《中国电竞圈里，湖南选手占据近"半壁江山"》，澎湃，2019 年 9 月 9 日，https://m.thepaper.cn/newsDetail_forward_4380621。

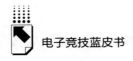
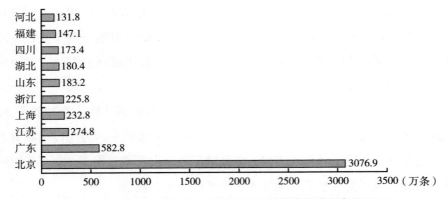

图2　2021年第二季度电子竞技相关信息量的地域分布 TOP10

资料来源：微热点研究院。

　　微热点研究院统计了2021年关于潜在用户的电子竞技相关信息量的地域分布 TOP10（见图3），北京以24.1万条信息再次高居榜首，广东、江苏、浙江等次之，说明北京、广东、江苏等地的电子竞技产业潜力位居全国前列。

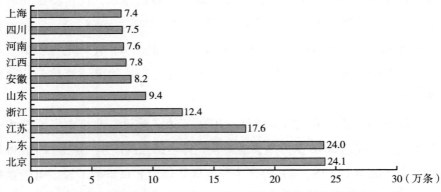

图3　2021年关于潜在用户的电子竞技相关信息量的地域分布 Top10

资料来源：微热点研究院。

二　上海电子竞技产业发展现状与特性

　　智研咨询发布的《2021～2027年中国游戏行业市场运营态势及投资潜

力研究报告》显示，上海游戏产业发展势头良好，游戏产业已步入快车道。中国目前已超越美国、日本成为全球最大的网络游戏市场。2013 年以来，上海网络游戏销售收入呈逐年增长态势，截至 2020 年底，上海网络游戏销售收入达 999.2 亿元，较 2019 年增长了 197.2 亿元。

近年来上海新增的游戏上市企业数量虽然不多，但质量普遍较高。《2021 年上海电子竞技产业发展评估报告》显示，上海目前拥有 1600 余家游戏企业，既有盛大游戏等上海本土企业，也有腾讯、网易等其他游戏大厂的子公司，还吸引了诸如索尼、拳头、暴雪等国外游戏大厂的加入。《2019~2020 上海游戏出版产业调查报告》显示，上海聚集了全国 10.7% 的游戏上市企业，此外上海 A 股游戏上市企业占比为 77.3%，中国新三板挂牌游戏企业中，上海占比为 18.7%。

上海也非常重视中小游戏企业的发展，以期为中国游戏产业注入新鲜血液，保持产业活力。例如心动网络、游陆科技、哔哩哔哩、莉莉丝、叠纸游戏、米哈游、沐瞳科技、悠星网络、鹰角网络及友塔网络等，都是从小型游戏企业成长为中大型游戏企业的经典案例，每个企业都具有差异化的竞争优势。上海的游戏企业阵营正在快速壮大，而新势力厂商也为上海游戏产业的发展带来了活力。

流量成本上升倒逼企业立足精品化研发，技术创新受到游戏产业的进一步关注，而上海本土游戏企业在技术创新方面本就具备良好的基础，加之政策的大力支持，使上海电子竞技的产业领头地位日益显现。2020 年，上海首发"千帆计划"，实现政策优势叠加，助力百亿游戏产业"出海"。游戏"出海"不单是电子竞技产业爆发式增长的必然选择，更是优化升级文化贸易结构、触发贸易新增长点的机遇所在。

上海电子竞技产业的高速发展，得益于上海市大力推进自主创新；而自主创新，得益于上海市对于电子竞技人才的高度重视。上海在全国率先实行电子竞技运动员注册制，并在 9 所高校和中高职院校开设电子竞技专业，还将筹建电子竞技职业培训基地、组建省级代表队、培养产业相关服务型人才同步纳入培育体系。

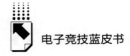
依托多年来打造的良好人才生态，上海电子竞技产业在人才培养领域表现突出，比如，在业内本科毕业生和研究生的比例均超过国内其他地区，这也是上海电子竞技产业收入连年增长的根本原因。校、企合作培养人才，强化本土企业人才吸纳能力是上海电子竞技产业聚集人才的重要途径。上海已吸引 RiotGames、EA、Ubisoft 等国际知名游戏企业在上海设立分公司，它们在 PC 端游戏、主机游戏相关技术的经验有望助力上海电子竞技产业培养相关技术人才。另外，上海电子竞技产业的薪资情况也比较健康，上海电子竞技产业高薪人才的比例大大超过全国平均水平，提升了电子竞技人才的留存率，这也是上海电子竞技产业得以快速发展的原因之一。

除了政府对人才的重视，上海各大电子竞技俱乐部对人才的选拔和培养也是不遗余力。截至 2021 年，上海集聚了全国 80% 以上的电子竞技企业，俱乐部达到 250 余家。在全国价值 TOP50 的电子竞技俱乐部中，上海占比44%，不仅有曾夺得《英雄联盟》世界总冠军的 FPX 俱乐部，RNG、EDG、IG 等知名俱乐部也全都位于上海，可见上海是头部电子竞技俱乐部的首选聚集地。

《2021 上海电子竞技产业发展评估报告》显示，虽然目前的上海电子竞技产业人才体系中不管是需求数量还是人才聚集数量都处于全国第一位，但还有 18.1% 的上海电子竞技人才有意愿去其他城市工作，可见上海电子竞技行业存在着人才流失的风险。这可能是由于近几年其他城市均加大了对电子竞技产业人才的引进力度，也可能是由于上海的高房价、昂贵的生活成本和严苛的落户政策导致的生活压力过大。

虽然有一定的人才流失的风险，但是凭借着大量的办赛经验，随着诸多国内外游戏、电子竞技大厂的入驻，基础设施的完善，上海电子竞技在国内电子竞技产业内依旧占据领跑地位。2021 年上海举办英雄联盟 S10 总决赛，该场赛事的总观看（包括直播和 24 小时内的回放）超过 10 亿次，全球实时观看接近 4600 万人次。2020 年底，上海举办第三届电竞上海大师赛，全程线上观赛超过 4000 万人次，单平台峰值观看超过 220 万人次，这一赛事是对头部电子竞技赛事垄断化、寡头化发展的一大挑战，为电子竞技与城市体育文化产业的融合发展交上了一份新的答卷。

三 "上海模式"的经验总结

在新冠肺炎疫情期间，上海敏锐地察觉到了线上电子竞技赛事模式的可行性，成为全球首个启动线上电子竞技赛事的城市。由体坛电竞发起制作，虎牙直播提供数据支持的《2019 中国电竞城市发展指数》显示，上海电竞发展指数以 99.21 分位居榜首，被定义为全国唯一的"超一线电竞城市"。2021 全球电竞大会上发布的"电竞城市发展指数"显示，上海以 78.7 分位居第一。从赛事到场馆，从选手到协会，上海已创下一套"上海模式"，成为全国乃至全世界电子竞技产业发展的典范。上海的国际化程度、人才资源、文化底蕴都是上海发展电子竞技产业不竭的力量源泉。

（一）政府政策扶持

作为国内电子竞技产业起步最早的城市，2017 年 12 月，上海发布"文创 50 条"，其中明确提出要加快上海"全球电竞之都"建设进程；2019 年 6 月，上海又发布"电竞 20 条"，为上海电子竞技产业发展指明了方向。

上海各区也相继发布相关扶持政策。如静安区出台了《静安区关于促进电竞产业发展的实施方案》，全面推进"灵石中国电竞中心"的建设，助力上海建设"全球电竞之都"。杨浦区发布了促进电子竞技产业发展的"23 条政策"，对符合总部条件的电子竞技企业给予总部经济普惠政策，给予享受办公用房补贴、经营性扶持、上市奖励、人才补贴和营商服务五大普惠政策，助力该区电子竞技产业发展。徐汇区出台《关于推动徐汇区体育产业高质量发展的实施意见》，提出依托徐汇区人工智能产业，发挥腾讯华东总部、游族网络等电子竞技头部企业集聚的优势，抢占电子竞技产业高地；还将开展新一轮文化产业扶持，对电子竞技新赛事项目研发、重要赛事举办、重要载体建设、赛事及电子竞技文化内容制作传播等产业环节加大支持和培育力度。普陀区出台《上海市普陀区加快发展电竞产业实施意见（试行）》，涵盖全产业链内容，支持优秀电竞企业落户、电竞场馆建设、电竞赛事举办、电竞产业原创内容开发运营、电竞平台建设、电竞人才引进和培养、电竞 IP 衍生领域开发融合、电竞装备研发销售等。上海各区的这些政策为该地区电子竞技产业的发展提供了重要支撑，推动了上海数字娱乐产业创新发展。[1]

除此之外，2021 年 5 月，上海市电子竞技运动协会法律工作委员会在静安区宣告成立，同时"电竞法律服务平台"正式挂牌。法律服务体系的建立是上海电子竞技产业发展过程中又一项具有引领意义的举措，将为电子竞技主体健康存续保驾，为上海电子竞技产业良性发展护航。

（二）龙头企业集聚

上海较好的电子竞技环境吸引了众多电子竞技游戏研发、电子竞技赛事服务企业。据统计，2020 年上海的电子竞技企业中，有超过四成的企业从事电子竞技游戏研发、电子竞技赛事服务。[2]

2021 年，全国 80% 以上的电子竞技企业、俱乐部、战队和直播平台聚集上海，其中内容授权类规模以上的企业 257 家、赛事企业 242 家、内容直播企业 53 家。电子竞技品牌企业融资排行名单显示，融资上亿元的企业全部落户上海，主要包括上海阳川电子科技有限公司、上海耀竞文化传播有限公司、上海埃甫奕技网络科技有限公司等。[3]

截至 2021 年，上海拥有电子竞技场馆 37 家，知名电子竞技俱乐部数量全国占比达 48.7%。目前，国内影响力排名靠前的电子竞技俱乐部，约半

---

① 高少华、孙丽萍、方喆：《电竞指数夺魁　上海稳步"进击"全球电竞之都》，《经济参考报》2021 年 8 月 5 日。

② 《2021 年上海电竞产业发展现状及市场规模分析》，前瞻经济学人（百家号），2021 年 6 月 21 日，https：//baijiahao. baidu. com/s？id = 1703155051198511581&wfr = spider&for = pc。

③ 《2021 年上海电竞产业发展现状及市场规模分析》，前瞻经济学人（百家号），2021 年 6 月 21 日，https：//baijiahao. baidu. com/s？id = 1703155051198511581&wfr = spider&for = pc。

数总部设立在上海。①

上海还拥有哔哩哔哩视频网站等在游戏直播领域深耕的企业,具备将电子竞技内容向用户深度传播的实力。另外,在新需求的激发下,诸多电子竞技赛事制作、泛娱乐节目制作与推广的企业也加速了电子竞技娱乐产品的研发与推广。

(三)培养高端人才

上海十分重视人才的引进与培养。在硬件设施上,上海拥有深厚的文化底蕴、独特的地理位置、前沿的技术资源,这些都是上海打造成熟电子竞技生态产业系统最核心的竞争力,吸引着全国乃至世界各地的电子竞技人才的到来。各大头部俱乐部在此集聚吸引许多职业选手入驻上海,推动上海电子竞技产业规范发展,形成良性循环。

在头部企业汇集了职业选手、管理人才后,上海没有忽视科技人才的重要性。上海各游戏企业自主研发的游戏之所以能在市场中占较大比例,创造丰厚利润与产值,正是由于上海对高新人才的重视和对自主创新研发游戏新技术企业的大力支持。这些原创游戏不仅在国内广受好评,在国外也有着较大的影响力,这些都铸就了上海电子竞技产业生态系统的扎实根基。同时,上海也集聚了一批电子竞技中下游产业发展必不可少的人才,在艺人经纪、赛事运营、游戏直播、内容制播等不同板块,上海都出现了一批十分活跃的领军人物。

(四)积极举办赛事

大型的国际电子竞技赛事作为电子竞技行业最受瞩目的板块,一直是各城市争夺的"香饽饽",全国每年 500 多项具有影响力的电子竞技赛事中,上海获得了超过 40% 的举办权,是当之无愧的最受电子竞技赛事欢迎的城

---

① 《2021 年上海电竞产业发展现状及市场规模分析》,前瞻经济学人(百家号),2021 年 6 月 21 日,https://baijiahao.baidu.com/s? id=1703155051198511581&wfr=spider&for=pc。

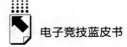
市。2019 年，在上海举办的成规模的电子竞技赛事超过了 1500 场，几乎占全国规模赛事总量的一半。

能取得这样亮眼的成绩，离不开上海得天独厚的经济、文化、交通、设施、用户等方面的优势。作为最早开始承办国内外品牌职业联赛的城市，上海有着其他城市无可比拟的丰富经验和雄厚基础。而能够成功吸引这些大型赛事的落地，还有以下几方面原因。第一，上海的赛事举办经验十分丰富，软硬件设施都能跟上，基础设施建设的更新速度全国领先，并且构建了绿色、健康的电子竞技价值观。第二，上海已被打上了深深的电子竞技烙印，许多俱乐部、游戏厂商认为在上海举办的赛事会受到更广泛的关注。目前，排名前十的赛事中，有 60% 的赛事由上海参与举办，热度极高，反馈良好。第三，上海企业在认识到电子竞技行业的重要性、发现了其潜力和连锁带动效应后，办赛热情高涨。第四，江浙沪地区的年轻人居多，聚集了国内 20% 左右的游戏玩家，用户基础良好。第五，上海拥有如虹桥天地、腾讯电竞体验馆、上海电子竞技运动中心、风云电竞馆等多个专业化的电子竞技场馆，另外，梅赛德斯－奔驰文化中心、上海东方体育中心等场馆也具备雄厚的办赛条件与丰富的办赛经验，能够保证国内外顶尖电子竞技赛事的顺利举行。

上海拥有全球首个以城市命名、政府支持、以行业协会为评价主体的自创电子竞技赛事 IP——电竞上海大师赛，它作为中国一个重要的电子竞技赛事品牌，被普遍认为有着极佳的发展前景。不论从品牌影响力塑造方面，还是在赛事整体运营和制播方面，电竞上海大师赛都有着自己明确的规划路径，立志成为为城市文化经济赋能、与城市地位相匹配的上海新名片。

（五）配套资源丰富

2018 年以来，在北京、深圳、杭州、成都等城市陆续出现了一批电子竞技厂商和电子竞技俱乐部，这些城市纷纷展现自己的优势和潜力，尝试把自己打造成中国乃至世界的电子竞技中心。但是上海凭借其在经济、文化、交通、设施、用户等方面的优势，聚集了国内绝大多数的电子竞技赛事主办方、俱乐部、厂商，迅速拉开了与其他城市的差距。上海正是因为拥有这样丰富的配套资源，才使电子竞技相关企业大量涌入，形成了一批产业集聚区。2002 年左右，静安区灵石路凭借着成本优势和历史渊源，吸引了一批电子竞技头部企业，例如量子体育、香蕉游戏传媒、网映文化等，它也因此得名"宇宙电竞中心"。

上海深知差异化、专业化、品牌化发展的重要性，在上海电子竞技产业发展的生态圈中，如杨浦电子竞技主题园区、南虹桥电竞产业园、浦东森兰综合电子竞技园区都专注于市场的细分并着重打造绝对竞争优势以获得市场占先优势。虽然已经取得了一定的成绩，但是上海自市级层面到区级层面都没有懈怠，反而积极布局，推动建设了更多新的电子竞技潮流地标商圈。上海还实行"以旧换新"政策，在许多没有跟上发展的老建筑区（如上海杨浦区）改造建设符合电子竞技赛事需要的场地、赛事演播室等。打造"全球电竞之都"一直是上海各方共同努力的目标，成果也十分亮眼，目前上海的电子竞技行业在内容制作、IP 授权、俱乐部建设、游戏开发与运营等板块都出现了一批行业领军人物与企业，正不断推动着上海电子竞技行业的发展，丰富着上海电子竞技行业体系。

（六）重视自主创新

自主创新已经成为上海电子竞技产业发展的重要标志。上海在电子竞技领域进行了三方面的创新。

首先是商业模式的创新，通过创意性的活动，推动电子竞技与演艺、文化等产业融合发展。例如，于上海梅赛德斯－奔驰文化中心举办的 2021 和平精英超级杯暨空投嘉年华就以顶级明星助阵为噱头，邀请到了《和平精英》品牌代言人空降现场表演，是演艺助推电子竞技发展的典范。其他衍生产业的发展也是如火如荼，例如各大电子竞技主题酒店、咖啡馆成了"网红打卡地"，行业整体呈现井喷式发展态势。

其次是基础设施的创新，对于失之毫厘，谬以千里的职业电子竞技赛事来说，哪怕是 0.1 秒的卡顿或延迟，也足以影响整个战局的进程和公平性。

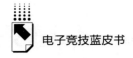
目前 4G 技术的时延在 30～70 毫秒，而 5G 的时延则可控制在 1 毫秒以内，甚至超过了现今许多私域网络能够提供的最高速率。对于快节奏、高密度指令交互的电子竞技赛事来说，利用高速 5G 网络缩短时延是更为缜密的解决方案。上海正是依托 5G 等新技术，推动基础设施向智能化、数据化发展，提升了直播硬件水平，提升了用户的观赛体验。

最后是观赛模式的创新，对于电子竞技内容生产者以及转播频道来说，最大的挑战在于，如何将一项虚拟的运动呈现给大众，让观众能够和游戏离得更近。VR 技术让电子竞技赛事的观看体验得到了"升维"，这项技术在电子竞技行业的创新应用不仅能让屏幕前的用户身临其境地感受赛场氛围；而且能创造更多额外场景，例如多角度、高还原的虚拟赛场，与明星选手的虚拟记者会、见面会，还有实时动态的赛场战斗细节等。在满足观众需求的同时，也为品牌和企业生成了更多投资空间，这对于整个产业的可持续发展来说也是至关重要的。

AR 技术是电子竞技赛事的"宠儿"。在电子竞技中，它可以和虚拟的角色或者物体融合，与真实世界一起呈现 MR（混合现实）场景，并呈现在移动设备或电视上。上海在 2020 年穿越火线双端职业联赛总决赛上，创新性地采用了 AR 虚拟演播技术以及 UE4 引擎，真实地还原了 CF 对战场景，同时通过虚拟摄像机加速推进，让观众身临其境，感受四支战队在 CF 游戏环境中的激烈对战，营造强烈视觉冲击。AR 技术还通过对多场对战虚拟场景的无缝切换，令观众的代入感和临场感更加突出，观赛体验更为舒畅。

例如，在《穿越火线》十二周年火线盛典上，使用三维虚拟场景技术进行整体场景设计，呈现了 120 年后的上海，为观众展现了一座充满未来感的电子竞技城市。会场场景宏大，东西向超过 15 公里，三幢主楼高度超过 500 米，充满了未来科技感，视觉效果震撼。为了呈现这座未来电子竞技城市，主办方应用了虚拟现实融合显示、AR 技术结合双摇臂分区跟踪技术，并采用了目前世界上最好的 ZeroDensity 虚拟引擎，利用 RayTracing 光线追踪技术，呈现盛大的虚拟场景。配备一整套虚拟系统用于实时虚拟成像，利用跟踪传感技术以及次世代实时渲染技术，让选手和比赛内容完美融合，将一个未来、概念化的上海电子竞技之都形象展现在观众面前。同时，这座"上海未来电竞城市"还可进行礼花燃放、视频连线等线上交互活动，给玩家带来了强互动观赛体验。

上海不同行业的一些企业还通过跨界品牌合作，创作实体或虚拟产品，满足用户多元化需求。例如2021年8月，由平安银行携手哔哩哔哩电竞联合推出的平安银行电竞主题网点，在上海金科路开业。这个融合了电子竞技体验区、弹幕区、综合业务区等多个哔哩哔哩特色的沉浸式空间，让客户能够在这里深度体验正宗的电子竞技文化。多样化的内容，丰富的互动形式足以满足各圈层人群的需求，在满足银行一体式金融服务要求的同时，也让电子竞技能够以此方式走入千家万户，实现了近距离的大众科普。

四　电子竞技产业"因城制宜"的未来发展方向

电子竞技产业作为一个新兴、绿色的朝阳产业，目前已经衍生出一系列其他相关产业，从上游的游戏开发、游戏运营、内容授权，再到中游的赛事运营、电子竞技俱乐部与选手、电子竞技内容制作，最后到下游的电子竞技直播、电子竞技媒体及其他衍生产品的内容传播，都展现了持续上升的生命力，也带来了可观的经济效益。

那么，在现有发展局势下，为更好地推动各地电子竞技产业高质量发展，需要做出一系列努力。一是落地打造代表城市的综合赛事IP；二是结合中国传统文化、城市文化进行新文创，打造符合年轻人兴趣的电子竞技新文创内容；三是电子竞技与城市的体育和文旅结合，带动城市文旅、体旅的发展；四是打造城市空间，促进电子竞技产业发展。总而言之，应该"因城制宜"，差异化发展是必行之路，切忌因为抱有电子竞技产业必然会引领本城区经济的整体发展，带动其他产业发展的想法，而盲目地照搬照抄、一哄而上，应该找准定位，发挥自身特色，打造符合自身特色的电子竞技产业。

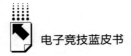
不同省市拥有不同的发展环境和资源，在电子竞技产业发展的过程中，可以采用差异化发展模式。例如，浙江、广东、江苏、上海等地可以充分利用自身较强的科技创新能力和庞大的受众基础，集中区域资源，积极承办大型赛事，加强网络、竞赛场馆等基础设施建设，全面布局电子竞技产业发展，释放发展潜力；河南、四川等地虽然受到地域、网络等基础条件的限制，但是得益于地区政府的大力支持，电子竞技相关企业"遍地开花"，可以通过制定更为完善的电子竞技产业发展规则、引进先进技术和人才、与头部企业合作等方式，营造良好的电子竞技发展环境，促进产业进一步发展；甘肃、西藏等地的创新资源存量相对匮乏，产业结构及技术缺乏创新活力，但可以通过发掘自身特色，如特殊的地理特征和风土人情，与电子竞技产业结合，有效吸引受众的关注。例如，2020年"王者荣耀全国大赛－西藏自治区选拔赛"作为西藏首次承办的大型电子竞技赛事，主题是"上高地"，决赛日更是别出心裁地融合藏族礼仪举办了开幕式，为与会嘉宾献哈达、青稞酒等。从传统体育"登珠峰"到电子竞技产业"上高地"的巧妙过渡不仅能引起受众的兴趣，更能催生出未来藏区文化与电子竞技新的合作可能。

当然，作为网络化、信息化和数字化的新兴产业，电子竞技产业并不像传统工业那样依赖自然资源，也不像电子制造业那样需要先进且密集的技术支撑，空间布局上的整合与政策措施上的联动即可为之提供较为坚实的发展基础，使之具备广阔的发展前景，所以电子竞技产业对于不同城市有着较高的适配性和包容性，其产业运转及赛事举办并不完全依赖于当地经济的整体状况以及自然资源、地理位置、风土人情等。

电子竞技产业的蓬勃发展也促进了衍生产业的发展，目前的电子竞技赛事涉及的不仅是运营、举办等环节，还涉及衍生出的游戏开发、直播平台、IP文化、内容制作、周边产品营销等众多分支产业，它们作为电子竞技产业链中的一个环节，发展并不局限于北上广深等一线和新一线城市，还可以根据不同的市场环境在全国各地生根发芽。例如，有的城市受众范围广，又有政策的积极扶持，就会聚集一批游戏开发与运营方面的人才；有的城市拥有良好的软硬件设施与发达便利的交通，就可以举办各类国际性大型赛事和交流活动；有的城市运营成本低；也有的城市具有较好的文化和娱乐氛围，不一而足。

正因如此，假如某一城市旅游业不发达，基础条件亦不突出，想要引进和发展电子竞技产业，就可以放眼庞大的产业集群，不强求完整布局，而是要仔细研究电子竞技的生态链，"因城制宜"地选择最适合当地的某一环着重发展。例如，可以为国内俱乐部提供专项服务，也可以专门做外设和硬件、做电子竞技教育等。在找到适宜的立足点后，构建具备自身特色的差异化电子竞技产业，首先要在细分领域内不断提升自身核心竞争力，拥有一定的竞争优势；其次做大属于自己的那块"蛋糕"；最后实现产业的健康发展。国外已有波兰小城卡托维兹从"波兰煤都"转型为"欧洲电竞中心"的成功范例，该地区结合自身特色发展电子竞技产业，已从对资源过度依赖、重工业逐步衰落，致使大量年轻人离开的困境里走出来，转变成为世界电子竞技爱好者的"朝圣之地"。

在"因城制宜"发展的同时，也要打破单一省市局限，充分发挥区域协作优势。例如电子竞技产业发达地区应该积极搭建合作平台，大力加强与欠发达地区的协作，立足区域资源禀赋，发挥地区比较优势，协商规划产业布局，引导区域优势企业组建企业集团，在电子竞技科技研发、硬件生产、标准制定、成果共享、衍生产品运营等方面形成产业发展共同体，推动欠发达地区的电子竞技产业由县域向区域、区域向国内、国内向国际的开拓发展。同时，在一些发达城市，电子竞技氛围火爆，赛事土壤成熟，而经济水平相对落后的地区空有大量的电子竞技群众基础，却缺少赛事舞台。对于这种情况，发达城市需与经济欠发达地区积极交流经验，适时将举办赛事的机会让给竞争力较差的地区，以带动其共同发展。例如，有超过 10 个省份的 40 多座城市加入其合作阵营的国家级电子竞技泛娱乐赛事中国电子竞技娱乐大赛（CEST），允许各城市轮流举办该赛事，共同凝聚发展力量促进了各地区电子竞技行业的平衡发展。

比较与借鉴篇

Comparison and Reference Reports

B.9

全球电子竞技产业发展历史与现状分析

宋 凯　贾骥业*

摘　要： 随着游戏产业的发展，电子游戏逐渐向竞技体育靠拢，形成电子竞争产业。经过发展其已成为当前全球产业经济发展的重要组成部分，并为世界各国创造了巨额产值。从全球电子竞技产业发展的历程可以看出，科学技术的发展与进步对电子竞技产业的发展起到了关键作用。总的来说，在电子竞技产业的发展过程中，机遇与挑战并存。结合电子竞技产业自身特点和产业生命周期的一般规律，可以将其在全球范围内的发展大致分为三个阶段：萌芽阶段、成长阶段、成熟阶段，三个阶段各自有不同的发展特点与重心。在美国、韩国、日本以及中国等多个国家的电子竞技产业

* 宋凯，中国传媒大学媒体融合与传播国家重点实验室研究员、计算机与网络空间安全学院党委副书记、移动互联与社会化媒体研究中心副主任，教授、硕士研究生导师，韩国世宗大学艺术学博士研究生，研究领域为广播电影电视艺术理论、社会化媒体、大数据应用、人工智能技术、舆情监测与可视化、情报学；贾骥业，中国传媒大学新闻学院新闻与传播专业硕士研究生，研究领域为全媒体新闻实务。

分支的共同作用下，全球电子竞技产业得以成型。中国电子竞技产业的发端略晚于其他国家，但其发展势头并不弱于其他国家。随着信息时代和智能时代的到来，电子竞技产业逐渐形成了以电子竞技赛事为核心的完整产业链。有报告预测 2024 年全球电子竞技市场赛事营收将超过 16 亿美元。[①] 随着电子竞技产业集群的扩大，电子竞技赛事层出不穷，由此产生的电子竞技文化成为社会文化生活中的重要组成部分。从上游到下游，电子竞技产业的规模逐渐扩大，逐渐形成了以上游游戏开发、中游赛事运营、下游电子竞技内容传播为核心的电子竞技产业链。

关键词： 电子竞技　电子竞技产业　电子竞技文化传播

一　全球电子竞技产业发展历程

从萌芽到现在的蓬勃状态，世界电子竞技的发展历程已经超过了两百年，在这段时间中，电子竞技产业为世界各国创造了巨额产值。电子竞技游戏最早可以追溯到电脑游戏和街机游戏，上述两种游戏的诞生，给予玩家激烈对战的快感，但由于普及率不高，最开始的游戏玩家很少。随着正式比赛的组织与开展，一方面扩大了游戏的受众，另一方面也使电子竞技走向主流。

日本游戏厂商最早开始自主研发家用游戏机，打响了游戏机产业的第一炮，任天堂等品牌一涌而起，成为电子竞技产业发展的主角。AI 红白机的开发标志着世界电子竞技雏形的形成。[②] 在此之后，各大游戏厂商开始投入到电子竞技游戏的开发当中，从此，电子竞技产业得以飞速发展。

[①] 《2021 中国电竞运动行业发展报告》，腾讯电竞，2021 年 6 月 23 日，http：//app. myzaker. com/news/article. php? pk = 60d2a1f38e9f092d9e36ad3f。

[②] 周晷、余斌：《论电子竞技运动的起源与概念》，《现代交际》2012 年第 6 期，第 5～6 页。

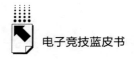

电子竞技不仅是游戏，更是各大游戏企业发展的重要机会。早在 2004 年韩国电子竞技产业的年产值就超过了 40 亿美元，在日本，电子竞技产业产值占比更是超过汽车产业，且差距逐渐扩大。

全球电子竞技产业的飞速发展为中国电子竞技产业的崛起奠定了坚实的基础，20 世纪末电子竞技进入中国并得到了快速发展，中国电子竞技已经成为全球电子竞技产业格局中重要的一环。

18 世纪，游戏产业初现雏形。发展至今，电子竞技产业的产值逐渐增加，电子竞技的外围产业也随之蓬勃发展。1972 年，斯坦福大学举办了第一场真正意义上的电子竞技赛事，比赛游戏项目为 *Spacewar*；1980 年，游戏公司 Atari 以自己的游戏 *Space Invaders* 为比赛项目，举办了全国冠军赛，吸引了 10000 多名选手参加。后续类似的竞赛逐渐增多，直到 20 世纪 90 年代，电子竞技比赛赛制才逐渐趋向正式化，至此电子竞技产业迎来了发展的关键时期。

回顾全球电子竞技产业的发展历程可以看出，科技的发展与进步是其迅猛发展的关键因素。随着全球经济的发展和社会环境的变化，电子竞技产业迎来了难得的发展机遇，同时也面临着一定的挑战。

结合电子竞技产业自身特点和产业生命周期的一般规律，可以将其在全球范围内的发展大致分为三个阶段：萌芽阶段、成长阶段、成熟阶段，三个阶段各自有不同的发展特点与重心。[①] 全球电子竞技产业是在美国、韩国、日本以及中国等多个国家的电子竞技产业融合发展下形成的，中国电子竞技产业的发端略晚于其他国家，但其发展势头并不弱于其他国家。

（一）萌芽阶段（1990年以前）

从全球范围来看，电子竞技的萌芽阶段是指自电子游戏诞生以来至 1990 年这一时期。在该阶段，屏幕逐渐替代按键，成为主要的传播载体，人类进入了屏幕统治时代。屏幕重新书写了游戏的定义，人们摆脱了传统游戏在场

---

① 戴焱淼：《电竞简史：从游戏到体育》，上海人民出版社，2019。

所和人际关系上的限制，不需要面对面即可以体验游戏的乐趣。游戏逐渐走向屏幕，也从主机过渡到 PC 端，电子竞技在该阶段雏形渐显（见图1）。

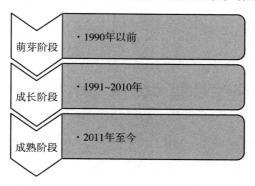

图1　全球电子竞技发展历程

资料来源：根据现有资料自行绘制。

电子游戏诞生于 20 世纪中期，人的身体从游戏物理层面的撤出改变了大众的游戏习惯，也彻底革新了游戏观念，屏幕成为游戏的关键介质。电子游戏是工业时代向信息时代转型过程中的产物，技术与文化的革新是促进电子游戏出现和发展的重要动力。

电子游戏发展早期，主要以主机计算、图形性能和存储媒介为世代区分标准。1958 年，《双人网球》（*Tennis for Two*）被威廉·希金博特姆以示波器为基础原理创造出来，这是世界上第一款用图像显示的电子游戏（即视频游戏）。

在《双人网球》游戏中，屏幕上两条垂直交叉的直线，一个发光的光点，就是这款游戏的全部，玩家们甚至连球拍都看不到。对战的玩家需要通过旋钮击打"光球"，使其不落地，以获得胜利。虽然《双人网球》的专利费用只有 10 美元，但该游戏却开启了电子游戏在屏幕中的呈现之路。

《太空大战》被认为是人类历史上第一款电脑游戏。《太空大战》出现的时候正是计算机发展的时期，相比于现如今的游戏，它没有色彩、没有声音、场景单一、玩法简单，但这款游戏开创性地设计了革命性的交互功能，将游戏竞技扩展到身体、实物之外，在游戏中人与人的对抗被数字化地呈

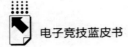

现，体现了电子竞技最大的特点——"电子化对抗"。

20 世纪 70 年代，随着主机游戏的愈加成熟，用户规模的日益壮大，部分厂商开始以游戏为核心开展公开性质的比赛，电子游戏从私人空间走向了公共空间。在公共空间利用专业的器具进行对抗，同时又有既定的组织规则，此时的电子游戏对抗已经初显电子竞技雏形。

20 世纪 80 年代诞生的四人对战游戏《乓》（Pong）在一定程度上增强了电子游戏的对抗性和互动性。1981 年，雅达利公司策划并举办了名为 Space Invaders Championship（以下简称 SIC）的比赛，吸引了 10000 多名玩家参加，电子竞技赛事的典型形态逐渐成型。

SIC 之后，越来越多的电子游戏生产商开始集结世界范围内的玩家力量，促进电子游戏赛事向着更规范、更具组织性的方向演化。赛事记分、锦标赛等外围业务也随着电子游戏竞赛的规范化而衍生出现。1982 年，美国人沃尔特·戴（Walter Day）建设的游戏竞赛高分数据库 Twin Galaxies National Scoreboard 向社会开放，其竞赛积分排行榜增强了电子游戏竞赛的趣味性和对抗性。

该数据库提供玩家的积分排名等内容，这激发了游戏参与者对于胜利、名次的渴望，促进了电子竞技积分赛事的成型与发展。发展至今，Twin Galaxies National Scoreboard 已经是游戏行业内最权威的分数纪录网站之一，美国《时代周刊》甚至将其评选为全球实用网站 50 强之一。

游戏的受众剧增，给游戏厂商带来了巨大的收益，公开举办电子游戏赛事成为游戏厂商营销的重要手段。同时在该阶段，个人电脑技术的飞速发展和互联网技术的融入，使电子游戏开始具有传统意义上的数字元素，促使其从主机游戏逐渐过渡到以 PC 为平台的电脑游戏。

1984 年，美国 Epyx 公司的 PC 游戏《夏季奥运会》（Summer Game）将现实生活中的体育比赛项目转换到游戏中，该游戏售出超过 10 万套，创下了销售记录。20 世纪八九十年代，PC 游戏的规模迅速增长，专门从事游戏设计的公司如雨后春笋般出现，推出了一大批广为人知的 PC 游戏。

在电子竞技的萌芽阶段，电子游戏的技术更迭与融合发展是主线，同时随着电子游戏与互联网的融合，大大地延展了游戏的成长空间，这为电子竞技的出现和发展奠定了基础。

一般意义上的电子竞技起源于即时策略游戏（Real-Time Strategy Game，RTS），1985 年 12 月，《三国志》面世，其制作公司光荣株式会社（Koei）也因此成为日本数一数二的游戏制作公司。

《三国志》在游戏中赋予玩家历史人物的身份，曹操、刘备、孙坚、袁绍等中国古代的历史人物在游戏中被数字化呈现，游戏玩家可以选择自己的身份参与战略游戏，带领千军万马攻城拔寨，甚至是治理国家。

在游戏中，故事情节的发展并不完全按照历史的进程发展，而是由游戏玩家的个人意愿决定。与《三国志》类似的《文明》同样是即时策略游戏与历史融合的典范之作，这些游戏为后期资源探索类游戏的发展树立了标准。

（二）成长阶段（1991~2010 年）

20 世纪 90 年代，计算机技术的革新与发展使电子游戏向前迈进了一大步。在该阶段，世界各国的联系不断加强，全球化是大势所趋、潮流所向。社会的各个部分被紧密地联系在一起，电子竞技在互联网发展和全球化的浪潮中实现了自身的繁荣发展。

在成长阶段，电子竞技呈现各分支融合发展的态势，全球范围内兴起了多种以对抗为核心的电子竞技游戏类型，受到了全世界众多游戏玩家的关注。

20 世纪末，美国和欧洲出现了分类更细、组织更合理、规模更大的电子游戏比赛，竞技对抗类电子游戏的休闲功能逐渐被其商业化、竞赛化功能所替代。随着电子竞技商业化属性的加强，以电子竞技为职业的人群开始出现，也就是所谓的"电子竞技准职业选手"或"电子竞技从业者"，很多玩家以参加电子竞技比赛获取奖金作为生活的主要经济来源。从虚拟战场到商业社交平台，从游戏到体育，电子竞技职业赛事发生了形态上的

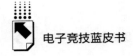

转变。

1992～1995年西木工作室陆续推出了《沙丘》系列和《命令与征服》，PC游戏的定义被刷新，这也使西木工作室成为现代竞技类游戏模式的奠基者。1991年暴雪娱乐公司成立，1994年该公司推出了风靡全球的《魔兽争霸》，1996年和1997年推出《暗黑破坏神》（Diablo）系列游戏，夯实了暴雪娱乐公司世界顶级游戏制作公司的地位。1997年暴雪娱乐公司专设了在线服务器——"战网"，这是电子游戏与互联网连接的标志性事件，也是电子竞技融合互联网发展的关键一步。

1998年，暴雪娱乐公司的《星际争霸》横空出世，在全球范围内掀起了即时策略游戏风潮，韩国更是成为《星际争霸》最大规模用户所在国，与此同时，伴随着上游超强能力的游戏制作产业的发展，以游戏运营为核心业务的产业形态逐渐显现，地区和全球职业竞技联赛体系成为电子竞技模式的开端。

即时策略游戏成为浪潮的同时，多人在线战术竞技游戏（MOBA）也在发展，并逐渐成了电子竞技发展的基石。暴雪娱乐公司的《星际争霸》和《魔兽争霸》提供的地图编辑器允许玩家自行扩充游戏内容，这成为MOBA的重要技术支持。DOTA是中国游戏用户最熟悉的MOBA电子竞技游戏，它的出现在全球范围内开启了电子竞技的新阶段，也将中国在这一游戏类型中的整体竞技实力推升至世界顶尖梯队。

射击类游戏没有人物形象的介入，该类游戏注重游戏玩家主观视角的体验，具有更强的真实感和体验性。1996年，ID公司推出了射击类电脑游戏《雷神之锤》，且支持多人模式，接下来的数年中，《雷神之锤》系列游戏陆续面世，至2005年共推出4部，以"雷神"为核心的赛事增加，社会关注度得到了提升，商业价值也逐渐凸显。

《反恐精英》（CS）作为又一个第一人称射击游戏，将电子竞技推上了一个新的台阶。创始人杰西·克里夫说，《反恐精英》是"团队起主要作用的游戏，一队扮演恐怖分子，另一队扮演反恐精英。每一队能够使用不同的枪支、装备，这些枪支和装备具有不同的作用。游戏双方有不同的目标：援救人质、暗杀、拆除炸弹、逃亡等"。

在电子竞技的成形阶段，全球范围内兴起了世界电子竞技大赛、职业电子竞技联盟和电子竞技世界杯三大世界顶级电子竞技赛事，除了上述三大赛事，包括 MLG 等在内的小型赛事和区域赛事的发展也成为了该阶段全球电子竞技竞赛发展的重要方向。

创立于 2000 年的世界电子竞技大赛（World Cyber Games，WCG），是由韩国国际电子营销公司（Internation Cyber Marketing，ICM）主办的全球电子竞技赛事，大赛以推动电子竞技的全球发展为目标，旨在促进人们在网络时代的沟通、互动和交流，促进人类生活的和谐与愉悦。2019 年，第十四届 WCG 落地陕西西安，本土作战的"中国军团"最终夺得了 4 枚金牌。

职业电子竞技联盟（Cyberathlete Professional League，CPL），创立于 1977 年，其目的是让电子竞技变成一项真正的比赛。电子竞技世界杯（Electronic Sport World Cup，ESWC），起源于法国，是一项由包括中国在内的 11 个理事国发起超过 60 个合作伙伴的国际文化活动。WCG，ESWC 后来都成了年度赛事，为后来的电子竞技赛事架构定下了总基调。

除了大型赛事的举办，在该阶段，电子竞技还进一步加速了赛事举办与电视转播的融合。

20 世纪 90 年代后期至 21 世纪 10 年代，电子竞技在早期雏形的基础上发展出包括即时策略游戏、人称射击游戏在内的多个游戏品类，电子竞技赛事举办的模式基本成型，电子竞技也逐渐从单纯的对抗性游戏向具有典型体育竞技特征的产业形态过渡。在该阶段，韩国的电子竞技产业得到了飞速发展，韩国也是最早实现电子竞技职业化的国家之一。

自电子游戏诞生以来，欧美地区的电子竞技产业一直很发达，长期占据着全球电子竞技产业的枢纽位置。作为一个新兴的电子竞技市场，中国在世纪之交才对电子竞技有了初步的探索。伴随着国内的互联网变革，中国的电子竞技在保持着自身特色的同时向世界电子竞技产业逐步靠近，并收获了一定的成果。

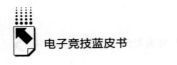
（三）成熟阶段（2011年至今）

2011年以来，互联网信息时代的影子被烙印在人们生活的方方面面，技术的变革带来了移动互联网和社交网络的能量革新与快速发展，电子竞技发展势头十分迅猛。

早在2010年11月，DOTA2在中国开通博客，受到了全世界粉丝的关注。这是一款MOBA游戏，伴随DOTA2诞生的还有DOTA2国际邀请赛（Ti），除了Ti赛，还有其他级别的授权赛事在这期间被举办。DOTA2赛事催生了新的全球电子竞技机制，呈现了更高质量的赛事形态。2014年，央视等官方媒体对Ti赛事进行了报道，在一定程度上说明中国社会已经初步形成了电子竞技的氛围。

《英雄联盟》虽然在2009年就已经发布，但直到2011年其用户数量才开始出现明显的增长，至今一直占据着电子竞技产业的核心地位。

《英雄联盟》是由美国拳头游戏公司开发的英雄对战MOBA类竞技网游。游戏融合历史、传说、现实等推出了数百个"英雄"形象，拥有排位、符文等特色养成性系统。与DOTA2不同的是，《英雄联盟》在游戏竞赛中引入了社交成分，添加好友、组队竞赛的模式成为其形成巨大受众群体模式的基础。

《英雄联盟》致力于推动全球电子竞技的发展，发展了包括赛区发展职业联赛、全球总决赛、集中冠军赛、全明星赛等赛事，开创了全球竞技的赛制模式，形成了自己独特的电子竞技文化，使电子竞技的职业化程度进一步加深，并在一定程度上促进了电子竞技向体育竞技的靠拢。

2018年，《英雄联盟》被正式列入仁川亚运会，成为表演项目之一。LOL和DOTA2作为21世纪10年代电子竞技的核心产品，为电子竞技产业的发展壮大打开了新局面。

2014年，暴雪娱乐公司推出了《风暴英雄》，这款游戏在欧美地区有一定影响力，但没有引起大流行。但同年推出的《炉石传说》实现了完美的侧面出击。2016年，暴雪娱乐公司宣布该游戏已有超过5000万的注册玩家。同年，暴雪娱乐公司又推出了《守望先锋》这一全新模式的游戏，并建立了一套类似 NBA 赛制的更加接近职业体育的联赛机制。

2017 年，《绝地求生：大逃杀》作为后起之秀一经推出便实现了大规模的传播。该游戏打破了 7 项吉尼斯世界纪录，获得 G-STAR 最高奖项总统奖。在游戏中，玩家需要在游戏地图上收集各种资源，并在不断缩小的安全区域内对抗其他玩家，让自己生存到最后，成为最终赢家。

2017 年 8 月，电子竞技联盟（ESL）在德国举办《绝地求生：大逃杀》（PUBG）邀请赛，《绝地求生：大逃杀》第一次登上国际赛事舞台。从 2018 年开始，以《绝地求生：大逃杀》为核心项目的电子竞技赛事越来越多。但与此同时，该游戏的受众数量却出现了一定程度的下降，究其原因，是电子竞技市场上游戏类型和同类游戏越来越多，分散了游戏玩家的注意力。因此，在新形势下电子竞技游戏如何形成特色并维持较长时间的受众关注值得讨论和研究。

互联网技术与文化的发展与传播，使当前的电子竞技产业形成了头部力量集中、新力量强势进入的新格局，电子竞技的版图也在不断变化。近年来，移动互联网在社会生活中的主导地位被建立和加强，以移动互联设备为基础衍生的电子游戏也逐渐成为电子竞技产业发展中不可忽视的部分。

自 2014 年起，移动端游戏的数量出现了井喷式的增长态势，《王者荣耀》《阴阳师》《梦三国》《足球世界》《绝地求生：刺激战场》等成为手游市场的中坚力量。2016 年，《王者荣耀》推出职业联赛（KPL），开启了该游戏的竞技化进程，影响了中国电子竞技产业的生态发展。

全球移动电子竞技产业在不断完善的同时，讨论和争议也随之而来。移动电子竞技浪潮席卷全国，实现了从小学生到老年人的全覆盖，但"电子游戏对小学生的不良影响"等话题在社交媒体论坛中引起了激烈的讨论。为此，2017 年 7 月，腾讯公司发出了游戏"限时令"，重点对 12 周岁以下人群的游戏时间进行了限制；2018 年《王者荣耀》开启了实名验证工作，再度升级游戏防沉迷措施。

近些年，直播平台、垂直类自媒体的融入为电子竞技产业构建了良好的

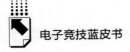

发展环境。以虎牙直播等为代表的一系列头部游戏直播平台的电子竞技推广活动成为电子竞技下沉、大众化的重要保证。发展至今，电子竞技产业链已经形成，上游的游戏开发、游戏运营、内容授权，中游的赛事运营、电子竞技俱乐部与选手、电子竞技内容制作，下游的电子竞技直播、电子竞技媒体及其他衍生产品的内容传播，已经构建起完整的电子竞技产业结构，电子竞技的职业化、商业化、大众化发展成为趋势。

二 全球电子竞技产业发展现状与特征

电子竞技正式成为 2022 年杭州亚运会比赛项目之一，标志着电子竞技实现了从游戏到体育的转变。信息时代之后，智能时代接踵而至，电子竞技产业也要积极融合新技术和新趋势，才能适应时代发展。从游戏制作到赛事运营和宣传，电子竞技产业的上下游链条一步步实现了延伸和拓展。

2016 年是中国的网络直播"元年"，游戏直播市场也在这之后得到了迅速发展，成为电子竞技下游赛事传播链中的关键部分。中国电子竞技产业在一定程度上受到了全球电子竞技市场的影响。本报告基于全球视角，分析和讨论当前电子竞技产业发展的现状与特征，致力于为中国电子竞技产业的发展奠定理论基础。

（一）产业规模

市场研究机构 Newzoo 每年都会发布当年的全球电子竞技市场研究报告，并对电子竞技的年度发展进行预测。2021 年 3 月，Newzoo 发布了《2021 年全球电竞与游戏直播市场报告》（以下简称《报告》）。《报告》指出，电子竞技直播已经成为不可阻挡的潮流。

《报告》预测，2024 年全球电子竞技市场赛事营收将超过 16 亿美元（见图 2），复合年增长率为 11.1%。《报告》还指出，在电子竞技市场中，2021 年，媒体版权和赞助费收益为 8.336 亿美元，所占比重最大，超过 75%；其次分别是游戏厂商补贴、商品与门票、虚拟商品的收益；直播收益最少，仅为 0.25 亿美元。可见在此阶段虽然电子竞技直播火热，但电子竞技产业的核心还是赛事本身。

随着电子竞技文化的传播，电子竞技市场的规模仍会增加，目前全球电子竞技产业已经形成了以美国、中国和韩国为主，其他国家迅猛发展的格局。

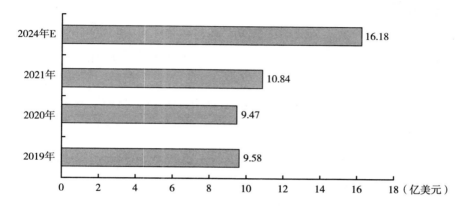

图 2　全球电子竞技赛事 2019～2021 年营业收入情况及 2024 年营业收入预测

资料来源：《2021 年全球电竞与游戏直播市场报告》。

动视暴雪（Activision Blizzard，Inc.）是一家美国游戏开发商、出版发行商和经销商，由美国视频游戏发行商动视公司（Activision，Inc.）于 2008 年合并维旺迪游戏后更名而来。

2021 年 5 月，"2021 福布斯全球企业 2000 强"公布，动视暴雪位居第 506 位。财报数据显示，2019 年，动视暴雪营业额为 64.89 亿美元，在股票市场中，动视暴雪的总市值超过 600 亿美元，目前，动视暴雪是全世界最大的游戏开发商和发行商。

该公司下设的子公司暴雪娱乐公司制作了多款全球流行的电子竞技游戏，《雷神之锤》系列、《魔兽争霸》系列、《星际争霸》系列、《炉石传说》、《守望先锋》是其代表作。《守望先锋》于 2016 年面世，一经推出便引起了大批游戏爱好者的关注。2017 年 11 月，《守望先锋》

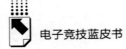

获得 2017 英国金摇杆奖年度电子竞技游戏奖，再次证明了其巨大的影响力。

KT Rolster，简称 KT 战队，起源于韩国的知名电子竞技俱乐部，是韩国 LCK 的创始成员之一。星际争霸、英雄联盟等电子竞技赛事是 KT 主攻的方向，并多次在世界性电子竞技大赛中取得佳绩，曾获得英雄联盟 IEM8 世界总决赛冠军。

在中国，网易公司是电子竞技的先驱者，也是知名的游戏制作运营商。著名手游《阴阳师》就出自网易。网易公司的游戏大多具有中国的传统文化色彩，《梦幻西游》系列就是这方面的典型代表。网易公司同时负责包括《炉石传说》《星际争霸2》等在内的国内代理运营。目前，网易公司已经跻身全球七大游戏公司之列。

（二）电子竞技赛事

电子竞技赛事是指以电子竞技比赛为主题，一次性或不定期发生，且具有一定期限的集众性电子竞技活动。一方面，主办方能通过举办电子竞技比赛获得一定收益，满足赞助商的利益需求；另一方面，电子竞技比赛还承担着传播电子竞技文化，促进电子竞技产业发展的任务。根据举办时间、比赛项目与内容、举办性质、参与主体、专业程度、比赛地点、影响范围、持续时间、规模、主办方性质等的不同可以对电子竞技赛事进行多角度的分类（如表1）。

表 1　电子竞技赛事分类（部分）

分类标准	分类结果	分类标准	分类结果
举办时间（频率和次数）	定期电子竞技赛事 一次性赛事	比赛地点	室外 室内
比赛项目与内容	单一赛事 综合性赛事	影响范围	国际性 全国性 区域性

续表

分类标准	分类结果	分类标准	分类结果
举办性质	商业性质 娱乐性质 公益性质	持续时间	短期锦标赛 长期联赛
参与主体	观众主导 参与主导	规模	超大型赛事 标志性赛事 小型赛事
专业程度	专业型赛事 业余型赛事	主办方性质	第一方赛事 第三方赛事

资料来源：恒一、钱浩主编《电子竞技赛事运营与管理》，江苏人民出版社，2017。

综合来看，电子竞技赛事最主要的分类方式是主办方性质。按照主办方性质的不同，可以将电子竞技赛事分为第一方赛事和第三方赛事。第一方赛事，顾名思义，就是游戏项目研发者作为主办方举办的相关赛事，而第三方赛事就是除游戏项目研发者以外的其他第三方举办的相关赛事。

第三方赛事出现较早，随着《星际争霸》《反恐精英》等电子游戏的普及，CPL、WCG 和 ESWC 世界三大电子竞技赛事诞生。也正因为这三大赛事的举办，越来越多的人开始了解和关注电子竞技，也使大众对电子竞技的理解在潜移默化中不断加深。

2010 年后，第一方赛事成为主流。2011 年，英雄联盟全球总决赛和 DOTA2 国际精英邀请赛诞生，2014 年，WCA（世界电子竞技大赛）落户银川。近年来，随着移动互联网的发展，移动电子竞技赛事也如雨后春笋般出现在电子竞技市场中。

英雄联盟全球总决赛是《英雄联盟》一年一度的最为盛大的比赛，在全球范围内具有很高的知名度，是英雄联盟赛事中最高竞技水平的比赛。迄今为止，LOL 全球总决赛已经举办了十余届，参赛者均是各大赛区最顶尖水平的战队，只有在每一年职业联赛中表现出色的队伍才有资格参赛；每个赛区根据规模和水平决定其在总决赛当中的参赛名额。

2021 年，英雄联盟电子竞技赛事每年的压轴大赛——全球总决赛恢复多城市举办的形式。2021 年 1 月 8 日，英雄联盟赛事官方宣布，中国深圳成为 2021 英雄联盟全球总决赛的举办城市。

（三）电子竞技文化

尽管电子竞技被官方归类为体育竞技活动，但其游戏的核心并没有随着官方的认证而改变。电子游戏诞生至今，争议不断。随着电子竞技产业的成熟，电子竞技文化逐渐向社会主流文化靠近，不断与主流文化融合，影响着更多的人。

电子竞技文化首先强调的是竞技，游戏参与者通过竞技满足自身对于对抗性和愉悦性的需求；其次强调的是与所有体育运动一样有着竞技精神的文化，就是职业选手在赛场拼搏进取的文化，这也是电子竞技文化的核心。《中国青年报》曾发声称："想走职业电子竞技之路，把当职业电子竞技选手作为人生理想和职业追求，这本身是自然而然的事情，也是很正常的一个选择，不必视为洪水猛兽。"①

韩国是电子竞技发展的核心地区，电子竞技文化正在成长为韩国的一种主流文化。在韩国，成千上万的玩家观看比赛，参与比赛，韩国电子竞技选手的表现甚至关乎民族自豪感。

早在 1999 年，韩国就建立了以电视台为中心、电子竞技赛事为产品、电子竞技协会做运营的电子竞技文化传播体系，电子竞技甚至被称作是"韩国的支柱产业之一"。网吧是韩国电子竞技文化的重要发源地，韩国的网速全球第一，网络技术的快速发展为电子竞技在韩国的迅速发展奠定了技术基础。

韩国对于电子竞技游戏的态度相对正面，这就意味着，韩国人接触到电子竞技的可能性更大，至少在观念上没有较大的阻碍。同时，韩国电子竞技选手的产生有一系列成型的练习生制度作为保障，残酷的甄选和淘汰机制，使韩国电子竞技选手不断提升自身技能。独特的制度和观念造就了韩国特有

---

① 《"电竞劝退"给青少年盲目入局打一针清醒剂》，中国青年报客户端，2021 年 2 月 19 日，https：//s. cyol. com/articles/2021－02/19/content_ 1VvEqXTl. html。

的电子竞技文化。

而作为电子竞技重要发源地之一的欧美，电子竞技文化还不能算是主流文化。不同于韩国电子竞技产业中对于赛事运营、选手包装的追求，欧美电子竞技赛事组织主要围绕现场比赛来进行，更倾向于对公平性和专业性的追求。其主要的传播对象是业余电子竞技爱好者，比较难实现电子竞技及其赛事在更大范围用户群体内的传播。

电子竞技文化的传播促进了电子竞技产业的快速发展，电子竞技文化消费具有交互性、隐匿性和自由性的特点。在一定程度上，电子竞技可以被理解为电子竞技文化伴随而生的文化经济，电子竞技产业的发展同样基于人们的文化认同。

（四）用户群像

智研咨询发布的《2021～2027年中国电竞行业产业运营现状及战略咨询研究报告》（以下简称《报告》）的数据显示，2020年全球网民为49.45亿人，同比增长12.64%（见图3）。

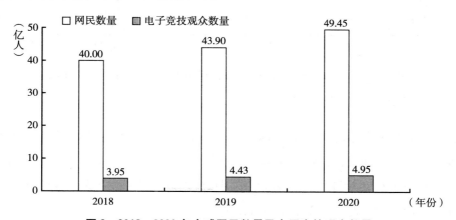

图3 2018～2020年全球网民数量及电子竞技观众数量

资料来源：《2021～2027年中国电竞行业产业运营现状及战略咨询研究报告》。

从图3中可以看出，全球电子竞技观众的人数呈现逐年增加的趋势，2020年全球电子竞技观众为4.95亿人，全球网民中有约1/10的人观看电子竞技赛事,同比增长 11.74%。《报告》预测,到 2023 年,全球电子竞技观众可达 6.46 亿人。

电子竞技行业近年来得到了迅速的发展,随着移动电子竞技的兴起,越来越多的女性开始关注和了解电子竞技。近年来,电子竞技用户中女性群体的比例在逐年升高,并有进一步升高的趋势。同时通过对目前市面上的电子竞技赛事和直播等进行观察分析可以发现,越来越多的女性参与到了电子竞技当中,从赛场到解说再到观众,电子竞技正在以更开放的姿态迎接女性用户的加入(见图 4)。

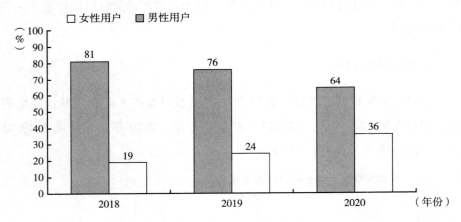

图 4 2018~2020 年中国电子竞技用户男性用户和女性用户占比情况

资料来源:据公开资料整理。

智研咨询发布的《2020~2026 年中国电子竞技游戏行业市场全景调查及投资价值咨询报告》数据显示,中国电子竞技用户的教育水平差异明显,学历在高中及以下和大学专科水平的用户分别占三成左右,大学本科占三成左右,而硕士、博士及以上学历占比很小。

对电子竞技用户的收入水平进行分析可以看出,个人月收入与是否参与电子竞技没有直接的关系。电子竞技用户兴趣爱好的集中度较高,大多数用户对玩游戏、看直播和看赛事感兴趣。Newzoo 发布的《2020 年度全球电竞市场报告》(以下简称《报告》)的数据显示,2020 年全球每位电子竞技爱好者为电子竞技行业的人均贡献为 4.94 美元，比 2019 年增加了 0.14 美元，但相较于 2018 年的 5.50 美元仍有不小的差距（如图 5）。

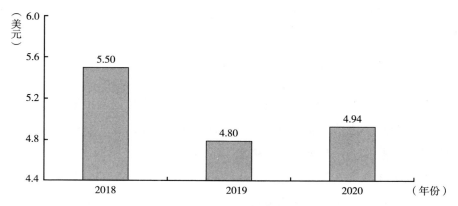

图 5　2018～2020 年全球平均每位电子竞技爱好者的电子竞技消费情况

资料来源：《2020 年度全球电竞市场报告》。

《报告》对主要国家不同领域电子竞技用户的占比情况进行了统计（见表 2）。从表中的数据可以看出，2020 年，特定游戏用户占比较高的国家为美国，占比为 54.0%；特定职业玩家用户占比较高的国家为泰国，占比为 49.0%；特定战队用户占比较高的国家为越南，占比为 35.0%；东南亚国家后来居上，成为电子竞技用户分布的主要地区。

表 2　2020 年主要国家不同领域电子竞技用户占比情况

单位：%

领域	中国	美国	韩国	越南	泰国
特定游戏	34.0	54.0	23.0	41.0	42.0
特定职业玩家	31.0	32.0	34.0	47.0	49.0
特定战队	26.0	24.0	16.0	35.0	25.0
特定主播	25.0	36.0	26.0	53.0	38.0
特定职业联赛	23.0	25.0	18.0	48.0	29.0
特定类型游戏	18.0	42.0	22.0	24.0	31.0
特定直播平台	13.0	16.0	13.0	33.0	21.0
特定咨询平台	10.0	13.0	8.0	26.0	22.0

资料来源：《2020 年度全球电竞市场报告》。

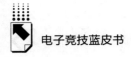

电子竞技具有游戏属性，随着现在电子竞技核心游戏对于智力和能力要求的降低，越来越多的老人和儿童开始参与到电子竞技游戏中。电子竞技的大众化趋势越来越明显，大众化是相比于传统体育竞技，电子竞技最突出的特点。

（五）电子竞技人才

随着电子竞技产业的快速发展，越来越多的人直接或间接地参与到了电子竞技产业发展建设的浪潮中来。一方面，电子竞技产业的急速扩张带来了大量新的行业需求和就业机会，催生了职业选手、电子竞技赛事运营管理、电子竞技游戏开发等新型职业，专业人才的进入是产业扩大的基础。另一方面，电子竞技赛事大多有现金奖励，尤其是大型电子竞技赛事，奖金额度很高，这也在一定程度上促使了电子竞技爱好者向职业选手的转变。

2020 年，Newzoo 发布的《2020 全球电竞市场报告》的数据显示，预计2023 年全球电子竞技人口将达到惊人的 20 亿，约占到世界人口的四分之一。在全球范围内，美国、韩国、日本、欧洲和中国是电子竞技产业的聚集地，尤其以韩国为主，向全球输送了大量的电子竞技人才。

目前，韩国已经成为世界电子竞技产业的重要人才策源地。在韩国，社会对电子竞技的认知已经颠覆了早前以游戏为主导的观念。政府积极地扶持电子竞技产业和电子竞技人才的发展，媒体对其也多为正面报道，这使很多优秀的年轻人愿意将电子竞技相关职业作为就业选择。

在韩国，高校间会有电子竞技比赛，国家也会组织大型的电子竞技赛事以发掘电子竞技人才。一旦在电子竞技赛事中脱颖而出，便会受到游戏公司或专业电子竞技俱乐部的青睐，选手可直接跻身职业电子竞技运动员行列。在韩国，围绕着电子竞技赛事诞生了一大批优秀的游戏公司，为高校的毕业生提供了包括游戏开发设计、产品推广、第一方赛事运营等就业机会。

社会的正面认识和政策层面的大力支持，使电子竞技相关职业成为韩国民众求职就业的重要选择。中国 iG 电子竞技俱乐部的宋义进、EDG 战队的李汭燦等均来自韩国，韩国已经成为全球电子竞技人才的重要输出地。

这里所说的电子竞技从业人员是就整个电子竞技产业来说的，既包括上游的游戏开发，也包括产业链下游的赛时运营与传播。国内和国外的电子竞技行业对人才的需求存在着较大的差异。伽马数据发布的《2019 中国游戏产业半年度报告》显示，截至 2019 年上半年，电子竞技赛事服务领域是人才需求集中的领域，相关职位需求占比超过了 60%。

而在国外，电子竞技游戏研发与设计人才需求则更旺盛，相关岗位，平均年薪在 15 万美元左右，需求占比超过了 40%；其次是服务类岗位，平均年薪在 11 万美元左右，需求占比 37.5%。大多数人是基于个人的爱好和兴趣选择了电子竞技相关工作，兴趣导向是电子竞技从业者的就业初衷。

高校培养是美国电子竞技人才培养的最大特点。

在美国，高校已经成了电子竞技人才的"摇篮"。美国高校电子竞技联赛是美国本土一大电子竞技赛事，发展到现在，美国高校电子竞技联赛已经具备了成熟的竞技赛事体系。

在美国，以加州大学欧文分校、俄亥俄州大学为首的多所高校开设了电子竞技专业，包括罗伯特莫里斯大学、玛丽维尔大学等在内的多所高校为电子竞技相关专业和项目设立了奖学金，如加州大学的 LOL 奖学金等。

罗伯特莫里斯大学在 2018 年 4 月参与了包括英雄联盟、守望先锋等在内的 7 项电子竞技赛事。该所高校每年有 90 人左右通过电子竞技项目获得奖学金，总额超过 135 万美元。

电子竞技馆是美国高校为了电子竞技赛事和训练建设的专用场馆。美国高校自 2014 年起将全国大学体育协会（NCAA）模式引入高校电子竞技赛事体系，越来越多的高校积极主动地参与到电子竞技的传播中。修建电子竞技馆就是他们为培养电子竞技人才、支持电子竞技事业发展做出的实际行动。

NCAA 具有成熟的体育赛事体系，成为了美国电子竞技产业发展的重要基础。NCAA 将电子竞技纳入系统，对电子竞技在美国高校的发展制定了明晰的规则，改变了发展初期电子竞技"乱象丛生"的状态。

美国的游戏竞技行业自产生以来便一直位居世界第一梯队，多元的游戏品类和完善的竞技游戏生产生态链，成为美国电子竞技人才大量涌现的基础。以游戏制作公司、电子竞技赛事和选手运营为核心的电子竞技行业吸引了大量的电子竞技爱好者和高校毕业生投入到该行业，助力产业的发展壮大。美国成熟且完善的电子竞技人才培养模式向其他国家展示了电子竞技行业发展的更多的可能性，具有一定的借鉴意义。

在中国，电子竞技逐渐得到主流社会的关注，并得到了各种政策上的支持。2019 年 4 月，人力资源和社会保障部、国家市场监督管理总局、国家统计局正式向社会联合发布了 13 个新职业信息，电子竞技员、电子竞技运营师等被列为正式职业，这是在 2015 年版《国家职业分类大典》颁布以来，首次发布新职业，而电子竞技产业相关的职业位列其中。

2019 年，腾讯电竞联合超竞教育和《电子竞技》杂志，发布了《2019 年度中国电竞人才发展报告》（以下简称《报告》）。《报告》显示，截至 2018 年底，中国电子竞技相关行业从业者中，电子竞技生态从业者为 7.1 万人，电子竞技市场仍有很大的人才接纳空间。

经营管理类人才是电子竞技行业最紧缺的人才。除此之外，公关市场销售类、专业内容制作类、技术服务类等人才同样有很大的人才缺口。《报告》指出，除了成熟的职业经理人，还需要更多优秀高等学府毕业、具有一定管理能力基础的从业者，需要将他们逐步培养成行业储备力量。

2016 年 9 月，教育部职业教育与成人教育司发布的通知中将"电子竞技运动与管理"（专业代码为 670411）列为 13 个增补专业之一，属于教育与体育大类。2017 年，包括南京传媒学院、四川电影电视学院等在内的多所院校设立了电子竞技相关专业，中国传媒大学也在这一年开设了电子竞技相关专业，主要培养游戏策划和电子竞技运营与节目制作人才。

至此，"电子竞技专业"正式成为教育正规军，将向社会输送大批的电子竞技管理人才。可以预见，一段时间内，电子竞技产业对人才的吸引度不会降低。加之国内多所高校纷纷开设电子竞技相关专业，也在专业教育层面为电子竞技产业结构的升级提供了坚实的人才基础。

全球电子竞技人才逐渐形成了以韩国、美国、中国为中心，辐射东南亚、欧洲等地多级发展的态势，电子竞技职业联赛成为培养电子竞技人才的重要阵地。当前，众多跨地区举办的电子竞技赛事促进了各地区电子竞技人才的交流，这是全球电子竞技人才流动、相互学习的重要途径。

英雄联盟、守望先锋等第一方赛事是当前电子竞技赛事的绝对主角，从游戏产品的开发、策划到赛事运营，再到后期的赛事相关内容传播，游戏出品公司逐渐实现了多角度、全覆盖的人才挖掘体系，成为了培养电子竞技人才的关键力量。从技术研发人员到参赛者，电子竞技人才的培养体系逐渐得到完善。

（六）商业模式

随着电子竞技产业的发展，其规模在不断扩大，并形成了上、中、下游三个层次，形成了一个完整的产业链。

电子竞技产业链的上游主要由游戏开发商和运营商组成，游戏代理权、游戏道具的出售和提供相关的电子竞技服务收入是产业链上游游戏厂商和运营商主要的收益来源。目前，端游电子游戏的开发以国外为主，包括《英雄联盟》、DOTA2 等的开发公司均是国外的游戏开发公司；腾讯是国内最成功的游戏开发和运营商，以《王者荣耀》《刺激战场》为核心的腾讯游戏王国代表着国内电子竞技游戏运营的最高标准。

电子竞技产业链的中游包括电子竞技赛事及赛事执行方俱乐部。[1] 近年来，电子竞技赛事的规模在逐渐扩大，2022 年，电子竞技将以正式比赛项目的身份出现在杭州亚运会的赛场上，同时电子竞技与娱乐内容融合的加深，为电子竞技带来了巨大的流量和众多粉丝，成为推动电子竞技发展的主要力量。

电子竞技产业链的下游是电子竞技内容传播与运营，涉及游戏直播、电子竞技外围文化产品运营等，其中游戏直播是风口，承担了电子竞技下游产业链中经济转化的大部分工作。

欧美地区和韩国在电子竞技商业模式这一经济概念上存在一定的差异。

---

[1]　戴焱淼：《电竞简史：从游戏到体育》，上海人民出版社，2019。

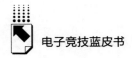

欧美地区的电子竞技赛事强调现场比赛和观赛，线下活动是其主要的商业活动形式。这与欧美地区本身崇尚自由的观念，以及较为宽松的工作时间有较大的关系。在欧美地区，人们有较多的时间开展业余活动，这就为线下电子竞技赛事的广泛开展奠定了受众基础。而在韩国，电子竞技是支柱产业之一，其更侧重电视媒介在电子竞技赛事举办和文化传播中的作用。[①]

欧美地区电子竞技赛事和文化的传播对象主要是业余电子竞技爱好者，因此，在赛事参与性、感受度上有较高的追求。与此不同的是，韩国电子竞技产业中的赛事组织和运营商则更看重对参赛选手、赛事主体的宣传，对于电子竞技爱好者的参与感虽有关注但并不深刻。除了赛事本身，韩国的电子竞技赛事运营商同样注重电子竞技文化的传播，这与韩国本身对于电子竞技的健康认知有较大的关系。

同时，从盈利的角度来说，韩国的电子竞技衍生品市场发达。在韩国，电子竞技比赛的转播收入和广告收入是电子竞技相关经营者营收的主要来源，商业模式较强地依赖大众对电子竞技赛事的关注度，同时也依靠电子竞技纪念品等相关衍生品的销售。而在欧美地区，电子竞技赞助商的赞助则是最主要的商业竞技收入来源，其中多以电子软硬件厂商为主。这是因为电子竞技赛事参与者是该类厂商的重要客户来源，赞助商也就更希望通过赛事宣传扩大其产品在专业用户（如游戏玩家等）中的影响力。

---

① 韩杰：《电子竞技与商业模式》，《商业文化》2017 年第 20 期，第 60~66 页。

B.10
电子竞技产业商业模式与内容
题材的比较分析

胥大杰　邱新然*

摘　要： 商业模式，也称为运营模式。纵观全球电子竞技发展历程，历经近 40 年发展的欧美电子竞技产业发展较为成熟完善，并形成了较为经典的商业模式。在发达的社会经济条件和较高的生活水平的影响下，欧美社会对电子竞技活动关注度相对较高。欧美电子竞技产业已经完成覆盖全产业链的成熟产业体系的建构，秉持着尊重参赛选手并与观众进行良好互动的原则，欧美电子竞技产业获得了持续稳定的发展。韩国作为世界公认的电子竞技强国，很早便将电子竞技项目提升到了国家体育项目的级别，并有着优秀的电子竞技报道经验以及专业的 24 小时电视频道直播体系。韩国电子竞技产业具有独特的产业体系和运作模式，政府、市场、选手等多方合作，从而形成了包括政府、厂商、职业选手和俱乐部成员、电子竞技业余爱好者在内的良性发展生态圈，呈现互惠互利、稳定共存的态势。

关键词： 电子竞技　商业模式　游戏产业

---

* 胥大杰，广州虎牙信息科技有限公司公共事务副总裁，中级政工师，曾参与撰写《国家机关工作人员预防职务侵权》专著，发表《论以比例原则规范警察权》专题论文；邱新然，中国传媒大学传播研究院传播学专业硕士研究生，研究领域为传播理论与历史。

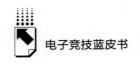
一　电子竞技产业商业模式分析

（一）商业模式基础理论

商业模式（Business Models），也称为运营模式。目前关于商业模式概念的定义说法不一。部分学者从盈利模式角度对商业模式做出定义，并认为商业模式在内涵上与企业的盈利模式具有一致性，商业模式是对企业在经营管理的过程中获利的描述与总结。[①] 荆林波认为商业模式是一种战略组合，这一战略组合是企业在某一领域内为了满足目标客户需求，达到盈利目标而制定的。[②] Stewart 和 Zhao 指出，商业模式是指企业在经营管理的过程中如何创造利润并在良好运营的基础上如何保持最大收益流的方法。[③] Afuah 指出，商业模式是企业在市场竞争中，通过合理的经营方针与发展战略创造出比同行业或者关联行业竞争对手更多的价值从而获取超额利润的方法。[④] Dubosson 等人认为，商业模式的本质在于利益获取，通过创设特定的企业经营管理结构、铺设客户与产品网络，以实现客户关系资本的稳定性与可持续发展性，并最终达到价值创造、价值营销和价值提供的目的。[⑤]

目前，关于商业模式的研究主要有三要素论、四要素论和九要素论。Hamel 创造性地提出四构面模型对商业模式的内涵进行分析，具体包括：四大构面（核心战略、战略资源、顾客界面、价值网络），三大构面连接因素（资源配置、顾客价值、企业边界），四大支撑因素（效率、独特性、配适、利润推进器）。四构面模型提出的目的是为了引导企业进行商业模式创新，这一理论对后续的

---

① 彭雪莲：《我国电子竞技产业商业模式研究》，硕士学位论文，湖北省社会科学院，2018。

② 荆林波：《B2B 商业模式及其价值评价》，《商业经济文荟》2001 年第 1 期，第 18～22 页。

③ Stewart D. W., Zhao Q, "Business Model and Public Policy," *Journal of Public Policy and Marketing* (2000).

④ Allan Afuah, *Business Models: A Strategic Management Approach* (NEW YORK: 2004).

⑤ Magaly Dubosson, Alexander Osterwalder, Yves Pigneur, "E-Business Model Design Classification and Measurement," *Thunderbird International Business Review* (2002).

研究者产生了深远的影响。① Oster Walder 等提出九要素分析模型，采用了九个要素来分析企业商业模式，具体包括：核心能力、价值配置、价值主张、分销渠道、目标顾客、伙伴关系、客户关系、成本结构和盈利模式。②

（二）国外电子竞技商业模式分析

1. 欧美电子竞技商业模式

欧美电子竞技商业模式已经经过了将近40年的发展，因此是最具有典型性的商业模式。

（1）社会背景

欧美文化较为多元化，欧美人崇尚自由，偏向通过亲身经历来寻找自我价值，相较于亚洲人流动性较大，同时，欧美国家经济发达，生活水平较高，具有较多的业余时间和兴趣发展条件。因此，欧美人可以大量地参与到不同地点的电子竞技赛事之中，付出成本也较低；此外，美国社会对于电子竞技较为重视，美国高校将电子竞技作为一项校园团体体育活动，美国政府将职业电子竞技选手的职业身份纳入移民条件之中，从而提升了欧美人参与电子竞技的积极性，彰显了电子竞技价值，夯实了欧美地区电子竞技发展的基础。

（2）用户维护

欧美电子竞技产业公司秉持着尊重参赛选手、尊重大众用户的原则，与客户维持着长期的良好关系。由于欧美国家拥有良好的电子竞技基础与环境，业余电子竞技爱好者也成为了电子竞技的主要参与者；其赛事注重公平性与专业性，并且在不断提高现场比赛中的舒适度与观看体验；随着移动终端技术的大力发展与设备的不断完善，欧美电子竞技产业也提高了对移动终端设备用户的重视。

（3）产业架构

欧美电子竞技建构了一个覆盖全产业链的较为成熟的产业体系。首先，

---

① Allan Afuah, *Business Models: A Strategic Management Approach* (NEW YORK: 2004).

② Alexander Oster Walder, Magaly Dubosson, Yves Pigneur, "E-Business Model Design Classification and Measurement," *Thunderbird International Business Review* (2002).

欧美电子竞技产业掌握了电子竞技的核心资源，即游戏专利与知识产权，从而可以通过游戏的授权运营与知识产权收费创造大量的商业价值；其次，欧美电子竞技赛事通过现场比赛来进行，并进行电视转播和网络直播，不断加深多层次与多维度的合作，例如，与电视台合作进行专业的游戏直播与转播合作、与直播平台 Twitch 合作进行网络播出，通过与电脑软硬件厂商、知名俱乐部与游戏开发商进行联手合作，打造多元化、多样态的赛事运作模式（见图1）。

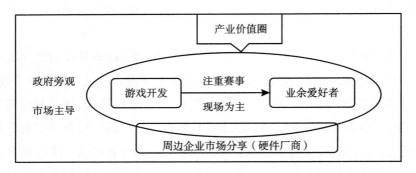

图1　欧美电子竞技产业商业模式的"一元"推动力量类型

资料来源：《电子经济商业模式》，武汉大学出版社，第29页。

（4）盈利模式

欧美电子竞技在成本支出方面，主要包括产品研发支出和赛事运营支出。而随着专业赛事的增多，参与赛事的选手数量不断增加，参赛范围逐渐扩大，赛事奖金支出也在逐渐增加。收入结构方面，主要由游戏授权知识付费收入、赛事举办以及赞助商赞助收入等组成。欧美电子竞技运营商掌握了游戏专利和知识版权等核心资源，把握了知识付费收入模块，同时，欧美电子竞技赛事模式较为成熟，依靠电子竞技专业比赛等中上游产业领域进行盈利，将大型赛事运营作为关键业务，对赛事管理较为专业；而欧美主要的电子竞技赞助商是电脑软硬件厂商，其可以通过比赛来提升自身产品在相关领域的知名度，提高其在高端游戏市场的占有率，因此他们会更加注重比赛对于深度消费者和高端消费者的影响，而赞助商的不断投入也使得欧美电子竞技产业获得了持续收益。

2. 韩国电子竞技商业模式

韩国作为公认的电子竞技强国，拥有优质的电子竞技报道和专业的 24 小时电视频道直播体系。经过二十几年电子竞技产业发展的韩国，形成了较为完整的商业模式，成为全球电子竞技产业最为成熟的国家之一，电子竞技产业每年可以为韩国带来超过十亿美元的经济收益。

（1）社会背景

韩国崇尚电子竞技，使电子竞技项目被提升到了国家级体育项目的级别。韩国电子竞技职业选手可以通过电子竞技比赛实现自身价值，成为电子竞技明星，其受欢迎程度丝毫不亚于传统体育和娱乐明星，从而可以实现自我社会价值与经济水平的提升；大型赛事的举办可以提升国民对电子竞技的认同感和喜爱度，掀起民众热情，民众的积极响应促使更多人进入电子竞技玩家行列。

韩国政府对电子竞技秉持大力支持的态度，并且为电子竞技提供了多方资源。例如出台相关利好政策、提供资源、创造适宜电子竞技产业发展的文化与社会环境，甚至还设有专门负责游戏管理的部门，促使韩国的电子竞技产业、韩国政府、电子竞技生产厂商、职业电子竞技选手和俱乐部成员、电子竞技业余爱好者形成了一个良好的发展生态圈，实现了互惠互利、稳定共存的态势。

（2）赛事举办

目前，韩国电子竞技获得的收益主要来源于赛事举办。例如韩国电竞协会杯赛事、韩国总统杯业余电子竞技锦标赛、韩国电子竞技残运会等，这些赛事可以从门票售卖、电子竞技设备、赞助商资助与收入、周边衍生产品消费等多方面带动韩国电子竞技产业收益。

1999 年，韩国独立专业游戏电视台 OGN 成立，使韩国拥有了游戏传播的主流媒体平台。专业化的发展道路使电子竞技游戏企业走出了发展困局。通过 OGN 这一平台，韩国电子竞技赛事得到了赞助商大量的资金支持，获得了大型场馆的场地资源，激发了顶级玩家的参与热情，从而呈现了高水准、高观赏性的电子竞技赛事，推动了韩国电子竞技的快速发展。除此之外，各种电子竞技赛事的发展也催生了电子竞技游戏直播解说等职业、产业

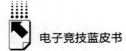

的出现，创造了网络平台电子竞技经济这一新的产业价值。韩国未来将继续推动电子竞技的产业化与平台化，不断扩大电子竞技产业规模，提高产业价值。

（3）产业架构

韩国电子竞技产业具有独特的产业体系和运作模式，由政府、市场、职业选手、相应厂商等多方进行配合，形成了一个具有创造性、平稳运行的经济生态系统。韩国的电子竞技产业本质是互相合作、彼此依赖的嵌入式产业链模式（见图2），① 产业系统内部各参与方缺一不可。韩国电子竞技产业发展初期，主要由政府进行推动，政府提供相关的资源，创造有利环境来促进电子竞技产业发展；电子竞技产业形成规模之后再由市场进行接管，从而系统化、纵深化地推动韩国电子竞技产业的发展。

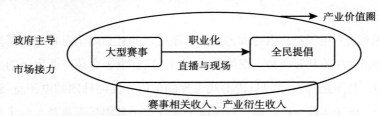

图2　韩国电子竞技产业商业模式类型："二元交叉"推动力量类型

资料来源：夏清华主编《电子竞技商业模式》，武汉大学出版社，2019，第31页。

（4）盈利模式

韩国电子竞技在成本支出方面，主要包括选手奖金支出和赛事运营支出。而其收入主要来源于赛事相关赞助商的赞助、相关广告和周边产品售卖以及赛事举办获得的收益，依赖比赛的关注度和电子竞技衍生产品的销售。韩国电子竞技通过少数明星级别的职业选手推动产业增值，并通过 WCG 赛事、国内全国性与地方性赛事、电视转播、网络平台直播等渠道延伸宣传路径。推动赞助商通过赛事收视率寻求商机，投入资金支持，使整个产业呈现良性发展态势。

---

① 夏清华主编《电子竞技商业模式》，武汉大学出版社，2019。

（三）中国盈利模式分析

媒体广告、品牌赞助和电子竞技用户消费是中国电子竞技赛事主要盈利来源（见图3）。主办方通过提供精彩的赛事来吸引电子竞技用户进行流量变现，吸引的电子竞技用户越多，越能吸引赞助商、广告商进行资金投入。随着电子竞技影响力的不断扩大，以电子竞技用户为基础的赛事流量变现存有很大的探索空间。

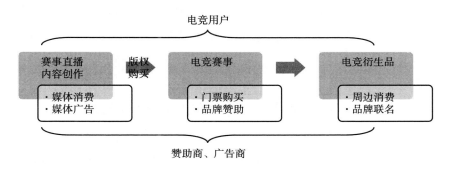

图3　中国电子竞技赛事盈利模式

资料来源：Mob研究院。

（四）商业模式未来发展趋势

随着电子竞技影响力的不断提升，"电竞＋IP"的新业态不断呈现，电子竞技产业与其他文化产业的创新融合程度也得到了不断加深。腾讯于2018年4月的"UP大会"上提出"新文创"概念，即通过更广泛的主体连接，推动文化价值和产业价值的相互赋能，从而实现更高效的数字文化生产与IP构建。

电子竞技与IP的跨界合作使电子竞技不断跨圈发展，屡有优秀的跨界合作案例出现。"电竞＋影视"方面，《全职高手》《亲爱的、热爱的》等电子竞技题材电视剧备受关注，其中《亲爱的、热爱的》2019年全网总播放量破89亿次；"电竞＋文旅"方面，《英雄联盟》校园电子竞技文创村将电子竞技文化与传统民族文化融合，对传统古村落旅游模式进行升级，同时借助高新技术为游客提供更加丰富的旅游体验，在实现对传统文化继承和发扬的同时，赋能本地文旅，探索电子竞技与文旅营销新模式；"电竞＋文创"方面，2019年，路易威登推出与英雄联盟联名系列产品，实现了"跨次元"的竞技摩登时尚。此外，以中国文化为题材的电子竞技游戏逐渐获得国内外市场的认可，中国文化题材的高质量电子竞技游戏将推动中国传统文化在世界范围内的传播和弘扬。

中国电子竞技产业具备天然的授权合作优势，如何与不同产业深度结合，提升电子竞技商业价值，越来越成为行业关注的焦点。而电子竞技IP化将成为未来电子竞技产业的主要发展态势，推动着电子竞技商业化的持续发展。

二 电子竞技产业内容题材比较分析

在中国热门电子竞技游戏中，成熟的端游生态赛事体系正在形成，移动电子竞技正在崛起。在中国的电子竞技行业中，移动电子竞技发展迅猛。众多移动电子游戏中，DOTA2、《英雄联盟》、《炉石传说》由于在国内起步早、成绩好等特点受到了广泛欢迎；中国移动电子竞技虽然处于起步阶段，游戏数量较少，但发展态势良好。

（一）中国与欧美电子竞技类型题材的比较分析

视频游戏虽然已出现近半个世纪，但其真正的大势发展开始于20世纪90年代互联网技术出现以后。1997年，职业游戏玩家联盟（PGL）成立并获得了包括微软、AMD、Nvidia等上市公司赞助的120多万美元用来举办第一届《星际争霸》职业锦标赛。数据显示，北美地区电子竞技市场收入在全球占比37%。[1]

---

[1] 《电竞行业数据分析：北美地区电子竞技市场收入在全球占比37%》，2020年1月8日，https：//www.iimedia.cn/c1061/67807.html。

亚洲的电子竞技产业相较于欧美仍处在初级阶段，发展空间巨大。亚洲的电子竞技爱好者相较于现场观看大型电子竞技赛事更多地会选择线上观看赛事直播。相比欧美成熟的电子竞技赛事举办机制，亚洲电子竞技赛事还需解决诸多基础设施方面的问题。

（二）中国与日韩电子竞技类型题材的比较分析

在中国电子竞技萌芽时期，暴雪娱乐公司开发的即时战略游戏《星际争霸》以及至今还被人奉为经典的第一人称射击游戏《反恐精英》（CS）的出现直接引爆了中国电子竞技游戏的热潮。2004 年，国家广播电影电视总局颁布的网游类电视节目封杀令将电子竞技赛事传播移出传统电视传播体系，但却使网游市场成为互联网商业系统的重要组成部分，促进了网游在国内的发展，如《梦幻西游》《热血传奇》等都是在这个时期发展起来的最为著名的电子游戏。2013 年至今，随着互联网商业模式愈发成熟，移动电子竞技成为新蓝海。近年来，爆款手游层出不穷，《阴阳师》《王者荣耀》《皇室战争》《炉石传说》等高质量手游相继面世，手游凭借其参与便捷、准入门槛低等特点让多层次玩家群体涌入了手游行列。与此同时，《王者荣耀》的大热让移动电子竞技赛事成为可能，腾讯借此机会推出了《王者荣耀》专属的电子竞技联赛 KPL，经过发展使其具备了极高的商业价值。

日本电子竞技方面，独特的游戏文化深刻影响着日本电子竞技的发展。自任天堂公司在 1983 年推出了第一代家庭游戏机后，电子游戏在日本迅速流行起来，制造商们专注于家庭游戏机的研发，营造出了浓厚的游戏机文化，使电脑游戏的发展遇到巨大阻碍，这也是日本与其他国家在电子竞技产业发展过程中最大的不同之处。同时，在制造精良的电子产品的持续影响下，日本的电子游戏玩家对游戏的制作水平也提出了更高的要求。

时至今日，一般日本人还是更习惯于"在家中、少数人"的游戏模式，电子竞技那种"在专业场馆、团队协作"的游戏模式在日本并不流行。这样独特的游戏文化是日本电子竞技产业裹足不前的重要原因之一。加之电子竞技在日本没有被官方认可为体育运动，日本游戏企业能做的只有在国内举办大赛，或由第三方主办大赛并发放奖金，或是干脆不设置奖金池，对日本电子竞技赛事体系的发展产生了较大的负面影响。在"日本电竞联合"成立后，日本政府也逐步对其国内电子竞技产业的发展放宽了限制。新的发展态势下，日本电子竞技在赛事举办领域正在不断前进。2018 年，日本 Cygames 公司为旗下的一款电子游戏——《影之诗》，举办了总奖金超过 1 亿日元的竞技大赛，被称为日本有史以来奖金额度最高的电竞赛事。即便如此，日本在电子竞技领域依然面临着种种束缚，日本电子竞技行业的发展任重而道远。

韩国电子竞技发展有其特殊的历史背景。1997 年，亚洲金融危机爆发，韩国经济受到了严重的冲击，经济下滑、就业率下降造成大批青年赋闲在家，打游戏自然成为大批青年消磨时间、排解压力的重要方式。1998 年，暴雪娱乐公司推出的《星际争霸》迅速走红，韩国的电视台也适时推出相关报道和节目，让更多人变成了"星际玩家"。韩国政府也在此时确立了文化立国战略，认为电子竞技产业是其走出经济困境的途径之一。① 但 2009 年至 2010 年期间，火极一时的《星际争霸》遭到了巨大的挑战，2009 年一桩操纵比赛结果的丑闻被媒体曝光，11 名职业选手被指控操控比赛以从赌博网站赚取巨额利润，急剧降低了玩家对《星际争霸》相关赛事的信心。于 2009 年出品的新游戏《英雄联盟》则抓住机会，成了韩国电子竞技的新宠儿。《英雄联盟》鼓励玩家进行 5 VS 5 的多人团队竞技，有着上手容易、进阶难等特点，具有极高的竞技机能。在首尔龙山区的 iPark Mall，每周都会举办英雄联盟赛事，拳头公司（Riot Games）为了在韩国推广《英雄联盟》还在首尔设置了办公室。2012 年，《星际争霸》王朝被《英雄联盟》帝国彻底推翻。②

① 常任琪、薛建新：《美国和韩国电子竞技产业发展及启示》，《体育成人教育学刊》2020 年第 2 期，第 56~59 页。
② 《从星际争霸到英雄联盟：韩国电竞游戏变迁史》，2015 年 10 月 23 日，http：//news. 17173. com/content/2015－10－23/20151023115333494. shtml。

2021 年，韩国文化体育观光部和韩国电竞协会发布了韩国电子竞技项目的评选结果，即手游 PUBG Mobile 和 A3：STILL ALIVE 在韩国成了电子竞技赛事正式比赛项目。该评选结果显示，PUBG Mobile 在成为电子竞技赛事项目的同时，也成了赛事专门项目。而《荒野乱斗》继在 2020 年从赛事专门项目降为赛事普通项目后，2021 年又重新成为赛事专门项目（见表1）。

表 1 韩国电子竞技正式项目

项目分类		游戏名称	开发商	备注
正式项目(12)	专门项目(5)	《英雄联盟》	拳头游戏	—
		《绝地求生》	KRAFTON，InC.	—
		FIFA ONLINE 4	美国艺电、EA *SPARHEAD* 工作室	—
		PUBG Mobile	KRAFTON，InC.	新进
		《荒野乱斗》	Supercell	等级变化(普通 > 专业)
	普通项目(7)	《地下城与勇士》	Neople 公司	—
		《突击风暴》	gamehi	—
		《跑跑卡丁车》	NEXON	—
		《劲舞团》	韩国 T3 娱乐公司	—
		《实况足球 2021》	科乐美	—
		《部落冲突：皇室战争》	Supercell	—
		A3：STILL ALIVE	网石	等级变化(表演 > 普通)

资料来源：韩国文化体育观光部和韩国电竞协会。

B.11
世界顶级电子竞技赛事分析及对中国电子竞技产业发展的启示

段 鹏 邱新然*

摘 要: 电子竞技赛事是电子竞技产业生态系统的重中之重。成熟的电子竞技赛事能够反哺游戏内容,产生丰富的电子竞技文化内容和泛电子竞技衍生产品。世界电子竞技大赛(WCG)在推动电子竞技体育运动的普及和推广、促进全球电子竞技产业健康发展方面意义显著,是全球最具影响力的国际性电子竞技赛事之一;《英雄联赛》作为目前最热门的电子竞技游戏之一,同时具备全球比赛、本土职业比赛、高校系列赛事以及更多元化的电子竞技比赛模式,是目前比赛门类最为齐全的世界性电子竞技项目。未来,电子竞技赛事将朝着更加专业化、联盟化、商业化、泛娱乐化以及全民化的方向快速发展。

关键词: 电子竞技赛事 英雄联盟 世界电子竞技大赛

一 世界顶级电子竞技赛事发展现状

电子竞技赛事是电子竞技产业生态体系的重中之重。电子竞技产业链包

---

* 段鹏,中国传媒大学党委常委、副校长、媒体融合与传播国家重点实验室常务副主任,高等学校学科创新引智计划智能融媒体基地主任,国家语言文字推广基地主任,教授、博士生导师,享受国务院政府特殊津贴,研究领域为智能媒体传播、媒介理论与历史、国际传播;邱新然,中国传媒大学传播研究院传播学专业硕士研究生,研究领域为传播理论与历史。

括上游的内容授权，中游的赛事运营，下游的内容传播。赛事是电子竞技生态体系的核心，成熟的电子竞技赛事可以反哺游戏内容，而电子竞技内容传播和泛电子竞技衍生产业也均围绕着电子竞技赛事展开。

从电子竞技商业化的角度来看，以赛事创造利益是举办电子竞技赛事的主要目的。赛事基数的增加不仅能直接扩大电子竞技市场规模，更有利于从不同途径探索电子竞技赛事的商业化，进而加速电子竞技赛事市场的成熟。

（一）运营市场

目前，全球范围内，电子竞技产业发展较好的是美国、欧洲和韩国。在美国，CPL（电子竞技职业联盟）是电子竞技的主要推动者，与韩国的WCG（世界电子竞技大赛）、法国的ESWC（电子竞技世界杯）并称为世界三大电子竞技赛事。虽然韩国的WCG在2014年停办，但是仍具备极高的学习借鉴价值。

欧美电子竞技赛事运营主要围绕现场比赛来进行，并以电视转播作为辅助。由于欧美电子竞技主要针对的客户是广大的业余电子竞技爱好者，因此其在赛事运营上侧重现场赛事的公平性和专业性，致力于提升赛事管理的专业度。

韩国电子竞技在赛事组织和运营方面更注重比赛的宣传以及选手个人的包装。因此，韩国电子竞技赛事运营的根本在于提升赛事的知名度以及广大媒体受众的接受程度。除了提升赛事本身的吸引力，韩国政府还大力提升电子竞技的社会文化性，不断提高韩国人在电子竞技领域的国家荣誉感。

在电子竞技赛事商业化的过程中，赛事转播是其中重要的一环。电子竞技赛事发展到现在仍然处于投入期，赛事能够直接带来的收入较小，出售转播权是当前电子竞技赛事的一个重要变现方式，不仅能够直接为电子竞技赛事创造收入，还能进一步提升赛事影响力。而目前，在电子竞技赛事的转播授权方面，两极分化比较明显。能够获得直播平台青睐、获得高额转播授权费用的多为知名度高的热门游戏赛事。《英雄联盟》《守望先锋》等全球知名的头部电子竞技游戏，每年相关赛事的转播授权规模已经

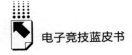

达到了数千万美元。与此同时，大部分游戏在转播授权方面所获取的收益依然有限。

（二）盈利模式

电子竞技的名称隐含了两种属性，一个是电子（互联网）属性，所对应的是内容端的游戏内付费，以及相对较新的直播平台付费等模式；第二个则是竞技属性，所对应的是体育竞技，主要致力于在赛事、俱乐部运营方面创收。

电子竞技商业变现主要包括电子竞技游戏收入、电子竞技衍生收入、电子竞技赛事收入。电子竞技游戏收入指电子竞技游戏消费总额（即用户在游戏中的付费总金额）；电子竞技衍生收入包括电子竞技俱乐部及选手、直播平台及主播等收入；电子竞技赛事收入包括赛事门票、周边以及赞助广告等收入。

伽马数据发布的《2018电子竞技产业报告赛事篇》显示，赞助收入是电子竞技赛事创收的重要组成部分。在电子竞技发展早期，电子竞技赛事的受关注度低，赞助商多为外设、显卡等与电子竞技关系密切的硬件制造企业，此外，电子竞技座椅等电子竞技衍生品牌商也是电子竞技赛事的主要赞助商。随着电子竞技行业的发展、电子竞技赛事体系的不断成熟，快消品、汽车等传统行业品牌商也开始成为电子竞技赛事的赞助商。快消品和汽车品牌商等传统领域的赞助商，每年在营销推广方面的投入力度大，其对于电子竞技赛事的赞助金额高于硬件、衍生品等领域。近两年的电子竞技赛事赞助商分布状况显示，以快消品、汽车、手机等为代表的传统领域赞助商占比已经高于硬件赞助商。赞助商的变化显示了电子竞技赛事的商业价值正在逐渐被认可，随着电子竞技赛事体系的日益成熟，这种认可将继续增强，电子竞技赛事的赞助收入有望得到进一步提高。

除了转播授权、赞助收入，电子竞技赛事还有其他方面的收入。例如门票收入等。相较于有限的门票收入，电子竞技的博彩市场潜力更大。长期以来，传统体育行业与博彩行业密切相关难以分离。以往，国外博彩公司会在各大传统体育比赛（如世界杯、奥运会）前开出相应的胜负赔率，现今，每逢电子竞技比赛，国外的各大博彩公司也会开出相应的赔率。2015 年，知名博彩机构 Pinracle Sport 曾公开声称，电子竞技博彩总交易值已经超过高尔夫和橄榄球，成为全球第七大体育博彩项目。[①]

二 世界电子竞技大赛（WCG）发展状况与模式分析（2000～2010年）

（一）发展状况

世界电子竞技大赛（World Cyber Games），英文缩写 WCG，创立于 2000 年，该项赛事由韩国国际电子营销公司（Internation CyberMarketing）主办，并由三星电子、微软、SmileGate 等公司提供赞助。世界电子竞技大赛作为最具影响力的全球性电子竞技赛事之一，在促进电子竞技运动的普及与推广和推动世界电子竞技行业的健康快速发展中起着至关重要的作用。

世界电子竞技大赛创立于 2000 年，并于 2001 年举办首届赛事。同奥运会一样，WCG 同样设有选手村，并从 2004 年开始，每年更换举办城市。参赛国家和地区自行举办分组预选赛，选送最优秀的选手代表参赛。WCG 是每年规模最大的电子竞技盛会，吸引着百万余人的关注。2009 年，600 余名选手在中国成都展开对抗，2010 年的比赛在美国洛杉矶举办，2011 年则回到韩国釜山举办，2012 年在中国昆山举办。2014 年 2 月 5 日，时任 WCG 首席执行官的李秀垠通过官方邮件对外宣布 WCG 组委会将不再举办任何赛事。至此，这个风雨十四载，承载了一代人梦想的世界级电子竞技赛事缓缓落幕，结束了自己的征程。

（二）模式分析

电子竞技赛事的收入来自虚拟门票、广告版权、游戏发行、主播或选手

---

① 《电竞成世界第七大产业　博彩总值远超传统项目》，搜狐网，2015 年 7 月 1 日，https：//www. sohu. com/a/20823491＿118576。

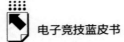

经纪、赞助等，如果仅仅依赖一两家财力雄厚的赞助商提供资金维系比赛，一旦赞助商停止赞助，赛事将面临停办的危机。世界电子竞技大赛 WCG（World Cyber Game）在 2014 年的停办，就是由于其赞助商三星集团的撤资。

2017 年 3 月 29 日，在线游戏开发商 Smile Gate 宣布正式取得 WCG 商标授权，未来将以独立营运方式重办赛事。2018 年 9 月 14 日该公司宣布 2019 年世界电子竞技大赛于 2019 年 7 月 18 日至 21 日在中国西安举行。①

2020 年的 WCG 更名为 WCG 2020 CONNECTED。新冠肺炎疫情下，为了保证选手和粉丝们的健康与安全，大部分赛程转为线上举行，赛事官方对所有的比赛项目进行了实况直播，其中《魔兽争霸 3：重制版》、《穿越火线》、FIFA ONLINE 4、《王者荣耀》为 WCG 2020 CONNECTED 的正式竞赛项目。WCG 2020 CONNECTED 也通过美国的 YouTube 和 Twitch，韩国的 AfreecaTV，中国的斗鱼、企鹅电竞、虎牙直播、哔哩哔哩、快手，东南亚的 ASTRO，俄罗斯的 GG 等 10 个视频平台进行了实况直播。

三 英雄联盟全球总决赛发展状况与模式分析（2011～2021年）

（一）发展状况

艾瑞咨询发布的《2021 年中国电竞行业研究报告》显示，目前电子竞技赛事市场中最为流行的项目为《英雄联盟》，占据了当前电子竞技的主要市场份额，而《英雄联盟》目前最高的规格赛事为 Roit 官方举办的 S 系列赛。

---

① 《世界电玩大赛再度起航！Dota2 首个入驻，王者荣耀第二，还有谁?》，今日头条，2019 年 2 月 22 日，https://www.toutiao.com/article/6660725951929778700/？channel = &source = search_ tab。

伽马数据发布的《2018 电子竞技产业报告（赛事篇）》数据显示，《英雄联盟》作为目前最受欢迎的电子竞技游戏之一，拥有国际赛事、国内职业赛事、校园系列赛事等多样化的电子竞技赛事形式，是目前全球范围内赛事体系最完善的电子竞技项目。以国内的 LPL 赛事为例，由 LPL 为核心，LDL（原 LSPL）、德玛西亚杯、城市英雄争霸赛等众多赛事组成的英雄联盟赛事生态，经过多年细节完善与赛制优化，已经成为赛事数量、赛事梯度、赛事结构都较为健全的电子竞技赛事（见图1）。

图1　英雄联盟赛事生态示意图

资料来源：伽马数据。

（二）模式分析

《英雄联盟》作为现象级 MOBA 游戏，首创联盟化与主客场制度。《英雄联盟》于 2011 年正式进入中国市场，自 2013 年举办第一届英雄联盟职业联赛以来，国内英雄联盟赛事逐渐与国际赛事接轨，发展至今，已经在国内形成较为成熟健全的赛事体系。英雄联盟全球总决赛是英雄联盟赛事中最为盛大的比赛，是英雄联盟比赛项目中最高荣誉、最高含金量、最高竞技水平、最高知名度的比赛，该项赛事一般于每年 9 月至11 月举行，主要分为预选赛、小组赛和季后赛三个阶段，主要为小组赛及单人淘汰赛。

表 1 2011～2020 年英雄联盟全球总决赛赛事概况

届	主要参赛国家/地区	奖金（美元）	比赛场数（次）	起止日期	举办地点	团队数量（个）	高峰时期观众数量（人）	平均观众（人）	观看时间（分钟）	播出时间（小时）
2011	美国、德国、菲律宾、新加坡、加拿大、法国、芬兰、中国大陆、比利时、西班牙、波兰、西班牙	100000	28	2011 年 6 月 8 日至 2011 年 6 月 20 日	瑞典延雪平省	8	—	—	—	—
2012	中国大陆、韩国、美国、越南、俄罗斯、中国台湾、加拿大、德国、丹麦、西班牙、亚美尼亚、比利时、法国、中国香港、英国、委内瑞拉	2000000	31	2012 年 10 月 5 日至 2021 年 10 月 14 日	美国洛杉矶	12	—	—	—	—
2013	韩国、美国、中国大陆、立陶宛、菲律宾、中国台湾、俄罗斯、加拿大、爱沙尼亚、法国、中国香港、西班牙、保加利亚、丹麦、芬兰、德国、荷兰、挪威	2050000	63	2013 年 9 月 16 日至 2013 年 10 月 5 日	美国洛杉矶	14	—	—	—	—
2014	中国大陆、韩国、中国台湾、美国、巴西、丹麦、德国、土耳其、加拿大、芬兰、挪威、荷兰、西班牙、瑞典、英国	2130000	/	2014 年 9 月 18 日至 2014 年 9 月 18 日	中国台北、新加坡、韩国釜山、韩国首尔（首次由亚洲承办）	16	—	—	—	—

续表

届	主要参赛国家/地区	奖金（美元）	比赛场数（次）	起止日期	举办地点	团队数量（个）	高峰时期观众数量（人）	平均观众（人）	观看时间（分钟）	播出时间（小时）
2015	韩国、中国大陆、中国台湾、美国、巴西、泰国、丹麦、法国、加拿大、西班牙、瑞典、德国、中国香港、荷兰、罗马尼亚、英国	2130000	/	2015年10月1日至2015年10月31年	法国巴黎、英国伦敦、比利时布鲁塞尔、德国柏林	16	—	—	—	—
2016	韩国、中国大陆、中国台湾、丹麦、美国、巴西、加拿大、乌克兰、俄罗斯、克罗地亚、希腊、罗马尼亚、新加坡、斯洛文尼亚、西班牙、波兰	5070000	77	2016年9月29日至2016年10月29日	美国旧金山、美国芝加哥、美国纽约、美国洛杉矶	16	1620065	671311	22936435	34
2017	韩国、中国大陆、中国台湾、越南、丹麦、美国、巴西、亚美尼亚、拉脱维亚、澳大利亚、阿根廷、加拿大、智利、土耳其、法国、日本、乌克兰、英国、德国、墨西哥、克罗地亚、新西兰、秘鲁、俄罗斯、新加坡、西班牙、瑞典、乌拉圭	4596591	119	2017年9月23日至2017年11月4日	中国武汉、中国广州、中国上海、中国北京	24	2102206	572944	73623301	129

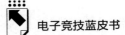
续表

届	主要参赛国家/地区	奖金（美元）	比赛场数（次）	起止日期	举办地点	团队数量（个）	高峰时期观众数量（人）	平均观众（人）	观看时间（分钟）	播出时间（小时）
2018	韩国、中国台湾、中国大陆、美国、越南、澳大利亚、巴西、丹麦、泰国、智利、日本、秘鲁、波兰、俄罗斯、土耳其、阿根廷、乌克兰、法国、瑞典、比利时、保加利亚、哥伦比亚、克罗地亚、中国香港、意大利、新西兰、葡萄牙、委内瑞拉	2250000	119	2018年10月1日至2018年11月3日	韩国首尔、韩国釜山、韩国光州、韩国仁川	24	2050475	651178	82428261	127
2019	韩国、中国台湾、越南、中国大陆、美国、丹麦、澳大利亚、巴西、加拿大、中国香港、日本、俄罗斯、泰国、比利时、保加利亚、智利、斯洛文尼亚、土耳其、捷克共和国、德国、匈牙利、墨西哥、挪威、秘鲁、波兰、罗马尼亚、瑞典、乌拉圭	2250000	120	2019年10月2日至2019年11月10日	德国柏林、西班牙马德里	24	3985787	651178	82428261	127

续表

届	主要参赛国家/地区	奖金（美元）	比赛场数（次）	起止日期	举办地点	团队数量（个）	高峰时期观众数量（人）	平均观众（人）	观看时间（分钟）	播出时间（小时）
2020	韩国、中国大陆、中国台湾、丹麦、巴西、波兰、俄罗斯、瑞典、阿根廷、澳大利亚、德国、日本、美国、加拿大、捷克共和国、中国香港、斯洛文尼亚、土耳其、白俄罗斯、比利时、保加利亚、智利、克罗地亚、法国、意大利、墨西哥、新西兰、罗马尼亚、越南	2225000	114	2020 年 9 月 25 日至 2020 年 10 月 31 日	中国上海	22	3882252	1113702	139862355	126

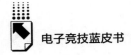

英雄联盟 S 系列赛是以联赛为主，杯赛为辅的联赛体系。拳头公司（LOL 研发商）花了 5 年时间建立了全球职业联赛体系，包含韩国 LCK、中国 LPL、北美 LCS、欧洲 LCS、东南亚 GPL、港澳台 LMS 和巴西 CBLOL 职业联赛，并辅以每年两次的锦标赛（MSI 季中赛、S 总决赛）和一次全明星赛，使英雄联盟的职业赛事贯穿全年，其影响力经久不衰。

以中国赛区为例，LPL 春季赛从每年的 1 月初持续到 4 月末，每周进行 4 天比赛，观众可根据自己的时间选择性观看。在 5 月初春季赛结束后，拳头公司会举办一次世界级的锦标赛（MSI 季中赛），参赛战队是来自英雄联盟全球 5 大赛区的冠军队伍和国际外卡赛冠军队伍，以此来调动全球 LOL 玩家的观赛热情。接下来，玩家可以继续观看从 5 月末到 8 月末的夏季赛，其赛制和春季赛相同。9 月初会进行 S6 总决赛中国区预选赛，9 月末至 11 月初会进行代表了 LOL 世界最高水平的 S 总决赛，是 LOL 玩家一年一度的盛宴。随后的 11 月末会举行德玛西亚杯赛线下总决赛，以增加 LPL 队伍对 LSPL（英雄联盟甲级职业联赛）赛制的熟悉度。12 月末会举行 LOL 全明星赛，由玩家选出本赛区最受欢迎的 5 名选手代表赛区参赛，是年末最受关注的 LOL 赛事。

英雄联盟电子竞技赛事给这款高龄游戏注入了新的活力。作为《英雄联盟》一年一度最为盛大的比赛，英雄联盟全球总决赛是所有《英雄联盟》比赛项目中拥有最高荣誉、最高含金量、最高竞技水平、最高知名度的比赛。2017 年，S7 全球总决赛在中国举办，成了这一年中国电子竞技领域的大事件，比赛期间，关键词"英雄联盟"的百度指数达到了全年的最高值。在 2017 年底《体坛周报》发布的"2017 中国十大巅峰体育赛事"中，2017 英雄联盟全球总决赛排名第五，成为该排行榜前十唯一入榜的电子竞技赛事。

2018 年，来自中国的英雄联盟战队囊括了所有世界性赛事冠军。重大赛事的举办吸引了一批又一批的新玩家，使《英雄联盟》重焕活力。近两年，《英雄联盟》的用户留存率不断走高，用户规模扩大，遍及全国。一二线城市玩家对《英雄联盟》偏爱度更高，下沉市场用户力量不容小觑。男性玩家数量占据压倒性优势，其中 18～24 岁的在校学生居多。而对于这种电子竞技玩家分布格局的形成，英雄联盟电子竞技赛事的影响发挥着巨大作用。

此外，《英雄联盟》以职业赛事为基石，走上了商业化的探索之路。在比赛中，职业选手凭借高超的竞技水平吸引众多粉丝，而商业内容创作则是基于赛事内容和选手本身进行二次创作，从而进一步达到固粉效果。粉丝规模的不断扩大，也为流量变现提供了基础。

四 电子竞技赛事未来发展趋势

（一）专业化发展

2014 年以来，电子竞技行业进入了高速发展期，资本的涌入使电子竞技产品得到极大丰富，产业链各环节的收入也在不断提升。新闻出版广电总局公布的数据显示，2015 年，中国电子竞技市场规模达 270 亿元，已超越美国成为全球第一大电子竞技市场。其中，电子竞技游戏收入为 245.3 亿元，同比增长 13%；电子竞技赛事收入为 3.1 亿元，同比增长 143%；电子竞技衍生产业规模 20.7 亿元，同比增长 137%，而电子竞技未来的整体市场规模有望超过 500 亿。[1]

新三板智库发布的《中国电子竞技赛事运营研究报告》显示，2010 年前后，随着多人在线战术竞技游戏（MOBA）的兴起和原有竞技类游戏的更新重制，优质的电子竞技游戏在短时间内涌现，此时正值第三方赛事的衰退期，大量新兴电子竞技游戏的赛事空白亟须填补。游戏厂商由于手握游戏版权和大量游戏用户资源，在举办电子竞技赛事中独具优势，第一方电子竞技赛事因此兴起。在这一阶段，第一方电子竞技赛事的总数不仅急剧增加，其规模和影响力也实现了对第三方赛事的超越，世界三大电子竞技赛事的称号

---

[1] 《中国电子竞技赛事运营研究报告》，GameRes 游资网，2016 年 9 月 26 日，https://www.gameres.com/683447.html。

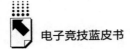
也从第三方赛事向第一方赛事转移。①

随着赛事举办频率的不断增加，赛事分级也越发明显；随着大量的数据分析平台对赛事进行分析与报道、赛事经验的积累，品牌的建立、赛事的筹备和规划等也更加专业化；同时，信息技术的高速发展也推动了电子竞技赛事直播的专业化。

（二）联盟化发展

电子竞技行业在不断向传统体育靠拢，相对成熟的联盟化赛事体系成为电子竞技赛事的发展方向。赛事联盟化意味着俱乐部承担的因降级所带来的资金风险被无限度降低，风险降低的俱乐部也将在比赛中进行多样化的尝试，增强游戏的可玩性与趣味性。电子竞技赛事的联盟化也拯救了一些落入低谷的游戏，例如在《守望先锋》采取联盟化的赛事体系后，关注其联盟的人数超过了80万，提升了《守望先锋》在PC端的启动率。可以说，联盟化将是电子竞技赛事发展的一大趋势。

《英雄联盟》主客场制和联盟化的公布虽然宣告了"电子竞技联盟化"时代即将来临，但电子竞技联盟化所面临的问题比很多业内人士想象的还要复杂得多。前期场馆建设工程的招投标、本地俱乐部运营模式的探索、相关人才梯队的培养、当地的媒体公关资源配置、当地粉丝经营、赛事举办及转播的人力物料支撑等，每一个涉及线下落地执行的环节无一不在考量着电子竞技联盟化的调度和执行能力。

（三）商业化发展

《2016体育创业白皮书》统计，2015年1月至2016年3月这十五个月内，电子竞技领域共完成34次融资，融资金额达35.8亿元，成为最新融资热点。资本的大量涌入不仅提高了电子竞技行业的吸引力，也为行业生态圈

---

① 《中国电子竞技赛事运营研究报告》，GameRes游资网，2016年9月26日，https：//www.gameres.com/683447.html。

的构建提供了强劲动力。

《中国电子竞技赛事运营研究报告》显示，2013～2015 年中国规模级电子竞技赛事数量增长 85%，主办方数量增长 50%，赛事奖金也水涨船高，2016 年达到近 3 亿元，大幅超过 2015 年的奖金额度，部分赛事的奖金池和观看人数超过篮球、台球等传统体育赛事，如 2016 年 DOTA2 国际邀请赛的奖金池金额达千万美元，全面赶超中小型篮球、台球等传统体育赛事。2015 年的英雄联盟 S5 决赛的独立观众为 3600 万，规模远超当年美国 ABC 电视台 NBA 总决赛的 1994 万的平均收看人数。中国职业电子竞技选手的人数在过去四年持续增长，2015 年达到 648 人，获奖金总额居世界第一。[①] 小葫芦大数据发布的《2021 中国垂类电子竞技 KOL 发展洞察行业报告》显示，2022 年中国电子竞技用户规模预计达 5.25 亿，市场规模将超过 2100 亿元。

随着商业模式的不断完善，广告赞助商也愿意为年轻、优质的电子竞技用户群体加大投入。赛事周边经济、粉丝经济等也推动了赛事自造血能力的提升。

（四）泛娱乐化发展

电子竞技赛事和娱乐产业共同面向的年轻用户群体的重合度非常高，两者逐渐呈现融合趋势，互相借势扩大用户群体，加强影响力已是大势所趋。"电子竞技 + 明星玩家、网剧、大电影、动漫、音乐"的模式已经萌芽，如电子竞技内容以真人秀等娱乐形式呈现，电子竞技明星出演娱乐节目，娱乐明星参与电子竞技游戏直播或代言赛事、在赛事现场表演等多种新娱乐形式已在电子竞技娱乐市场得到了初步发展。

（五）全民化发展

电子竞技因与电子游戏有着不可分割的关系，长期以来社会认可度较

---

① 《中国电子竞技赛事运营研究报告》，GameRes 游资网，2016 年 9 月 26 日，https：//www.gameres.com/683447.html。

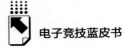

低。在对电子竞技概念模糊不清的情况下，许多人认为电子竞技就是打游戏，电子竞技赛事很难树立规范和权威的形象。

近十多年来，电子竞技为国家带来的荣誉使人们意识到，电子竞技运动也应当被给予与传统体育相同的尊重，人们对电子竞技赛事的关注程度也得到了提升。随着李晓峰（SKY）在世界电子竞技大赛 WCA 蝉联两届冠军，中国战队 IG（InvictusGaming）、Newbee、wings 分别夺下第二届、第四届与第六届 DOTA2 国际邀请赛冠军等荣耀的诞生，中国选手在世界电子竞技赛事中的优异表现被大众所熟知，中国电子竞技在全球电子竞技行业中的地位也与日俱增。国内游戏玩家基数达到前所未有的数量，电子游戏的普及使更多人明确了电子竞技与电子游戏的区别，越来越多的人开始认可电子竞技，开始以开放、包容的态度接纳电子竞技。①

电子竞技赛事项目的种类以及观看渠道的多元化将推动电子竞技进一步走向大众。传统电子竞技赛事项目呈现联网化、操作门槛低的趋势，移动电子竞技的兴起使大众观赏和参与赛事的门槛变得更低。线上直播平台的丰富、移动终端观看赛事的便捷、电视渠道的逐渐开放将会吸收更多的电子竞技观众，实现电子竞技赛事的全民化。

---

① 郑夏童、高崇悦：《基于 SWOT 分析模型的我国电子竞技赛事发展策略探究》，《体育大视野》2018 年第 10 期，第 183～184 页。

Abstract

Electronic sports (e-sports), as a digital entertainment sporting event with unique commercial and user value integrating technology, sports, culture, and social interaction, has become an emerging industry with huge innovation potential and further development space. Given that the scale of the industry continues to expand, and the industry linkage effect continues to increase, the public is paying more and more attention to e-sports. However, a generally scientific and sophisticated e-sports research system has not yet been completed. Based on this, the report uses research methods such as online ethnography, comparative research, case analysis and text analysis etc. , trying to conclude the historical development of e-sports while analyzing the status-quo of the development of e-sports industry in the post-epidemic era. Advanced business models at home and abroad and talent training strategies will also be considered. The report in general is research on the development status, characteristics and trends of China's e-sports industry. It analyzes the key issues rooted in it, in order to help China's e-sports industry avoid potential risks, provides feasible solutions and strategic suggestions, seize development opportunities, enhance industry driving force, and achieve high quality innovative development for China's e-sports industry. The result shows that although the e-sports industry is facing certain industrial difficulties and challenges, it relies on the advantages of digital sports to buck the trend and seizes new opportunities in the digital cultural industry, and even reawakens the internal vitality of digital industrial development. Under the background of the development of the dual circulation, the emerging sports industry will show huge vitality. Although China's e-sports industry still has problems such as the solidification of leading companies and the lack of high-end core technologies,

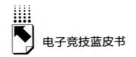

the scale of e-sports users in China continues to expand, and the user circle continues to outreach, and the proportion of the online market has increased significantly. What's more, with the rapid development of new technologies such as 5G, VR, and AR, the development of specialization, marketization, and universalization has become a general trend. After a targeted analysis of successful cases and business models in Europe, America, Japan and South Korea, it can be seen that as the influence of the e-sports industry continues to increase, a new format of "e-sports + IP" is gradually emerging, and the e-sports industry and other cultures are integrated into a deeper degree. China's e-sports industry has natural advantages in licensing cooperation. How to deeply integrate it with different industries to enhance the commercial value of e-sports has increasingly become the focus point. The All – IP of e-sports will become the main development trend of the future, thereby promoting the sustainable development of e-sports commercialization. From the perspective of the commercialization, the benefits created by e-sports should not be underestimated. Tournaments are the foundation of e-sports. The increase in the base of events not only directly increases the scale of the e-sports market, but also promotes the accelerated upgrade of the market. As long as we possess the independent intellectual property rights, focusing on the development of e-sports product content, and strengthening the development of Chinese local cultural products, we can cultivate high-level compound talents at different levels and through multiple channels. Industry can not only become another big emerging industry that drives consumption. On a larger level, based on the digital cultural attributes of the e-sports industry, it will also promote local culture to go abroad and enhance the ability of cultural output, becoming another effective way to promote the value of international communication and enhance the cultural soft power.

Keywords: E-sports; Digital Entertainment; E-sports Industry; E-sports Tournaments

Contents

I General Report

B . 1   The Industry Development Report of E-sports in China

Duan Peng, Jia Jiye, Wang Qiuyang,

Qiu Xinran and Wang Lixin / 001

Abstract: In 2020, the growth rate of China's Electronic Sports industry leads the world, with a total output value of 75. 198 billion yuan, becoming another strong growth point of China's national economy. As an emerging cultural phenomenon driven by information technology, the development potential of E-sports industry can not be underestimated. However, China's e-sports industry is still in the preliminary stage of development, and the related chain has not been fully formed. There are problems such as uneven development of e-sports enterprises, lack of core technology capabilities, insufficient awareness of copyright protection, unbalanced regional development, and talent training system to be improved.

In this regard, based on different subject contents and research methods, it is expounded from different dimensions to clarify the concept of "modern sports competition" of e-sports and clarify the development characteristics of e-sports: culture, virtual, popular and competitive. Combing of e-sports industry in China with, as exploration, development, growth and outbreak period, the formation of e-sports games as the core, the tournament derived on variety of middle and

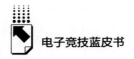
lower reaches of industry configuration, and the problems in current industry development, the future trend is analyzed, which will help to correct the e-sports development path and try to reduce the resistance of industry development. Taking advantage of policy support, capital attention and social recognition, and seizing opportunities driven by 5G, VR, AR and other new technologies, this report tries to offer suggestions for the sustainable development of China's e-sports industry from four aspects of industrial development, industrial management, industrial marketing and industrial policy. In turn, the e-sports industry will move forward steadily towards specialization, marketization, mobility, popularization and virtualization.

Keywords: E-sports; E-sports Industry; Modern Sports Competition

II Policy and Regulatory Reports

B. 2 Analysis of China's E-sports Industry Policy

Wang Xiaohui, *Wang Qiuyang* / 107

Abstract: Various industrial policies are important supports for the sustainable and healthy development of the industry. With the increasingly mature development of the e-sports industry, industrial policies and institutional norms related to e-sports have been promulgated one after another, providing excellent development conditions for the continuous optimization of the industrial ecology. According to the different subjects of policy promulgation, China's e-sports industry policy can be divided into two categories: national industrial policy and regional special industrial policy. The national industrial policy indicates the overall development direction of the e-sports industry; as China's first-tier and new first-tier cities Gradually realizing the great potential of the e-sports cultural industry to empower urban development, one after another local policy support has been introduced to give regional characteristics to the development of the e-sports industry. Under the guidance of national policies and guidelines, Shanghai and some other cities have proposed a number of more attractive industrial support policies for the main bodies of the e-sports industry in the region and across the country. With the help of those national industrial policies and local support policies, China's e-sports industry will be fully optimized and promoted in terms of industrial structure and layout, industrial infrastructure, industrial products and operational capabilities, and industrial competitiveness and influence will be taken to the next level.

Keywords: E-sports; Industrial Policy; Industrial Planning

B.3 Regulatory Mechanism and Industry Norms of China's E-sports Industry *Wang Xiaohui, Wang Qiuyang* / 114

Abstract: In recent years, the scale of the e-sports industry has continued to expand and the industrial chain has expanded in an orderly manner, but a series of new problems in industrial development have followed. In order to correct the "chaos" in the process of industrial development, China has continued to make efforts from the perspectives of policy supervision and industry regulations, also committed to the healthy and sustainable development of the e-sports industry. Although the current supervision and regulation system of China's e-sports industry is not yet complete, especially in the regulatory fields such as event management, investment management, and industry education, there is still a certain gap compared with the e-sports powerhouses such as South Korea and the United States. However, all parties in China are actively exploring and devoting themselves to practice. On the one hand, through the establishment of regulatory mechanisms such as Internet supervision, game supervision, and live broadcast supervision, they set a "red line" for the development of e-sports and related industries. Concentrate efforts on issues such as gender to improve the pertinence of policies. On the other hand, through the self-regulation of sports federations, industry leading enterprises and relevant social organizations, the industry standard system has been continuously built and optimized, and a series of regulations have been introduced. Regulatory documents related to the training of e-sports talents

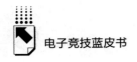

and the management of e-sports careers will improve the regulatory system of the e-sports industry from both the government and society levels.

Keywords: Internet Regulation; E-sports Industry Norms; E-sports Regulation

Ⅲ   Market and Demand Reports

B.4   Analysis on Development Environment and Market Demand of E-sports Industry in China　　*Song Qin, Wang Qiuyang* / 120

Abstract: The development of globalization and informatization has laid the foundation for the global layout and digital upgrade of the e-sports industry. In the post-epidemic era, the dual circulation development model has put forward higher requirements for the high-quality and innovative development of the e-sports industry, and China's e-sports industry has ushered in a period of key development opportunities. It is true that China's e-sports industry is not only facing a broad prospect for the development of the international market, but also suffering from the fragile and changeable defects of the market itself; it not only enjoys the industrial development dividends brought by the virtual economy and the digital economy, but also needs to be alert to the potential behind the bubble economy crisis. Relying on the relatively stable domestic economic situation, China's e-sports industry has been selected into the national sports competition series. It has developed rapidly in Internet technology and game product innovation. At the same time, social recognition is increasing and users are showing a trend of popularization. However, at the same time, we should also pay full attention to the domestic and international markets, grasp the diversified market demand and the development demands of each link of the industrial chain, and promote the e-sports industry to achieve a new round in the changing market and social environment. The explosive development of innovation.

Keywords: Globalization; Virtual Economy; Internet Age; E-sports Industry

Abstract：The e-sports industry is expanding globally，and its growing user bases have become an important object of research in the e-sports industry. Unlike South Korea, the United States and other countries, in the global e-sports industry market, China's e-sports industry users have their own characteristics. First of all, it can be seen from the distribution of age and gender that there is a significant difference in gender distribution. China's e-sports users are still dominated by men; in recent years, the number of female e-sports players has gradually increased, and the age distribution of e-sports users has also shown an expansion. Secondly, from the perspective of consumption power, middle-income e-sports users account for a relatively high proportion. The middle-income income structure determines the middle-level consumption expenditure structure. The income level of existing e-sports users will be further improved. From the perspective of the psychological characteristics of users' behaviors, the interests of e-sports users are mainly concentrated in short videos, online movies, and social media. The live broadcast of e-sports events has also received attention.

Keywords：E-sports Industry; Consumption Ability; User Behavior; User Psychology

Ⅳ Special Topics

Abstract：The overwhelming COVID-19 has caused a huge impact on all major domestic industries. However, the e-sports industry is not retreating but advancing, and this has caused cities to continue to increase the support of relevant policies for the e-sports industry. The development of the e-sports industry has

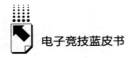
brought about an ever-increasing demand for professional e-sports talents. Data shows that currently less than 15% of e-sports positions can meet the needs of professionals, and there is a huge talent gap. In 2020, the national vocational skills standards formulated by the Ministry of Human Resources and Social Security of China will enlist the professional skills of e-sports players for the first time. Since the profession of "e-sports player" was officially listed as a new national profession by the Ministry of Human Resources and Social Security and other three departments in April 2019, this is another enhancement issued by the government. E-sports talent training has entered a new stage. Based on this, this report conducts research on the scientific and reasonable establishment of e-sports and management majors, as well as specialty construction and talent training. At present, the training of e-sports talents in China is facing problems such as imperfect training system, insufficient practical experience, lack of teachers, and social recognition that needs to be improved. In response to this, based on the characteristics and professional nature of the e-sports industry, this report argues that we should put forward the direction of professional talent training and professional development measures, strengthen professional organization management and teacher training, strengthen the in-depth integration of "production, study, research and use", carry out comprehensive school-enterprise cooperation, and formulate industry standards and standards to promote education and industry from "Seamed" to "Seamless" connection, close integration of talent training and industry development, and cultivate high-level innovative compound talents who can serve the e-sports industry.

Keywords: E-sports; E-sports' Talent; Digital Entertainment Vocational Education

B.7 The Live Broadcast Development Report of E-sports in China

Li Meng, Qiu Xinran / 150

Abstract: At present, China's E-sports live broadcasting mainly has the following development characteristics: rapid outbreak of the industry and stable market pattern; The e-sports live broadcast market has obvious operation advantages and stable industrial layout; e-sports live broadcasting platform is facing transformation, and content has become a key factor. With the vigorous development of head e-sports games, the social influence and commercialization of e-sports live broadcasting in China have been further improved. The operation mode of e-sports live broadcasting has been continuously expanded, paying more attention to e-sports content and copyright, expanding the upstream and downstream business of live broadcasting, and producing various forms such as integrating cloud play, livestream goods selling, game activity publicity and so on.

Major domestic live broadcasting platforms are actively exploring the development possibility of " live broadcasting + " . With e-sports as the core content, e-sports live broadcasting continues to penetrate into the fields of entertainment, cultural products and education, and continues to produce new derivative industries, with new features such as diversified platform content and in-depth expansion of e-commerce business. In terms of talent training, e-sports anchor and event interpretation have become the main objectives of e-sports talent training. It is urgent for the industry to train and educate e-sports professionals. Therefore, more and more e-sports companies begin to participate in the field of e-sports education, endow their advanced industrial experience with the traditional education system, and bring a lot of useful industry resources and practical knowledge to the e-sports specialty.

Keywords: E-sports; Live Broadcast; E-sports Derivative Industry

V Case Study

B. 8 "Shanghai Model" in E-sports Industry

Wei Yuchen, Xue Yuhan / 163

Abstract: During the global COVID-19 pandemic, Shanghai was the first to perceive the potential and feasibility of the online e-sports model and became the

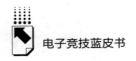
first city in the world to launch e-sports online events. In 2020, Shanghai's e-sports event revenue will account for 50. 2% of the country's total, and the revenue of e-sports clubs will reach 670 million yuan, accounting for 49. 6% of the country. From enterprises to the government, all parties in Shanghai are making concerted efforts to promote the development of the e-sports industry, moving towards the goal of "global e-sports capital". From competitions to venues, from players to associations, Shanghai has successfully created the "Shanghai Model" and has become one of the ready-to-use models for the development of the e-sports industry in the country and the world. Based on the analysis of the development status and characteristics of the Shanghai e-sports industry, this article summarizes from various perspectives such as local legal and policy support, leading enterprises gathering, attaching importance to cultivating high-end talents, actively hosting events, enriching supporting resources, and enhancing independent innovation, and therefore concludes the successful model of Shanghai's e-sports industry. What's more, this article also puts forward "adapting measures to city conditions" as the future development direction of the e-sports industry, hoping that each region can find its own precise positioning, break the limitations of a single province and city, give full play to the advantages of regional cooperation and develop together, occupy a powerful position in the development pattern of China and the global e-sports industry.

Keywords: E-sports Industry; Industrial Policy; Shanghai

VI   Comparison and Reference Reports

B. 9   Analysis of the Development History and Current Situation

of Global E-sports Industry   *Song Kai*, *Jia Jiye* / 180

Abstract: With the development of the game industry, electronic games are gradually moving closer to competitive sports, forming e-sports industry, e-sports has become an important part of the current global industrial economic development, and has created huge profits and output values for all countries in the world. It can be seen from the development of the global e-sports industry that the development and progress of science and technology have played a key role. Generally speaking, in the development process of the e-sports industry, opportunities and challenges coexist. Combining the characteristics of the e-sports industry and the general laws of the industry life cycle, its global development can be roughly divided into three stages: the budding stage, the growth stage, and the mature stage. Each of the three stages has different development characteristics and focuses.

The global e-sports industry has taken shape under the joint action of the branches of the e-sports industry in many countries and regions such as the United States, South Korea, Japan, and China. China's e-sports industry started slightly later than other countries, but its development momentum is not lower than that of other countries. With the advent of the information age and the intelligent age, the e-sports industry has gradually formed a complete industrial chain centered on e-sports. From a global perspective, there are reports predicting that the e-sports market event revenue will exceed 1. 6 billion U. S. dollars in 2024. With the expansion of e-sports groups, e-sports events emerge in endlessly, and the resulting e-sports culture has become an important part of social and cultural life. From upstream to downstream, the boundaries of the e-sports industry have gradually expanded, gradually forming an e-sports industry chain centered on upstream game development, mid-stream event operations, and downstream e-sports content dissemination.

Keywords: E-sports; E-sports Industry; E-sports Culture Communication

Abstract: Business models, also known as operating models. Throughout the development process of global e-sports, after nearly 40 years of development, the European and American e-sports industry has developed more mature and perfect, and formed a more classic business model. Under the influence of

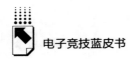
developed socio-economic conditions and high living standards, European and American societies pay relatively high attention to e-sports activities. European and American e-sports industry has completed the construction of a mature industrial system covering the whole industrial chain. Adhering to the principle of respecting the good interaction between contestants and spectators, European and American e-sports industry has achieved sustainable and stable development.

As a world recognized e-sports power, South Korea is famous for advocating e-sports. It has promoted e-sports to the level of national sports for a long time, and has excellent e-sports reports and professional 24-hour TV channels. South Korea's e-sports industry has a unique industrial system and operation mode. It has realized multi-party cooperation in government, market and players, thus forming a benign development ecosystem including government, manufacturers, professional players, club members and E-sports amateurs, showing a situation of mutual benefit and stable coexistence.

Keywords: E-sports; Business Model; Game Industry

B.11 Analysis of the World's Top E-sports Events and Its
Enlightenment to the Development of China's
E-sports Industry *Duan Peng, Qiu Xinran* / 214

Abstract: E-sports events are the mainstay of the e-sports industry ecosystem. Mature e-sports events can feed back on the content itself and produce rich e-sports cultural content and pan e-sports derivatives. At present, "World Cyber Games" is of great significance in promoting the popularization and promotion of e-sports and promoting the healthy development of global e-sports industry. It has become one of the most influential international e-sports competitions in the world; As one of the most popular e-sports games at present, League of Legends also has global competitions, local professional competitions, College Series competitions and more diversified e-sports competition modes. It is the world-wide e-sports project with the most complete categories of competitions at present. In the future, e-sports events will develop rapidly in the direction of more specialization, alliance, commercialization, pan entertainment and popularization.

Keywords: E-sports Event; League of Legends; World Cyber Games

社会科学文献出版社

皮 书

智库成果出版与传播平台

❖ 皮书定义 ❖

皮书是对中国与世界发展状况和热点问题进行年度监测，以专业的角度、专家的视野和实证研究方法，针对某一领域或区域现状与发展态势展开分析和预测，具备前沿性、原创性、实证性、连续性、时效性等特点的公开出版物，由一系列权威研究报告组成。

❖ 皮书作者 ❖

皮书系列报告作者以国内外一流研究机构、知名高校等重点智库的研究人员为主，多为相关领域一流专家学者，他们的观点代表了当下学界对中国与世界的现实和未来最高水平的解读与分析。截至 2021 年底，皮书研创机构逾千家，报告作者累计超过 10 万人。

❖ 皮书荣誉 ❖

皮书作为中国社会科学院基础理论研究与应用对策研究融合发展的代表性成果，不仅是哲学社会科学工作者服务中国特色社会主义现代化建设的重要成果，更是助力中国特色新型智库建设、构建中国特色哲学社会科学"三大体系"的重要平台。皮书系列先后被列入"十二五""十三五""十四五"时期国家重点出版物出版专项规划项目；2013~2022 年，重点皮书列入中国社会科学院国家哲学社会科学创新工程项目。

皮书网

（网址：www.pishu.cn）

发布皮书研创资讯，传播皮书精彩内容
引领皮书出版潮流，打造皮书服务平台

栏目设置

◆ **关于皮书**
何谓皮书、皮书分类、皮书大事记、
皮书荣誉、皮书出版第一人、皮书编辑部

◆ **最新资讯**
通知公告、新闻动态、媒体聚焦、
网站专题、视频直播、下载专区

◆ **皮书研创**
皮书规范、皮书选题、皮书出版、
皮书研究、研创团队

◆ **皮书评奖评价**
指标体系、皮书评价、皮书评奖

◆ **皮书研究院理事会**
理事会章程、理事单位、个人理事、高级
研究员、理事会秘书处、入会指南

所获荣誉

◆ 2008 年、2011 年、2014 年，皮书网均
在全国新闻出版业网站荣誉评选中获得
"最具商业价值网站"称号；
◆ 2012 年，获得"出版业网站百强"称号。

网库合一

2014年，皮书网与皮书数据库端口合
一，实现资源共享，搭建智库成果融合创
新平台。

皮书网

"皮书说"
微信公众号

皮书微博

权威报告·连续出版·独家资源

皮书数据库
ANNUAL REPORT(YEARBOOK)
DATABASE

分析解读当下中国发展变迁的高端智库平台

所获荣誉

- 2020年，入选全国新闻出版深度融合发展创新案例
- 2019年，入选国家新闻出版署数字出版精品遴选推荐计划
- 2016年，入选"十三五"国家重点电子出版物出版规划骨干工程
- 2013年，荣获"中国出版政府奖·网络出版物奖"提名奖
- 连续多年荣获中国数字出版博览会"数字出版·优秀品牌"奖

皮书数据库

"社科数托邦"
微信公众号

成为会员

登录网址www.pishu.com.cn访问皮书数据库网站或下载皮书数据库APP，通过手机号码验证或邮箱验证即可成为皮书数据库会员。

会员福利

- 已注册用户购书后可免费获赠100元皮书数据库充值卡。刮开充值卡涂层获取充值密码，登录并进入"会员中心"—"在线充值"—"充值卡充值"，充值成功即可购买和查看数据库内容。
- 会员福利最终解释权归社会科学文献出版社所有。

社会科学文献出版社 皮书系列
SOCIAL SCIENCES ACADEMIC PRESS (CHINA)

卡号：617386561271
密码：

数据库服务热线：400-008-6695
数据库服务QQ：2475522410
数据库服务邮箱：database@ssap.cn
图书销售热线：010-59367070/7028
图书服务QQ：1265056568
图书服务邮箱：duzhe@ssap.cn

基本子库
SUB DATABASE

中国社会发展数据库（下设 12 个专题子库）

紧扣人口、政治、外交、法律、教育、医疗卫生、资源环境等 12 个社会发展领域的前沿和热点，全面整合专业著作、智库报告、学术资讯、调研数据等类型资源，帮助用户追踪中国社会发展动态、研究社会发展战略与政策、了解社会热点问题、分析社会发展趋势。

中国经济发展数据库（下设 12 专题子库）

内容涵盖宏观经济、产业经济、工业经济、农业经济、财政金融、房地产经济、城市经济、商业贸易等 12 个重点经济领域，为把握经济运行态势、洞察经济发展规律、研判经济发展趋势、进行经济调控决策提供参考和依据。

中国行业发展数据库（下设 17 个专题子库）

以中国国民经济行业分类为依据，覆盖金融业、旅游业、交通运输业、能源矿产业、制造业等 100 多个行业，跟踪分析国民经济相关行业市场运行状况和政策导向，汇集行业发展前沿资讯，为投资、从业及各种经济决策提供理论支撑和实践指导。

中国区域发展数据库（下设 4 个专题子库）

对中国特定区域内的经济、社会、文化等领域现状与发展情况进行深度分析和预测，涉及省级行政区、城市群、城市、农村等不同维度，研究层级至县及县以下行政区，为学者研究地方经济社会宏观态势、经验模式、发展案例提供支撑，为地方政府决策提供参考。

中国文化传媒数据库（下设 18 个专题子库）

内容覆盖文化产业、新闻传播、电影娱乐、文学艺术、群众文化、图书情报等 18 个重点研究领域，聚焦文化传媒领域发展前沿、热点话题、行业实践，服务用户的教学科研、文化投资、企业规划等需要。

世界经济与国际关系数据库（下设 6 个专题子库）

整合世界经济、国际政治、世界文化与科技、全球性问题、国际组织与国际法、区域研究 6 大领域研究成果，对世界经济形势、国际形势进行连续性深度分析，对年度热点问题进行专题解读，为研判全球发展趋势提供事实和数据支持。

法律声明

"皮书系列"（含蓝皮书、绿皮书、黄皮书）之品牌由社会科学文献出版社最早使用并持续至今，现已被中国图书行业所熟知。"皮书系列"的相关商标已在国家商标管理部门商标局注册，包括但不限于LOGO（▧）、皮书、Pishu、经济蓝皮书、社会蓝皮书等。"皮书系列"图书的注册商标专用权及封面设计、版式设计的著作权均为社会科学文献出版社所有。未经社会科学文献出版社书面授权许可，任何使用与"皮书系列"图书注册商标、封面设计、版式设计相同或者近似的文字、图形或其组合的行为均系侵权行为。

经作者授权，本书的专有出版权及信息网络传播权等为社会科学文献出版社享有。未经社会科学文献出版社书面授权许可，任何就本书内容的复制、发行或以数字形式进行网络传播的行为均系侵权行为。

社会科学文献出版社将通过法律途径追究上述侵权行为的法律责任，维护自身合法权益。

欢迎社会各界人士对侵犯社会科学文献出版社上述权利的侵权行为进行举报。电话：010-59367121，电子邮箱：fawubu@ssap.cn。

社会科学文献出版社